国家社会科学基金一般项目“海内外现存建阳刻本书目调查与研究”（项目编号18BTQ037）阶段性研究成果

本书获福建省传统印刷文化保护项目补助资金资助

福建印刷文化研究丛书

日本翻刻建本汉籍图释

陈旭东 编著

海峡出版发行集团
THE STRAITS PUBLISHING & DISTRIBUTING GROUP
福建人民出版社

图书在版编目（CIP）数据

日本翻刻建本汉籍图释/陈旭东编著. --福州：福建人民出版社，2020.9
（福建印刷文化研究丛书）
ISBN 978-7-211-08509-5

Ⅰ.①日… Ⅱ.①陈… Ⅲ.①汉语－古籍研究－日本－图解 Ⅳ.①G256.23-64

中国版本图书馆CIP数据核字（2020）第161061号

福建印刷文化研究丛书
日本翻刻建本汉籍图释

编　　著：陈旭东
出版发行：福建人民出版社　　电　　话：0591-87533169(发行部)
网　　址：http://www.fjpph.com　　电子邮箱：fjpph7211@126.com
地　　址：福州市东水路76号　　邮　　编：350001
经　　销：福建新华发行（集团）有限责任公司
印　　刷：福州东南彩色印刷有限公司
地　　址：福州市金山浦上工业区冠浦路144号
开　　本：890毫米×1240毫米　1/32
印　　张：12
字　　数：280千字
版　　次：2020年9月第1版　　印　　次：2020年9月第1次印刷
书　　号：ISBN 978-7-211-08509-5
定　　价：120.00元

出版说明

建阳刻本自宋代流播海外，对周边地区尤其是日本、朝鲜、越南影响甚巨，和刻本、朝鲜本、安南本与之有千丝万缕的关系。本书是以和刻本汉籍为考察对象，编纂而成的日本翻刻建阳刻本汉籍之专门性图录，共收集和刻汉籍78种（另附录抄本7种），并加以考释，一一揭示其与建阳刻本之间的关系。希望能对建阳刻书研究、中国雕版印刷史研究及中日书籍交流史研究，提供有益借鉴。

前　言

和刻本汉籍的学术价值，自晚清以来日益受到学者的重视，尤其是新世纪以来，域外汉籍研究已经成为一个热点，学界为此做了大量有意义的工作。从出版方面看，《佚存丛书》的刊行和《全唐诗逸》收入《知不足斋丛书》，被当作是日本汉籍回流的标志。黎庶昌在日本刻印《古逸丛书》，多据日本刻本、旧抄本影刊，此书历来为学人所推崇。二十世纪七十年代，长泽规矩也编撰出版《和刻本经书集成》《和刻本诸子大成》《和刻本汉诗集成》《和刻本汉籍文集》《和刻本类书集成》《和刻本书画集成》，冈田武彦、荒木见悟主编《和刻影印近世汉籍丛刊》（共四编）等一系列图书，影印了大量稀见的中国典籍和刻本，为学者所重。近年，金程宇编《和刻本中国古逸书丛刊》（凤凰出版社，2012年），北京大学图书馆编《北京大学图书馆藏日本版汉籍善本萃编》（西南师范大学出版社，2014年），段志洪、徐林平主编《和刻本中医古籍珍本丛刊》（国家图书馆出版社，2018年），从不同着眼点出发，挖掘整理出众多珍贵的和刻汉籍文献。

今天常用的和刻本汉籍专门目录，有长泽规矩也编《和刻本汉籍分类目录》及其补正（汲古书院，1978年；1980年），王宝平主编《中国馆藏和刻本汉籍书目》（杭州大学出版社，1995年）。而森立之等 《经籍访古志》、杨守敬《日本访书志》、傅增湘《藏园群书经眼录》等前贤著作，大多只限于对部分珍贵汉籍进行著录。沈津、卞东波编《日本汉籍图录》（广西师范大学出版社，2014年），收录约1800部，可谓皇皇巨著，对学界大有裨益。

日本曾大量刊刻中国文献典籍，但究竟哪些是翻刻本，哪些是重刻本，所据是何底本，二者关系如何，则鲜见系统研究。即使是《和刻本汉籍分类目录》《中国馆藏和刻本汉籍书目》《日本汉籍图录》等书目、图录，在版本信息上也没有太多的有效传达。

通过调查海内外现存建阳刻本（以下简称“建本”）可发现，大量和刻本汉籍是以建本为底本翻刻或重刊的，它们大多保留了建本的版式、行款、牌记以及其他可供判断底本来源的相关信息。众所周知，福建建阳曾经是全国三大刻书中心之一，是“明代印书最多”的书坊聚集地，在中国古代出版史和中国文化发展传播史上占据重要地位。将和刻本汉籍与建本联系起来考察，以见中日两国书籍交流史之一隅，或不无小补。这正是本书编纂的初衷所在。

中国文献典籍东传日本，大约在六世纪初，刊本传入则是在平安时代（794—1192）后期。日本汉籍的再生产，在印刷术发明之前乃至之后较长时间内，多通过抄写来实现。飞鸟（593—710）、奈良时代（710—794）甚至出现了专门抄写汉籍的机构“写经所”。而印刷术在日本的应用，起初亦如中国，主要用于佛经，镰仓时代（1185—1333）始用于外典。

根据可靠记载，最晚在南宋，建本已流入日本。1241年（南宋淳祐元年，日本仁治二年），日本僧人辩圆圆尔（圣一国师）从中国带回数千卷书籍，收藏于京都东福寺普门院。1353年，东福寺第二十八世大道一以根据这些藏书编成《普门院经论章疏语录儒书等目录》一书，其中外典内有《纂图互注周易》一册。“纂图互注”

的形式为建阳书坊所创，大抵不误。因而有理由相信，这一批宋本书中存在一定数量的建本。宋末元初建阳本地学者亦有“书籍高丽日本通”之语（熊禾《建同文书院上梁文》，《丛书集成初编》本《熊勿轩先生文集》卷五），描述了建本远销高丽、日本的事实。

随着中日交流的频繁，尤其是商业往来日益密切，建阳刊刻的书籍大量东传至日本。即使是在德川幕府闭关锁国时期，中国商船依然被允许停靠在指定港口——九州的长崎，书籍得以不间断地进行贸易流通。福建具备天然的港口优势，外销本地特产——产量惊人的建本，尤为得天独厚。日本现藏明人别集中，包含大量闽人著作，其中一些在国内极为罕见甚至失传。这表明，当日此种闽地“特产”，或未进入全国市场而已先由本地港口远销外洋。保守估计，如今日本各大图书馆所藏建本，当有上千部，其中仅日本国立公文书馆就藏有400余部（《（改订）内阁文库汉籍分类目录》著录350部左右，尚有数十部仅著录作“明刊本”，实亦是建阳所出）。其他如中国国家图书馆、台湾“中央图书馆”各藏有约350部，数量亦相当可观。

建本的海外流布，不仅限于日本，同样深受汉文化影响的朝鲜、越南等国家也是重要输出地。如今世界各地数十百家藏书单位，或多或少藏有不同历史时期的建本，建本的流播可谓无远弗届。如此大量的书籍输入，对输入国尤其是日本、朝鲜、越南等近邻在政治、经济、文化及社会生活方面的影响如何，值得探讨。但这显然不是这本小书所能胜任的。本书仅就日本翻刻建本汉籍做个案考察，即在传统文献学范围内做些具体而微的工作。需要特别说明的是，为了行文简洁，“翻刻”一词往往是指根据建本翻制刊行，与版本学上的语义不尽相同。

全书收录78部和刻本汉籍，后附录抄本7部。刊刻、传抄时间自南北朝时代（1336—1392）至江户时代后期，跨度300余年。在这78种和刻本中，日人以建本为参照，通过覆刻、重刻、选刊三种形式进行本地书籍再生产，而后两种形式多创造性地施以日文训点。

一覆刻。即原样翻雕，不仅行款、版式保持一致，牌记也照样重刻，甚至字体亦多模仿而高度相似。置于原本之间，不经比对，难以发现其为和刻本。乃至今天在原刻本已不存的情况下，不用根据牌记等直观信息，仅审其风格便大抵可见所据底本之概貌。此以五山版最具代表性。如日本永和二年（1376）观喜刻本《集千家注分类杜工部诗》（据元皇庆元年建安余氏勤有堂刻本翻刻，见本书第64部），南北朝刊本《赵子昂诗》（据元后至元七年虞氏务本堂刻本翻刻，见本书第70部）、《联新事备诗学大成》（据元至正十五年刘氏翠岩精舍刻本翻刻，见本书第61部）等，较之明代建阳的翻刻本，字体更显自然生动，宛然有元刻建本风致。再如南北朝刊本《集千家注批点杜工部诗文集》（据明洪武元年云衢会文堂刻本翻刻，见本书第65部）、《增广事吟料诗韵集大成》（据明洪武七年宗文堂刻本翻刻，见本书第60部），元和七年（1621）铜活字印本《新雕皇朝类苑》（据宋绍兴二十三年麻沙书坊刻本重刊，见本书第52部）等，无不保持着底本风貌。即使晚至日本文化九年（1812），根据元至正二年（1342）建阳余氏日新书堂刻本重刻之《四书辑释大成》（见本书第8部），行款虽改动，但仍常常被误为原本。下文所附元皇庆元年（1312）建安余氏勤有堂刻本《集千家注分类杜工部诗》（图1）及明洪武元年（1368）云衢会文堂刻本《集千家注批点杜工部诗文集》书影（图2），读者自行比对，当能深有体会。

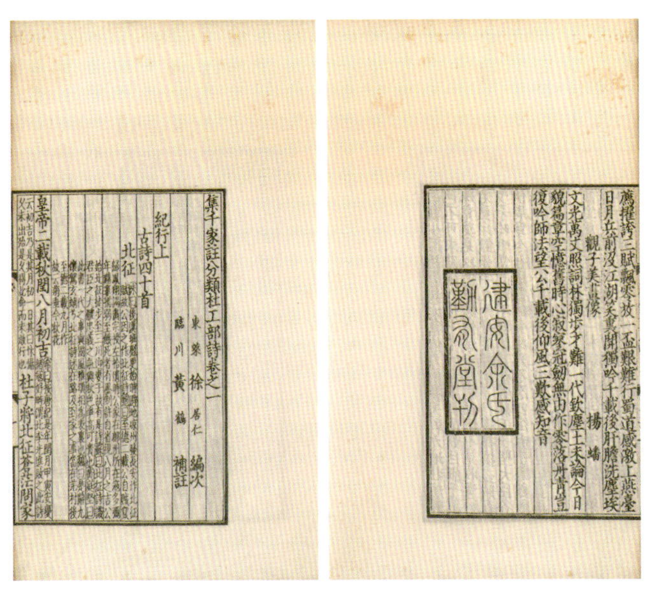

图1　元皇庆元年（1312）建安余氏勤有堂刻本《集千家注分类杜工部诗》书影

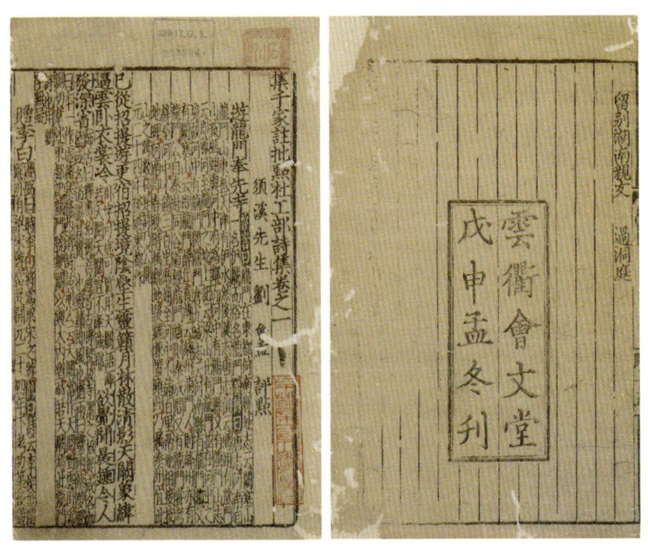

图2　明洪武元年（1368）云衢会文堂刻本《集千家注批点杜工部诗文集》书影

二重刻。如果说不作任何改动的覆刻，是对汉籍原刻的尊重，其实也只是一种简单的“复制”（校勘重刻不在此例），而重刻时施以训点则是一种再创造。重刻时，在汉字旁添加假名和符号，方便日人阅读，是为扫清阅读障碍而做的创造性举措。而刊刻时增大开本，同时减少每叶行数，甚至减少每行字数，取得“字大行疏”的效果，则阅读更为舒适。如《直音傍训周易句解》（图3），原刻本细行密字，阅读时颇费眼力。日人据以重刻时行款俱改，虽然尽失原本面貌，但却颇便阅读（见本书第2部）。

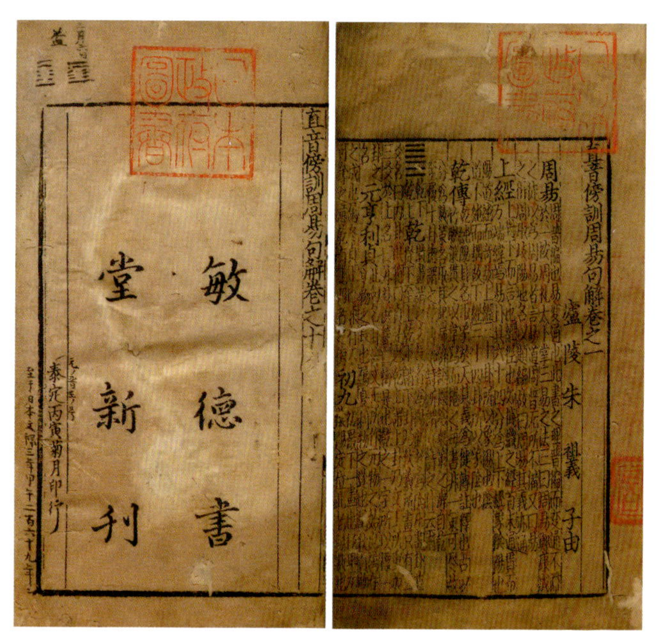

图3　元泰定三年（1326）敏德书堂刻本《直音傍训周易句解》书影

即使是抄本，也往往如是。如日本宽文七年（1667）高木正则抄本《春秋诸传会通》（见本书抄本第2部），所据底本为元至正十一年（1351）崇川书府刻本，抄写时改底本的每半叶十二行为八行。又如日本江户时代（1603—1868）抄本《春秋胡氏传纂疏》（见本书抄本第1部），所据底本为元至正八年（1348）建安刘叔简日新堂刻本（图4），抄写时改底本的半叶十一行为八行。两种抄本较之原本，均更显疏朗。

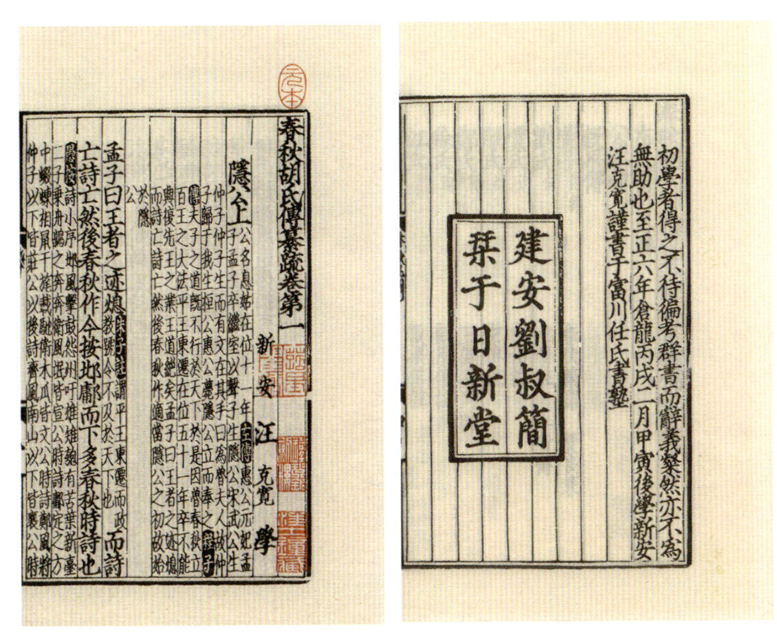
春秋胡氏傳纂疏卷第一　新安汪克寬學
隱公上
孟子曰王者之迹熄而詩亡詩亡然後春秋作今按邶鄘而下多春秋時詩也

初學者得之不待徧考群書而辭義粲然亦不爲無助也至正六年倉龍丙戌二月甲寅後學新安汪克寬謹書于富川任氏書塾
建安劉叔簡梓于日新堂

图4　元至正八年建安刘叔简日新堂刻本《春秋胡氏传纂疏》书影

一般来说，重刻本与原刻本相较，很难根据版式、行款判断底本来源。但日人往往将底本内容一字不落地重刻，内封、牌记、卷端题署等相关信息得以保存在重刻本中，据此可知其渊源。从这个角度看，谓之“翻刻”，亦不为过。如日本正保四年（1647）京都林甚右卫门刻本《书蔡氏传旁通》（见本书第3部），据元至正五年（1345）余氏勤有堂刻本（图5）重刻，行款版式俱改。如果不是保留了卷终牌记，怕是难以知晓其所出。正是这种忠实保留底本信息的做法，使得在原本亡佚的情况下，和刻汉籍体现出重要的版本价值。

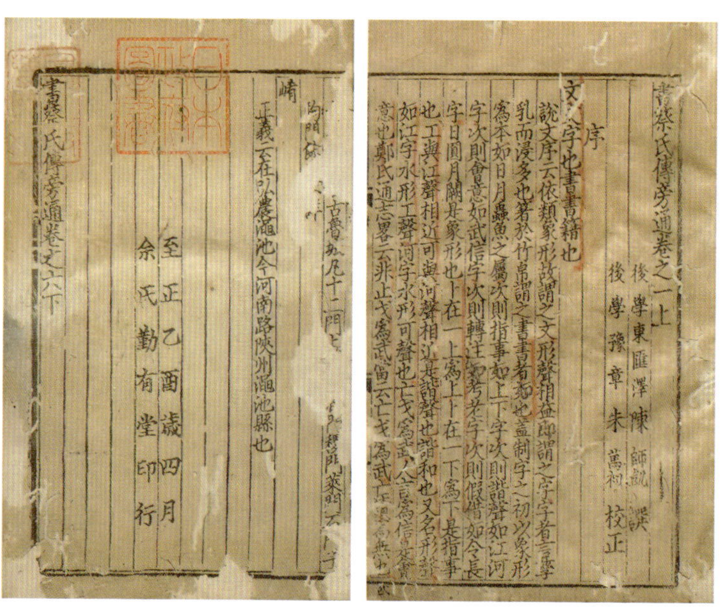
書蔡氏傳旁通卷之一上

後學東匯澤陳 師凱 撰

後學豫章朱 萬初 校正

序

文字也書書籍也

說文序云依類象形故謂之文形聲相益即謂之字字者言孳乳而浸多也著於竹帛謂之書書者如也蓋制字之初以象形爲本如日月蟲魚之屬次則指事如上下字次則諧聲如江河字次則會意如武信字次則轉注如考老字次則假借如令長字日圓月闕是象形也卜在一上爲上卜在一下爲下是指事也工與江聲相近可與河聲相近是諧聲也諧和也又名形聲如江字水形工聲河字水形可聲也止戈爲武人言爲信……

峭

……義云在以農澠池今河南路陝州澠池縣也

至正乙酉歲四月

余氏勤有堂印行

書蔡氏傳旁通卷之六下

图5　元至正五年（1345）余氏勤有堂刻本《书蔡氏传旁通》书影

一书屡次重刻，也会出现这样的情况，即各本虽然均保留祖本的信息，但若不经仔细比对，往往很难区分各自所据是原刻本、早期和刻本还是朝鲜本。如《大魁四书集注》，现存有明代建阳余明台克勤斋刻本、朝鲜刊本、日本宽永间（1624—1643）刻本。一般认为朝鲜本与和刻本均据余氏克勤斋翻刻，今以和刻《大魁四书集注》本《孟子集注》（见本书第5部）卷五后牌记比对明刻本（图6）、朝鲜本（图7），发现和刻本更似从朝鲜本翻出。因此类刻本仍可见与建本的渊源，故本书酌情给予收录。

三选刊。往往是抽取底本部分内容重刻，并施以训点，重新

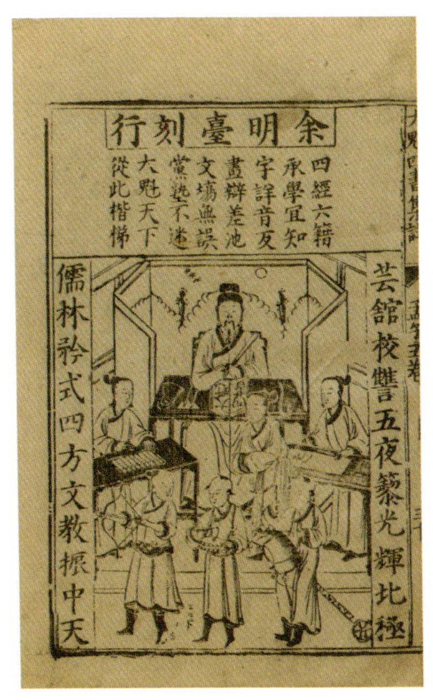

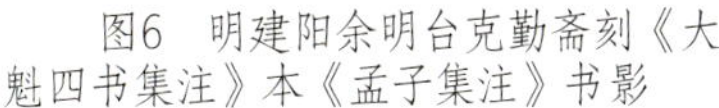
图6　明建阳余明台克勤斋刻《大魁四书集注》本《孟子集注》书影

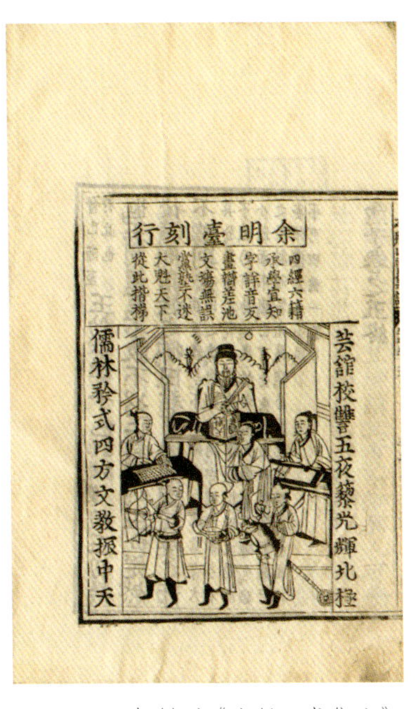

图7　朝鲜刊《大魁四书集注》本《孟子集注》书影

命名，以新书面目出现，与原本相去更远。如元代孙允贤《医方大成》十卷，首论病候，次选医方，共分七十二门，收录医方二千余。日人曾根据建阳郑氏宗文书堂刻本，萃取医论部分，总七十二门成一卷，题曰《医方大成论》，而实际上孙允贤并无名为《医方大成论》之书。又如清初游艺《诗法入门》（图8），日本元禄三年（1690），日人据以重刻。日本文化三年（1806）星文堂据元禄本抽印卷三，改题《李杜诗法精选》并分为二卷（见本书第77部）；日本文化十四年（1817）京都玉枝轩植村藤右卫门又据元禄本抽印卷四，改题《古今名诗选》（见本书第78部）。尽管经过改头换面，选刊本仍忠实保留有祖本的版刻信息，或是牌记，或是卷端题署，后世仍可据以判断其来源。

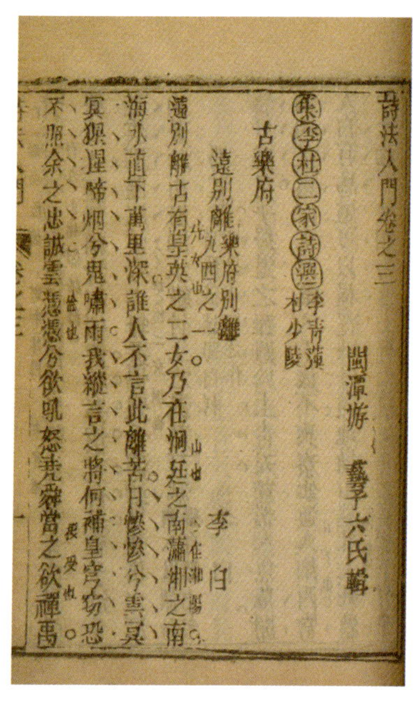

图8 清刻本《诗法入门》书影

以上是对日本翻刻建本三种主要形式的基本认识，而为数众多的以建本为底本但未标明来源的和刻本汉籍，暂不列入本书讨论范围。相较而言，和刻本汉籍的学术价值，更有待充分研究。就本书所收的数十种来说，其对建阳刻书史研究有如下价值：

一是可补充建阳刻书品种。本书收录八十余部和刻（抄）本，所据建本近三分之一或亡佚，或残缺不全。如倪士毅撰《四书辑释大成》三十六卷，元至正二年（1342）建阳余氏日新书堂刻本今仅北京大学图书馆存《论语集注》卷十一至卷十四，日本尊经阁文库藏本缺《论语》首三卷、《孟子》卷一至卷四、卷七至卷十，又上海图书馆藏元刻本存《论语》卷十一至卷二十。以三家所藏配补，仍然不能补全一部完整元刻本。而和刻本从原本翻出，完整无阙，无疑具有重要的版本价值和史料价值。又如明潘府撰《孔子通纪》

八卷，考质经史，上至先圣传授之统，下及从祀诸子之学，无所不载。原有弘治十七年（1504）广东新会刻本、明正德八年至十一年（1513—1516）潘正建阳刻本及嘉靖重修本，如今见诸著录者仅安徽省图书馆藏明刻本残存卷二至卷四，台湾图书馆藏清嘉庆八年（1803）朝鲜泰仁田以采、朴致维翻刻明弘治本八卷，而日本庆长间（1596—1615）铜活字印本为完帙，刊行较早值得重视。其他如经部《四书集注》之杨氏清江书堂刻本、刘氏慎独斋刻本等，子部十余种及附录之熊氏大集堂刻本《浮山此藏轩物理小识》、刘氏日新书堂刻本《周易参同契注解》、书林张怀耿刻本《鼎刻江湖历览杜骗新书》等，原本均已不存。

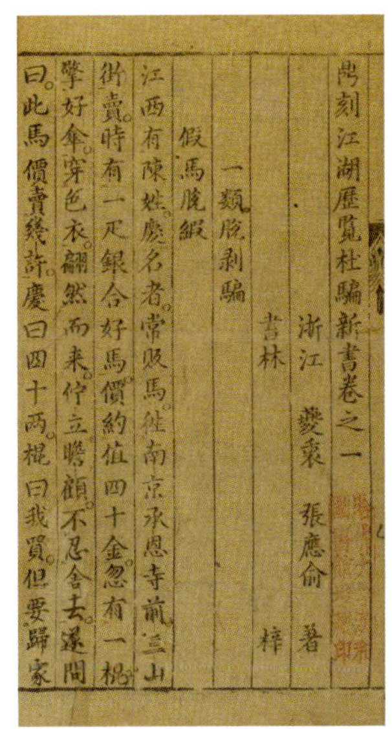
鼎刻江湖歷覽杜騙新書卷之一
浙江 夔衷 張應俞 著
書林 梓
一類脫剥騙
假馬脫緞
江西有陳姓慶名者常販馬往南京承恩寺前三山街賣時有一疋銀合好馬價約值四十金忽有一棍擎好傘穿色衣翩然而來佇立瞻顧不忍舍去遂問曰此馬價貴幾許慶曰四十兩棍曰我買但要歸家

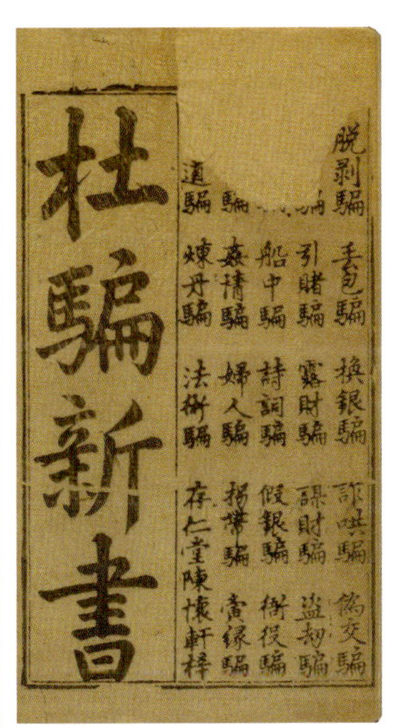
杜騙新書
脫剥騙 手包騙 換銀騙 詐哄騙 偽交騙
引賭騙 露財騙 謀財騙 盜劫騙
船中騙 詩詞騙 假銀騙 衙役騙
姦情騙 婦人騙 拐帶騙 買緣騙
道騙 煉丹騙 法術騙
存仁堂陳懷軒梓

图9　明万历间（1573—1620）张怀耿刻陈怀轩存仁堂印本《鼎刻江湖历览杜骗新书》书影

现存日本汉籍中保存有珍贵的史料。如美国哈佛大学哈佛燕京图书馆藏明陈怀轩存仁堂印本《鼎刻江湖历览杜骗新书》（图

9），卷端已将原刻者“汉冲张怀耿”五字剜去。由本书所收日本抄本（见本书抄本第7部），可知曾有余献可居仁堂印本，且是书乃书林张怀耿原刻。又如，日本正保四年（1647）京都安田十兵卫刻本《五刻增补万病回春》（见本书第32部）卷端题“闽萃庆堂余昌宗梓行”，据此知余昌宗为萃庆堂主人。萃庆堂原为明万历间著名书坊主余彰德（字泗泉）堂号。余彰德有三子，季子余应虬是明末清初著名书坊主，有近圣居等刻书堂号，未以萃庆堂刻书行世。余彰德身后，萃庆堂的归属问题长期以来一直是个谜团。余应虬子三人：长昌会，次昌年，季昌历。余昌宗与余应虬子同为“昌”字辈，为从兄弟。综上可知萃庆堂为余彰德之孙、余应虬之侄余昌宗所继承（参见图10）。

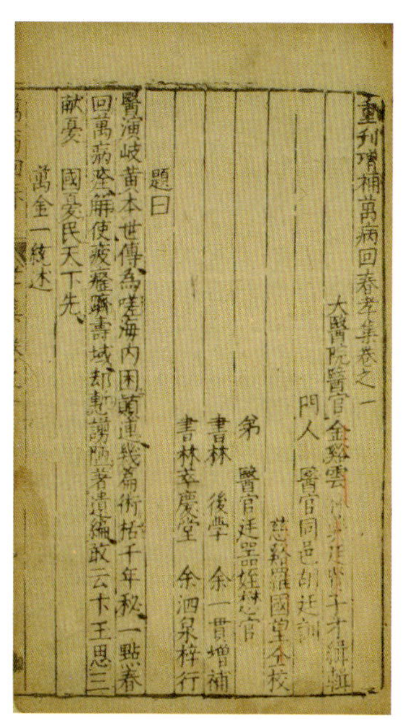
重刊增補萬病回春孝集卷之一
大醫院醫官金谿雲林龔廷賢子才編輯
門人　醫官同邑劉廷訓
慈谿羅國望仝校
弟　醫官廷器姪楚官
書林　後學　余一貫增補
書林萃慶堂　余泗泉梓行
題曰
醫演岐黃本世傳為嗟海內困顛連幾篇術括千年秘一點春
回萬病痊爰使疲癃躋壽域都慙謭陋著遺編敢云卞王思三
獻憂　國憂民天下先
萬金一統述

图10　明万历间余彰德萃庆堂刻本《重刊增补万病回春》书影

再如根据日本正保三年（1646）刻本《新镌古今帝王创制原始》（见本书第53部）、日本明历二年（1656）京都小岛弥左卫门刻本《御览颁行忠经集注详解》（见本书第26部）等，可知明末清初建阳从事刻书业者尚有余昌年、余震等，他们长期以来并未进入学者的研究视野。由此可见，北宋至清初数百年间，建阳的刻书量与现存量之间的差额比，恐怕已难估算；建阳从事刻书业的人员数量，也比已知的庞大得多。

二是可作为版本鉴定时的参照物。日本南北朝时代的覆刻本，所据底本多为宋元旧刻，故而在内容、版式、字体等方面保留了底本原貌。有研究者曾据建阳刻书字体的发展与演变，结合日本南北朝刊刻本《联新事备诗学大成》等书，考证《中华再造善本》“宋

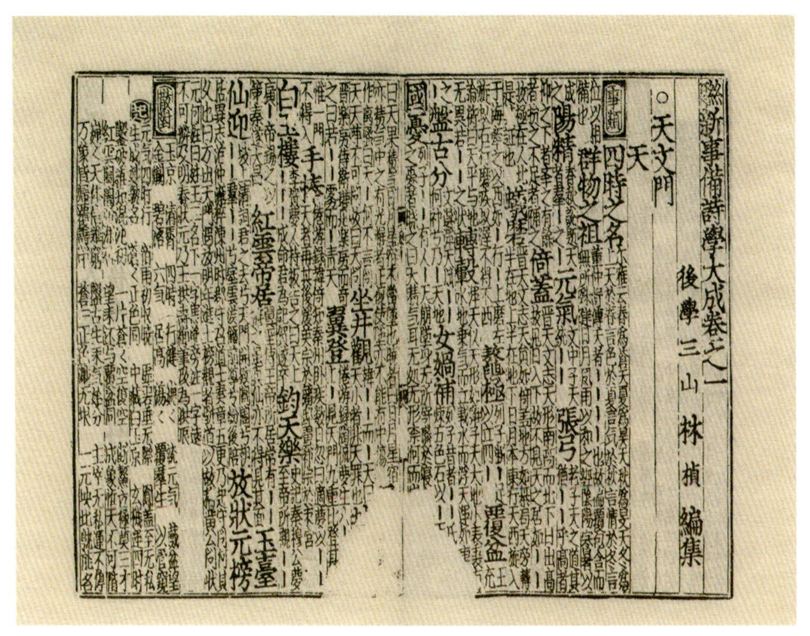
聯新事備詩學大成卷之一
後學三山林楨編集
○天文門
天

图11　《中华再造善本》“宋元编”《联新事备诗学大成》书影

元编”所收《联新事备诗学大成》（图11）“更像是明代前期的重刻本”（刘春华、孔庆茂《翠岩精舍刊〈联新事备诗学大成〉版本探究》，《图书馆杂志》2018年第12期），即是一例。

又如《明清中医珍善孤本精选》收录之《名方类证医书大全》（图12），提要称“据中华医学会上海分会图书馆珍藏的成化三年丁亥（一四六七年）熊氏种德堂刊本影印”，然较之日本大永八年（1528）泉南阿佐井野宗瑞刻本，提要所言“种德堂刊本”，一如和刻本。阿佐井野宗瑞因“今所刊之书与大明板有斤两分铢之异，彼板有药种之下不载斤两者，又有药种同者，窃考诸方改之”，并作《辩误》七则附书后。根据《辩误》所载，我们即使未见明本原刻，仍可知二者不同之处。如卷七气门“姜合丸”条，“大明板‘每一斤作二十圆’，今据《和剂方》改作‘每一两’”；“去铃丸”条，“大明板‘冷盐汤’，今据《袖珍方》改作‘冷盐

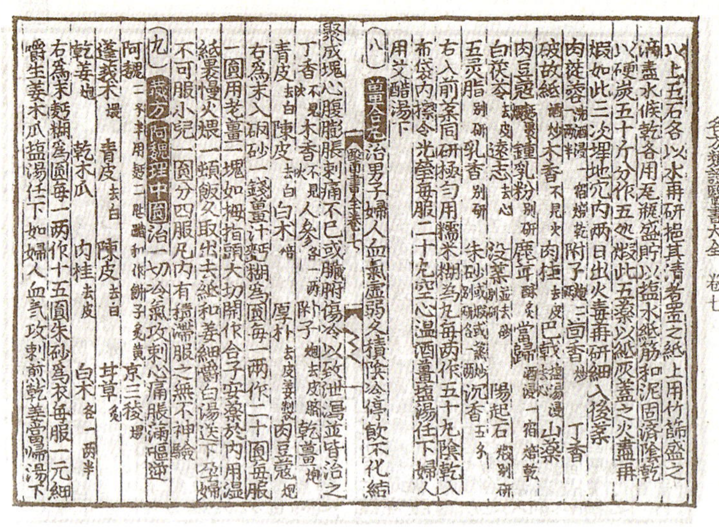
名方類證醫書大全 卷七

以上五石各以水再研挹其清者置之紙上用竹篩盛之
滴盡水候乾各用瓦瓶盛貯以鹽水紙筋和泥固濟陰乾
以硬炭五十斤分作五處煆此五藥以紙灰蓋之火盡再
煆如此三次埋地穴内两日出火毒再研細入後藥
肉蓯蓉 洗酒浸一宿焙乾 附子 炮 茴香 炒 丁香
破故紙 酒炒 木香 不見火 肉桂 去皮 巴戟 去心鹽湯浸 山藥
肉豆蔻 煨 鍾乳粉 别研 鹿茸 酥炙 當歸 酒浸一宿焙乾
白茯苓 去皮 遠志 去心 沒藥 並去砂石别研 陽起石 煆别研
五灵脂 别研 乳香 别研 朱砂 别研 沉香
右入前藥同研極勻用糯米糊為丸每兩作五十丸陰乾入
布袋内擦令光瑩每服二十丸空心溫酒薑鹽湯任下婦人
用艾醋湯下
八 嘗合丸 治男子婦人血氣虛弱久積陰冷停飲不化結
聚成塊心腹膨脹刺痛不已或臟腑傷冷以致泄瀉並皆治之
丁香 不見火 木香 不見火 人參 各一兩 附子 炮去皮臍 乾薑 炮
青皮 去白 陳皮 去白 白朮 焙 厚朴 去皮薑製 肉豆蔻 煨
右為末入硇砂一錢薑汁麪糊為圓每一兩作二十圓每服
一圓用老薑一塊如梅指頭大切開作合子安藥於内用濕
紙裹慢火煨一頓飯久取出去紙和姜細嚼白湯送下孕婦
不可服小兒一圓分四服凡内有積滯服之無不神驗
九 秘方阿魏理中圓 治一切冷氣攻刺心痛腹滿嘔逆
阿魏 二錢半用麪二匙醋和作餅子炙黃 京三稜 煨
蓬莪朮 煨 青皮 去白 陳皮 去白 甘草 炙
乾姜 炮 乾木瓜 肉桂 去皮 白朮 各一兩半
右為末麪糊為圓每一兩作十五圓朱砂為衣每服一元細
嚼生姜木瓜鹽湯任下如婦人血氣攻刺煎乾姜當歸湯下

图12 《明清中医珍善孤本精选》本《名方类证医书大全》书影

酒'"。《明清中医珍善孤本精选》收录本均与和刻本同，据此可见该底本当为阿佐井野宗瑞刻本而非熊氏种德堂原刻本。前人将和刻本书后《辩误》抽去以充明代原刻本，后人未加比对，遂致误判。

其他如日本江户时代活字印本《镌温陵郑孩如观静窝四书知新日录》（见本书第9部）、日本文化九年（1812）刻本《四书辑释大成》，均存在被误录的情况。如将重刻本与原刻本比对，当不至于有此误。

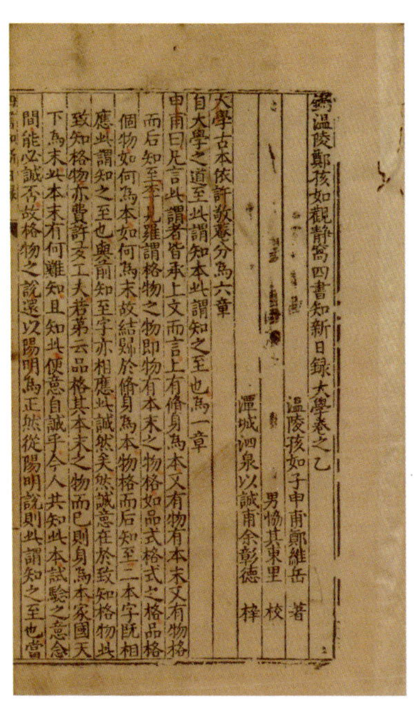

鐫温陵鄭孩如觀靜窩四書知新日録大學卷之乙
温陵孩如子申甫鄭維岳　著
男惕其東里　校
潭城泗泉以誠甫余彰德　梓
大學古本依許敬菴分為六章
自大學之道至此謂知本此謂知之至也為一章
申甫曰凡言此謂者皆承上文而言上有脩身為本又有物有本末又有物格
而后知至乎凡雖謂格物之物即物有本末之物格如品式格式之格品格
個物如何為本如何為末故結歸於脩身為本物格而后知至二本字既相
應此謂知之至也與前知至字亦相應此誠然矣然誠意在於致知格物此
致知格物亦費許多工夫若第云品格其本末之物而已則身為本家國天
下為末此本末有何難知且知此便意自誠乎今人共知此本試驗之意念
間能必誠否故格物之說還以陽明為正然從陽明說則此謂知之至也當

图13　明万历二十四年（1596）余彰德萃庆堂刻本《镌温陵郑孩如观静窝四书知新日录》书影

即使原刻本尚存，和刻本仍具有重要的版本价值，尤其在判断初刻本与重修本，初印本与后印本时，往往具有参考意义。如明万历三十四年（1606）建阳知县周士显委托书林余彰德、余象斗刻印《古今韵会举要小补》，是为初刻本。后又有重修本，书前周士显序后所署年月被剜去，书叶多有重雕替换。该书刊行以后，建阳书坊又屡次重印，乃至重修。今笔者所见重修本二种亦有不同（图14），内封一题“李本宁先生/辑韵会小补/本衙藏板”（美国哈佛大学哈佛燕京图书馆藏本），一题“方子谦先生订/韵会小补/三台馆藏板”（福建师范大学图书馆藏本），均钤“本馆重/加校订/一字不/敢存讹”印，殆系余象斗三台馆所为，但亦有差别。经比对，和刻本《古今韵会举要小补》（见本书第12部）确据初刻本翻雕，如周士显序仍署“万历丙午上元日”，首卷卷端书口上有鱼尾，但原有内封“本宁李太史公/校辑韵会小补/书林余（泗泉/文台）刻行”（日本京都大学人文科学研究所藏本）则未刻。因而推测，和刻本所据底本很可能为初刻后印本，而非初刻初印本。

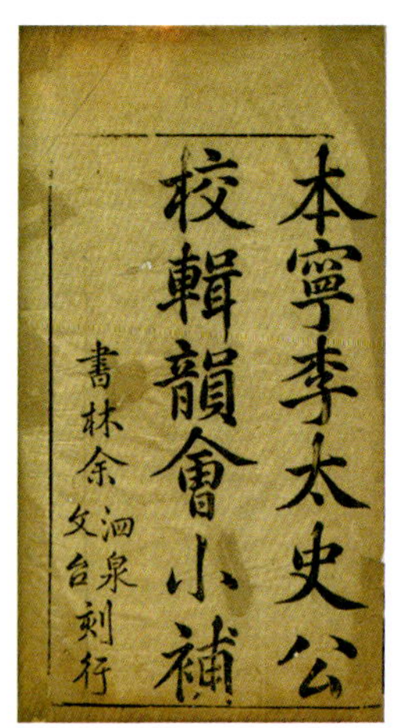
本寧李太史公
校輯韻會小補
書林余泗泉文台刻行

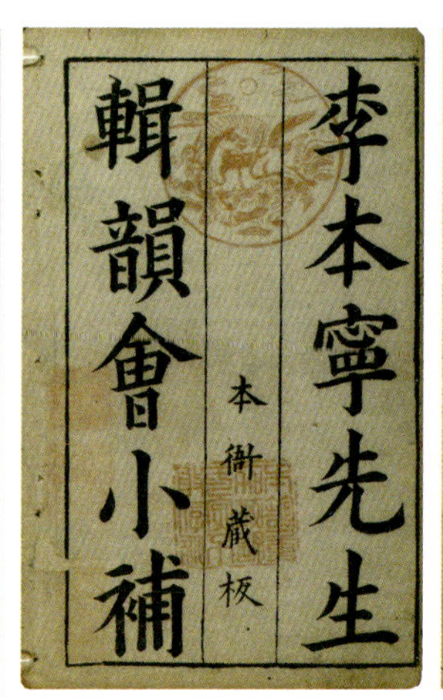
李本寧先生
本衙藏板
輯韻會小補

方子謙先生訂
韻會小補
三台館藏板

图14 《韵会小补》书影三种（左：日本京都大学人文科学研究所藏本；中：美国哈佛大学哈佛燕京图书馆藏本；右：福建师范大学图书馆藏本。）

以日本翻刻建本为中心，探讨和刻本汉籍的学术价值，本书不过是管中窥豹，权当引玉之砖而已。

建阳刻书肇始于北宋（约十世纪末、十一世纪初），至清初式微，有近700年的辉煌历史。建本或作为馈赠的礼品，或作为贸易的商品，或作为被抢掠的物品流入日本的时间，不晚于南宋（约十二世纪中期），截至二十世纪中期，也有700多年。有关建本刊刻及其价值的研究，近年来已经取得较为丰富的成果；而建本在海外的传播、典藏情况，其对东亚文化圈的影响等诸多问题，则有待更为明晰的调查与深入的讨论。

最初设想开展关于建阳刻书的一系列基础研究，依次产生建本经眼录、书目、图录、书志、中日韩翻刻建本汉籍叙录等成果。如今最先面世的却是这本小书。搜访未周，错讹在所难免。虽幸获陈谊兄、林振岳兄悉心批评指正，刘斯伦兄慨赠书影，出版社编辑认真编校，亦不免惶恐。因此也更加企盼同道之友，不日为学界奉献精深大作，以取代之。

说　明

一、本书为日本翻刻（包括重刻、选刊）建本汉籍之专门性图录，以见和刻本汉籍与建本之关系。

二、本书收录刊本78部，依四部分类法编次。后附录抄本7部。此外尚有数十部颇具代表性，因一时未获得图版，暂付阙如。

三、为体现和刻本汉籍之特点及与所据底本之关系，每种文献所采书影不仅限于卷端、牌记等。

四、各书图版前著录书名、卷数、作者、版本、册数及馆藏地等信息，并缀以简要说明，说明重在揭示和刻本与底本之异同。由于和刻本刻、印情况十分复杂，故书中版本项大多谨据版权叶著录，至于各版次间关系则未遑一一辨明。

五、本书图版，除少量为友人襄助外，余皆来自海外各图书馆，均一一注明出处。在此谨表谢忱。

目　次

附：抄本

1. 五经大全一百二十七卷

一百四十一册，日本国立国会图书馆藏

明胡广等奉敕撰，日本林信胜点

日本承应二年（1653）京都吉文字屋庄右卫门刻梅天印本。

《周会魁校正易经大全》二十四卷《上下篇义》一卷《朱子图说》一卷《易五赞》一卷《筮仪》一卷《易说纲领》一卷。

《申学士校正官板书经大全》十卷首一卷《图》一卷《纲领》一卷，明申时行校正。

《申学士校正诗经大全》十五卷首一卷《纲领》一卷《图》一卷。

《礼记集说大全》三十卷《总论》一卷。

《春秋集传大全》三十七卷《序论》一卷《春秋诸国兴废说》一卷《春秋二十国年表》一卷，明虞大复校。

每半叶大字六行（或七行）十六字，中字九行二十字，小字双行二十字；四周双边，白口，单鱼尾。

据明万历间建阳余氏刻《五经大全》汇印本重刻。《五经大全》除明永乐（1403—1424）内府本外，明正统至万历间（1436—1620）建阳书坊王氏善敬书堂、刘氏安正书堂、郑氏宗文书堂及余氏等均有刻本。各家所刻，全帙存者鲜见，故《中国古籍善本书目》以零种分别著录。今余氏刻本全帙，美国哈佛大学哈佛燕京图书馆、日本国立公文书馆、早稻田大学图书馆等藏。与原刻本相较，和刻本《易经大全》卷一卷端无“京山思皇周士显校正”一行，而分别见于卷十二、卷二十二（原刻则无）；《书经大全》卷端无原刻题《申学士校正古本官板书经大全》之“古本”二字；《诗经大全》将原刻书名《叶太史参补古今大方诗经大全》改作《申学士校正诗经大全》，并删“礼部左侍郎台山叶向高编纂，翰林太史瀛海张以诚校正，闽芝城建邑书林余氏同梓”三行；《礼记大全》将原刻名《张翰林校正礼记大全》改作《礼记集说大全》，并删“温陵二水张瑞图、吴江桐冈沈正宗同校”二行。或所据底本为旧时改题重印者，或日人刊行时所改。

周會魁校正易經大全卷之一

周易上經

【本義】周代名也易書名也其卦本伏羲所畫有交易變易之義故謂之易其辭則文王周公所繫故繫之周以其簡袠重大故分為上下兩篇經則伏羲之畫文王周公之辭也并孔子所作之傳十篇凡十二篇中間頗為諸儒所亂近世晁氏始正其失而未能盡合古文呂氏又更定

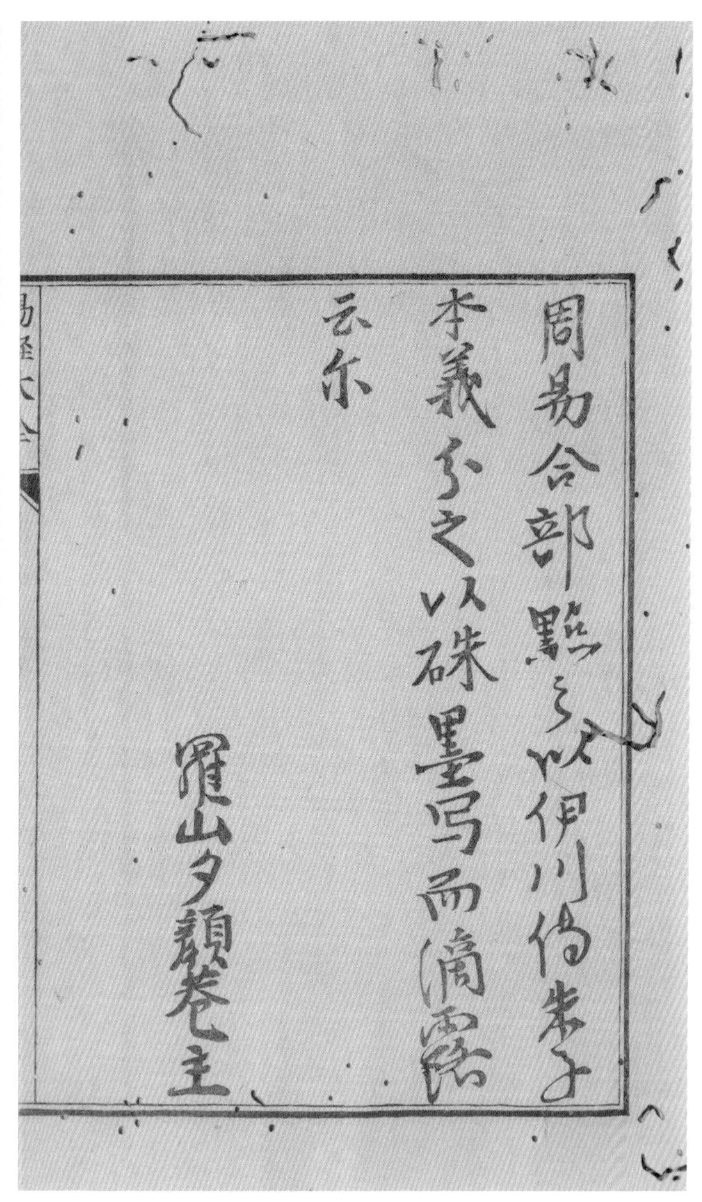

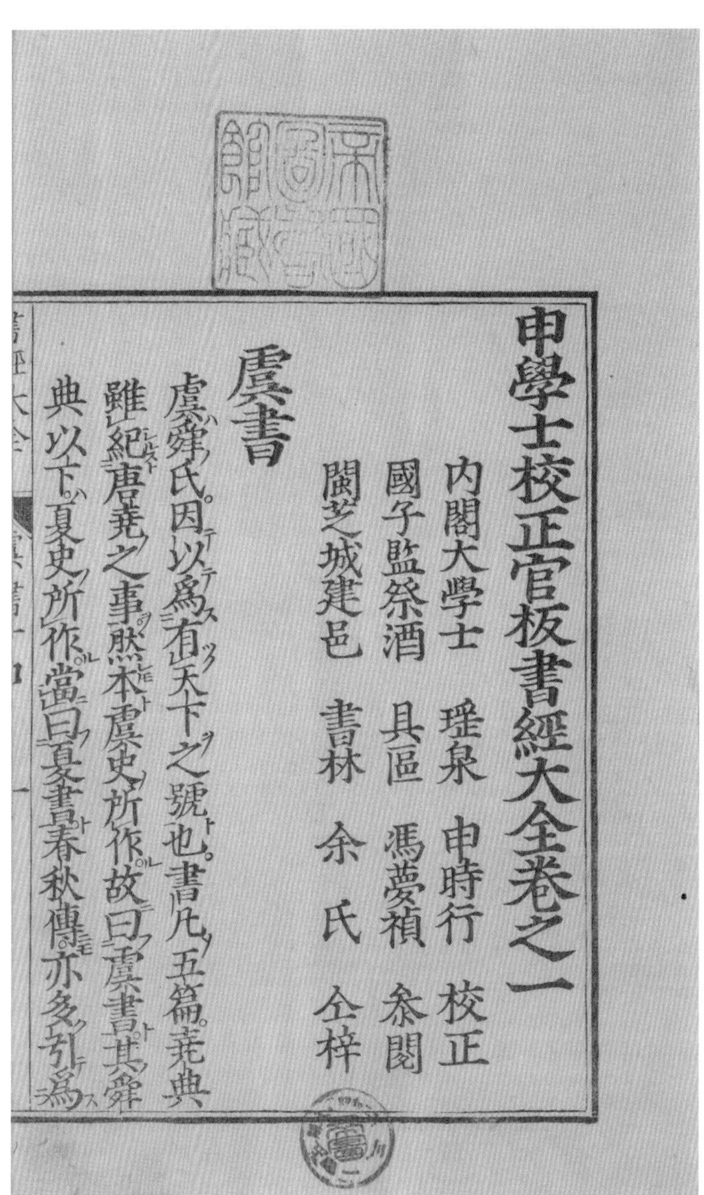

申學士校正官板書經大全卷之一

内閣大學士　瑤泉　申時行　校正

國子監祭酒　具區　馮夢禎　參閱

閩芝城建邑　書林　余　氏　仝梓

虞書

虞舜氏。因以爲有天下之號也。書凡五篇。堯典雖紀唐堯之事。然本虞史所作。故曰虞書。其舜典以下。夏史所作。當曰夏書。春秋傳亦多引爲

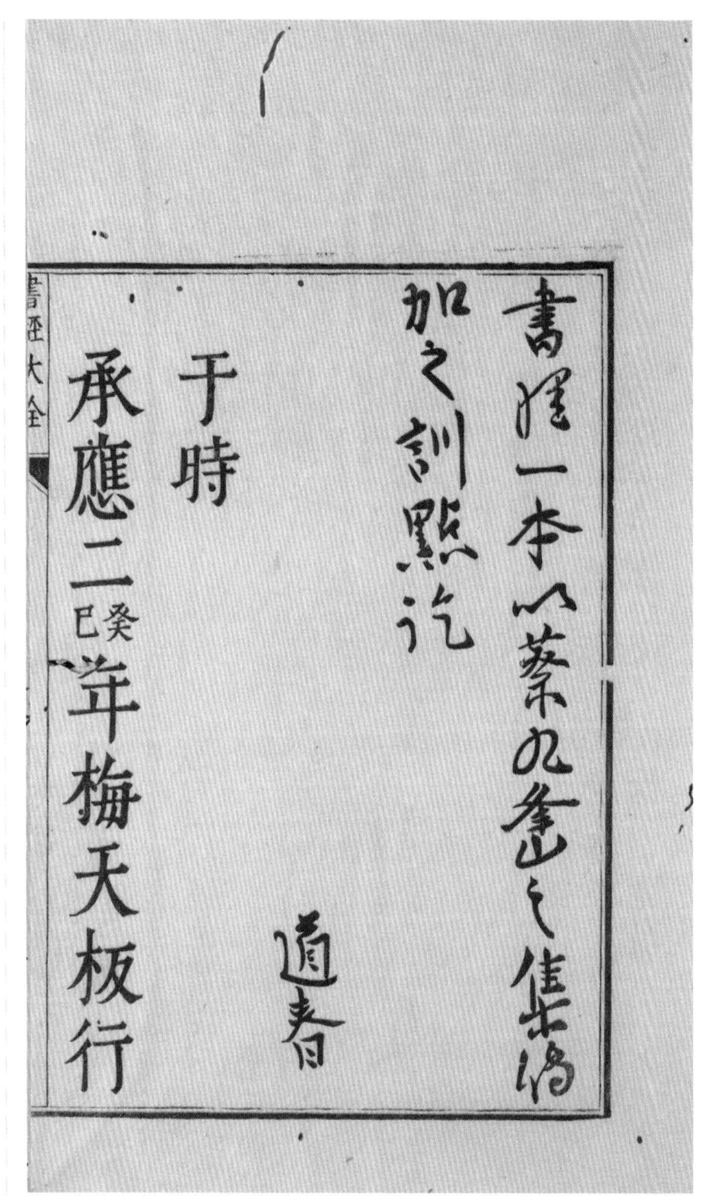

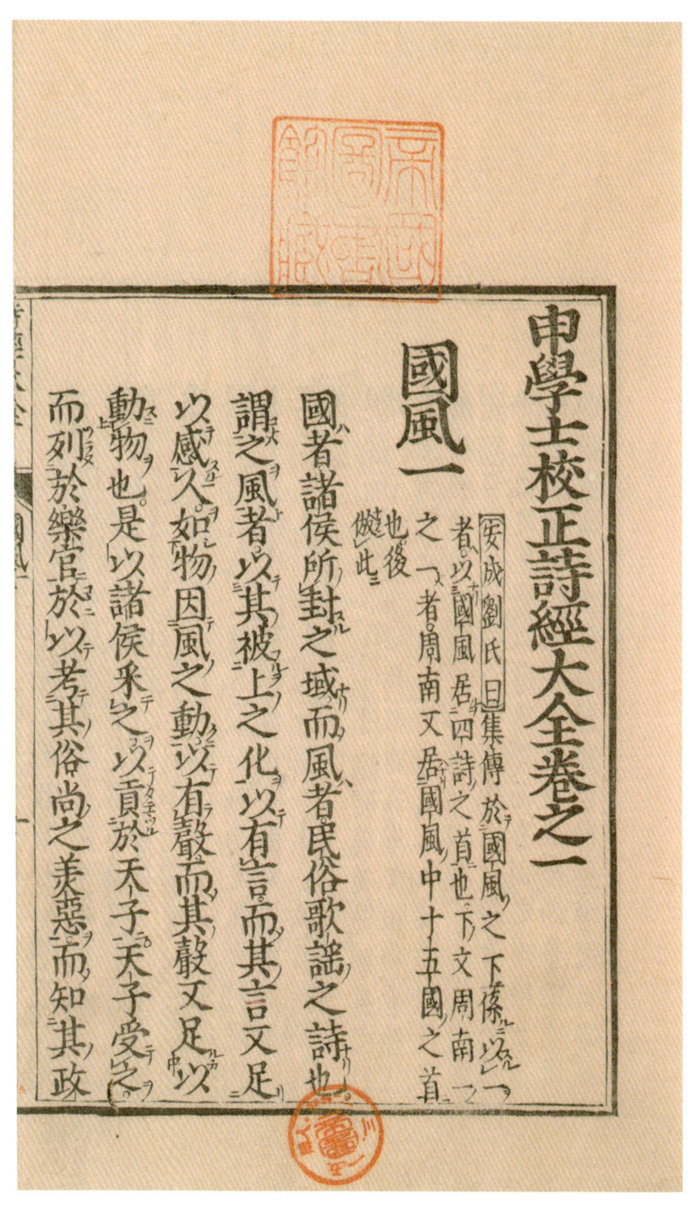

申學士校正詩經大全卷之一

國風一

安成劉氏曰集傳於國風之下係以一者以國風居四詩之首也下文周南之一者周南又居國風中十五國之首也後倣此

國者諸侯所封之域而風者民俗歌謡之詩也謂之風者以其被上之化以有言而其言又足以感人如物因風之動以有聲而其聲又足以動物也是以諸侯采之以貢於天子天子受之而列於樂官於以考其俗尚之美惡而知其政

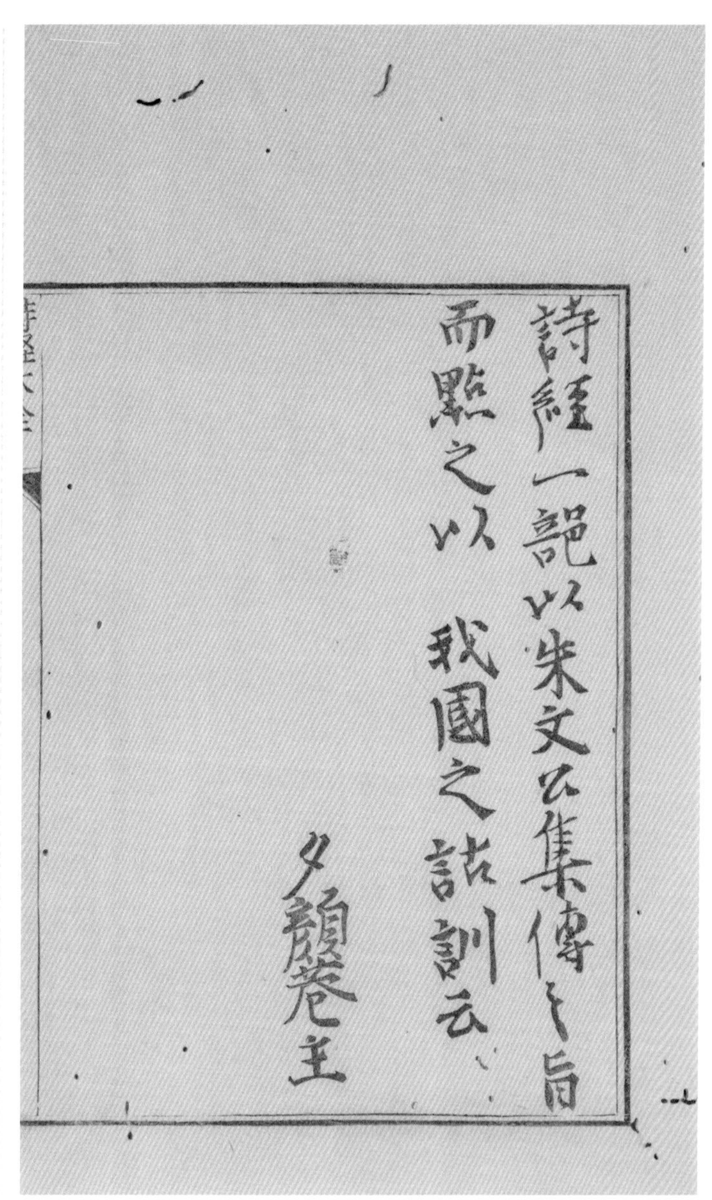

詩經一部以朱文公集傳之旨
而點之以　我國之詁訓云

夕顏菴主

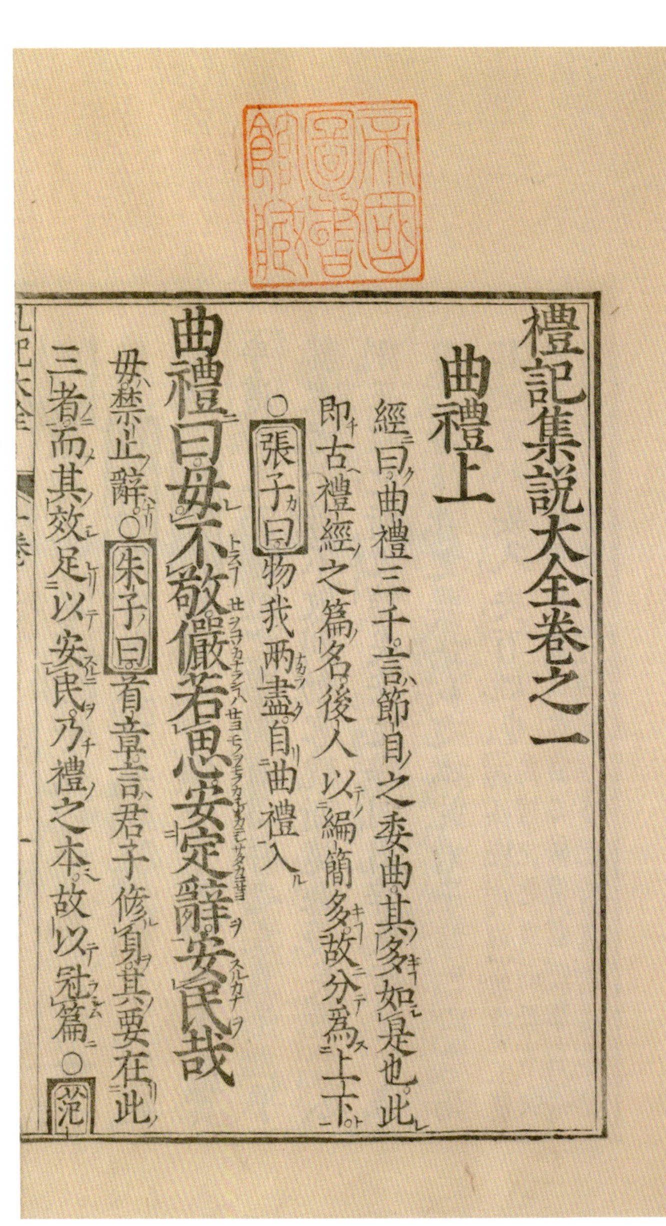

禮記集說大全卷之一

曲禮上

經曰曲禮三千言節目之委曲其多如是也此即古禮經之篇名後人以編簡多故分爲上下

○張子曰物我兩盡自曲禮入

曲禮曰毋不敬儼若思安定辭安民哉

毋禁止辭○朱子曰首章言君子修身其要在此三者而其效足以安民乃禮之本故以冠篇○范

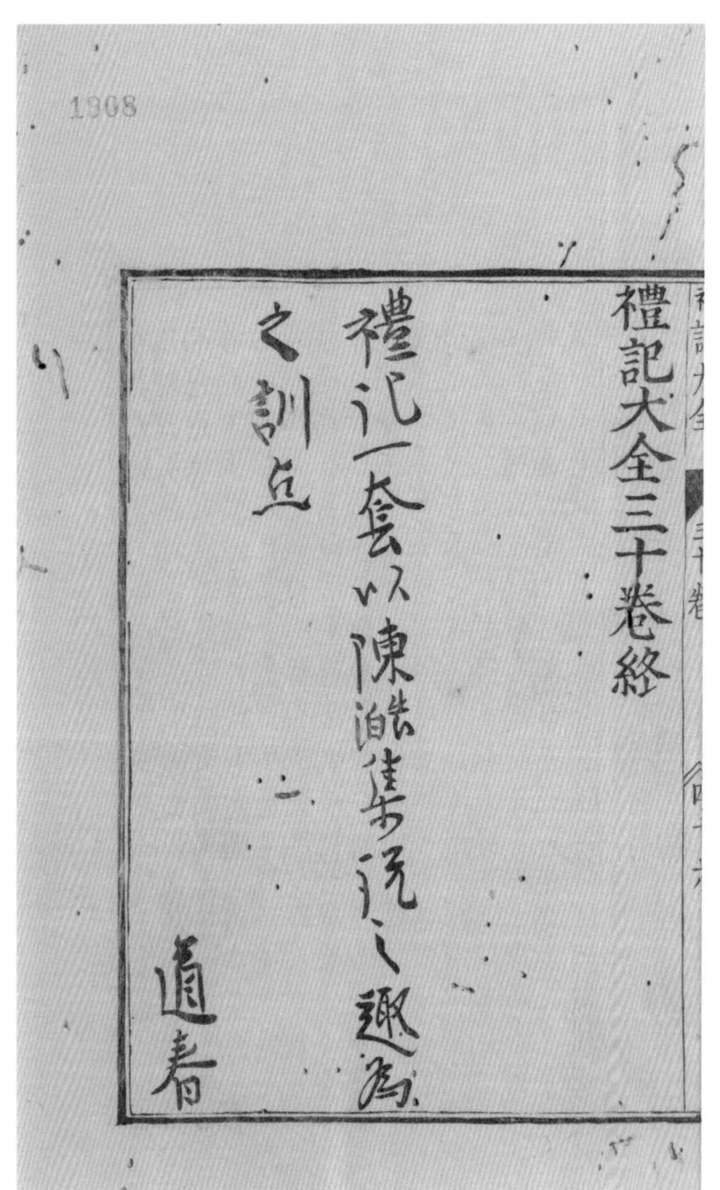

禮記大全三十卷終
禮記一套以陳澔集說之趣為之訓点
道春

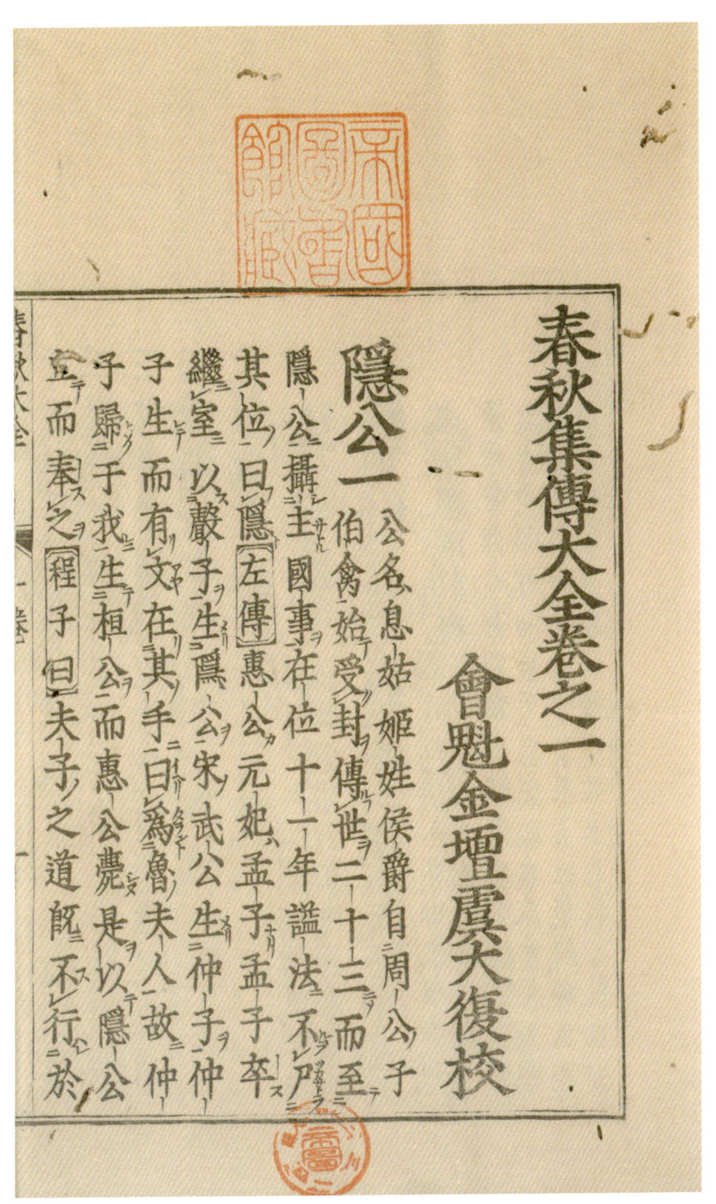

春秋集傳大全卷之一

會魁金壇虞大復校

隱公一

公名息姑姬姓侯爵自周公子伯禽始受封傳世二十三而至隱公攝主國事在位十一年謚法不尸其位曰隱〔左傳〕惠公元妃孟子孟子卒繼室以聲子生隱公宋武公生仲子仲子生而有文在其手曰為魯夫人故仲子歸于我生桓公而惠公薨是以隱公立而奉之〔程子曰〕夫子之道既不行於

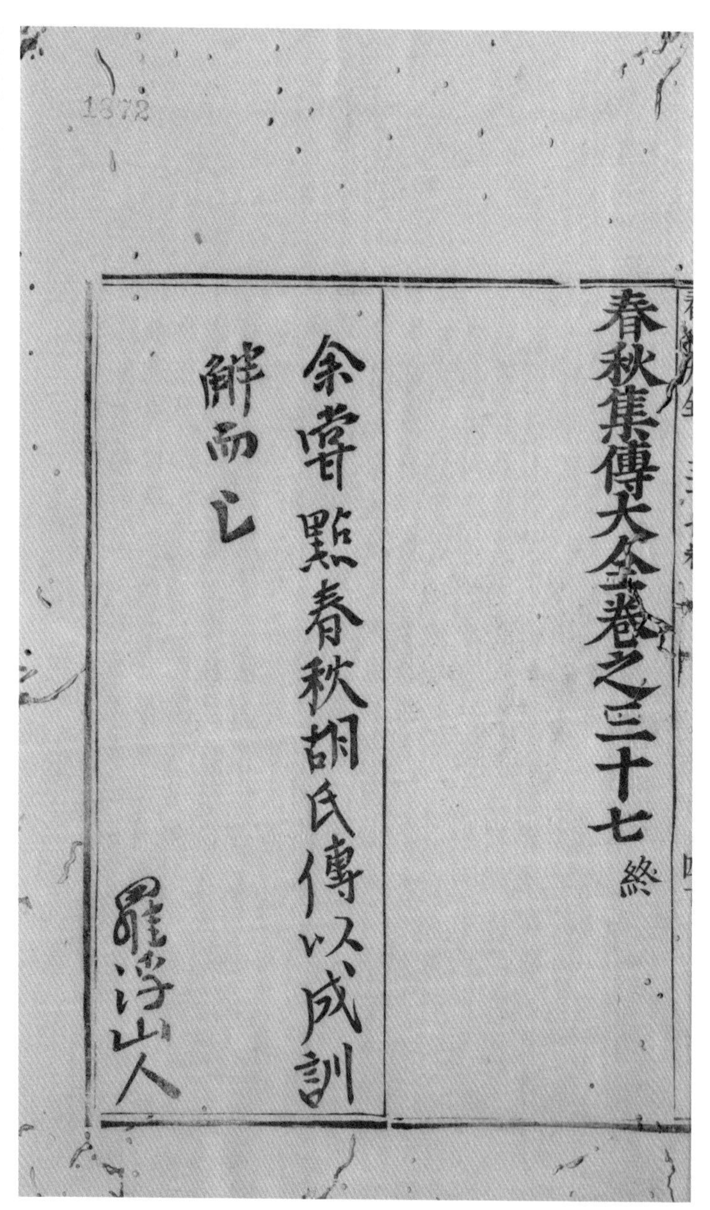

春秋集傳大全卷之三十七 終
余嘗點春秋胡氏傳以成訓
解而已
羅浮山人

2. 直音傍训周易句解十卷

四册，日本国立公文书馆藏

元朱祖义撰，日本小出立庭训点

日本宽文十一年（1671）吉野屋惣兵卫刻本。

每半叶八行，行十八字，小字双行同；四周双边，白口，双鱼尾。

据元泰定三年（1326）敏德书堂刻本重刻。敏德书堂原刻本，《中国古籍善本书目》未著录，日本国立公文书馆有藏本。每半叶十二行，行二十二字（或二十三字），小字双行同；左右双边，黑口，双鱼尾。卷十尾题后牌记居中双行："敏德书/堂新刊"。又"泰定丙寅菊月印行"一行，刻板框左栏前。

直音傍訓周易句解卷之一

廬陵 朱祖義 子由

周易 周普徧也易變通也此書之理普徧而變通不滯於一按周禮太卜掌三易之法二曰周易鄭康成之徒以爲周易者言易道周普无所不備又曰易之稱周取岐陽地名以題編故曰周易其義亦通

上經 上對下而言也經徑也如機織之經首未通貫而万端緯焉易卦共六十四分爲上下經象陰陽也陽道純而奇故上經三十卦所以象陽也陰道不純而耦故下經三十四卦所以象陰也

直音傍訓周易句解卷之十

敏德書堂新刊

泰定丙寅菊月印行

寛文十一辛亥仲春吉旦

吉野屋惣兵衞開板

3. 书蔡氏传旁通六卷

十册，日本国立公文书馆藏

元陈师凯撰，元朱万初校正

日本正保四年（1647）京都林甚右卫门刻本。

每半叶十行，行大字十五字，中字二十字，小字双行二十字；四周单边，白口，白鱼尾。

据元至正五年（1345）余氏勤有堂刻本重刻。余氏勤有堂原刻本，《中国古籍善本书目》未著录，日本国立公文书馆有藏本。每半叶十三行，行大字二十二字，中字二十五字，小字双行二十五字；四周双边，黑口，双顺黑鱼尾。卷终尾题前有牌记二行："至正乙酉岁四月/余氏勤有堂印行。"此版另有日本宽文五年（1665）京都上村次郎右卫门重印本，又有京都寺町通梅村三郎兵卫印本。

書蔡氏傳旁通卷之一上

後學　東匯澤陳　師凱　講

後學　豫章　朱　萬初　校正

○序

文字也。書書籍也。

說文序云。依類象形。故謂之文。形聲相益。即謂之字。字者言孳乳而浸多也。著於竹帛謂之書。書者如也。蓋制字之初。以象形為本。如日月蟲魚之屬。次則指事。如上下字。次則諧聲。如江河字。次則會意。如武信字。次則轉注。如考老字。次則假借。如令

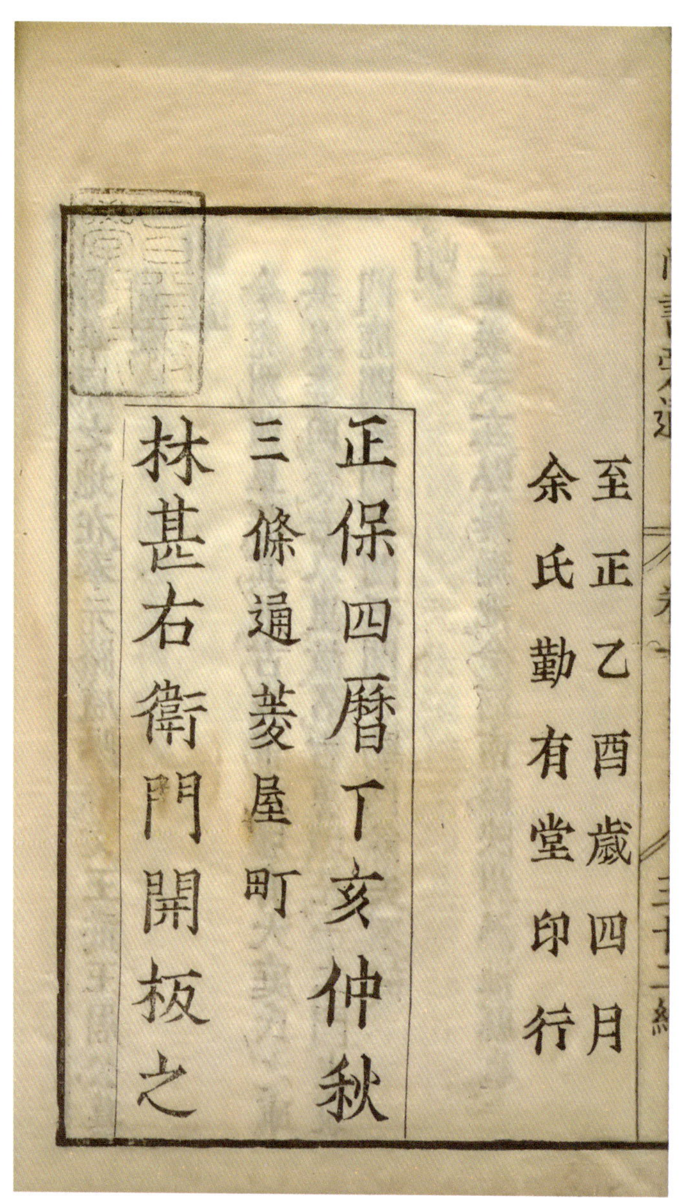

至正乙酉歲四月

余氏勤有堂印行

正保四曆丁亥仲秋

三條通菱屋町

林甚右衛門開板之

4. 尚书通考十卷

七册，日本国立公文书馆藏

元黄镇成辑

日本正保五年（*1648*）京都林甚右卫门刻本。

每半叶十行，行二十字，小字双行同；四周单边，白口，白鱼尾。

据元至正间（1341—1368）建本重刻。中国国家图书馆、北京大学图书馆、日本国立公文书馆等藏有原刻本。每半叶十二行，行二十四字，小字双行同；四周双边，黑口，双顺黑鱼尾。书中虽无牌记，但依其版式、字体风格，当属元代建本。此版另有日本宽文五年（1665）京都上村次郎右卫门重印本，又有京都寺町通梅村三郎兵卫印本。

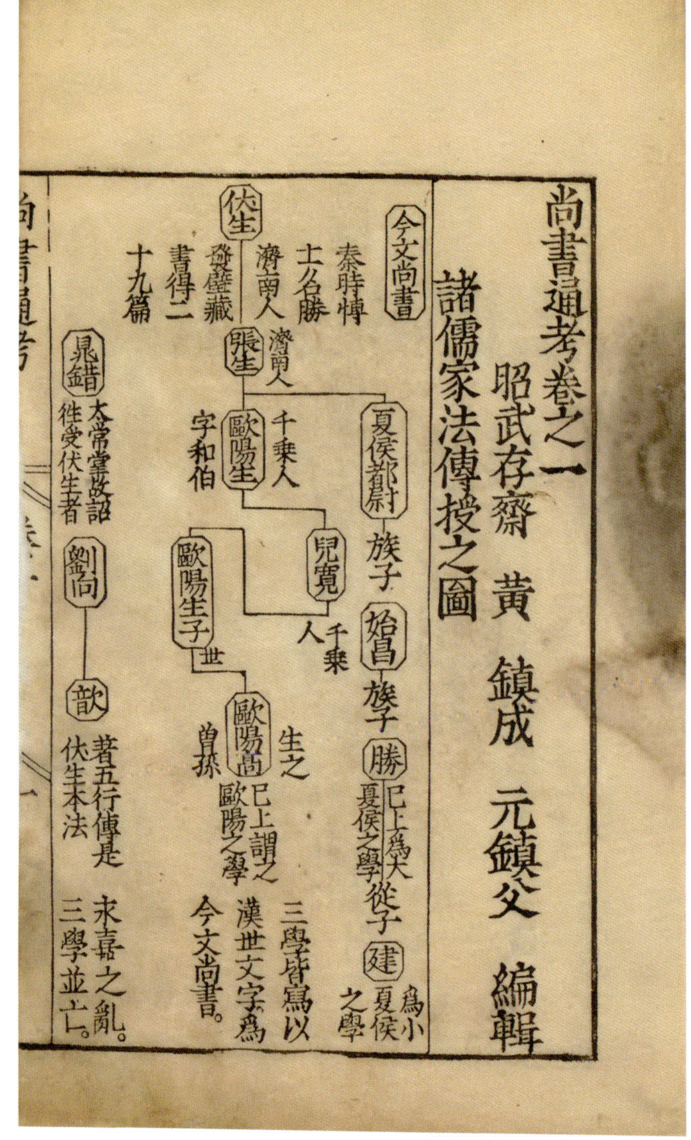

尚書通考卷之一

昭武存齋 黃 鎮成 元鎮父 編輯

諸儒家法傳授之圖

今文尚書

秦時博士名勝濟南人

伏生 發壁藏書得二十九篇

張生 濟南人

夏侯都尉 族子

始昌 族子

勝 已上為大夏侯之學 從子

建 為小夏侯之學

歐陽生 千乘人 字和伯

兒寬 千乘人

歐陽生子 世

歐陽高 生之曾孫 已上謂之歐陽之學

三學皆寫以漢世文字為今文尚書。

鼂錯 太常掌故詔往受伏生者

劉向

歆 著五行傳是伏生本法

永嘉之亂三學並亡。

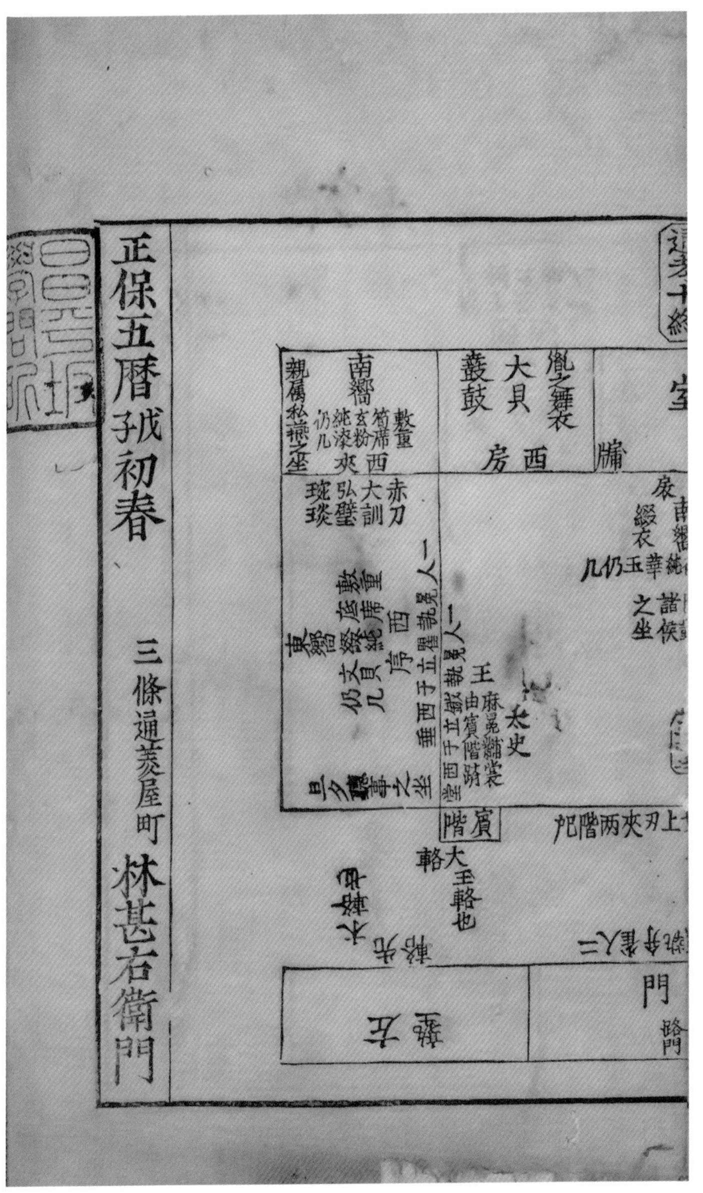

正保五暦戊子初春

三條通菱屋町　林甚右衛門

5. 孟子集注七卷

二册，日本早稻田大学图书馆藏

宋朱熹集注

日本宽永九年（1632）中野道伴刻《大魁四书集注》本。

每半叶九行，行十七字，小字双行同；四周双边，白口，单鱼尾。

据明余明台克勤斋刻《大魁四书集注》本翻刻。余氏克勤斋刻本，《中国古籍善本书目》未著录，日本爱媛大学图书馆藏有全帙，美国哈佛大学哈佛燕京图书馆藏零种《孟子集注》七卷。每半叶九行，行十七字，小字双行同；四周双边，白口，单鱼尾。《大魁四书集注》另有朝鲜古活字印本，日人是否据此翻雕，未详。

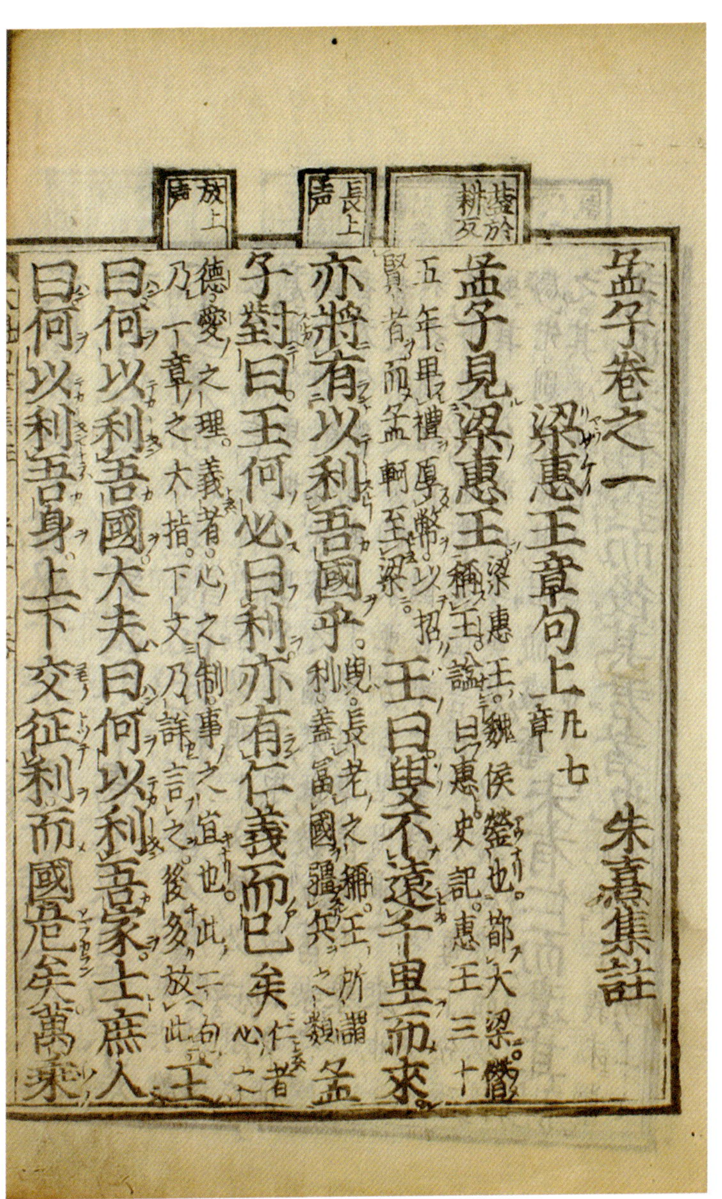

罃於耕反　長上聲　放上聲

孟子卷之一　　朱熹集註

梁惠王章句上　凡七章

孟子見梁惠王。梁惠王，魏侯罃也。都大梁，僭稱王，謚曰惠。史記：惠王三十五年，卑禮厚幣以招賢者，而孟軻至梁。

王曰：叟不遠千里而來，亦將有以利吾國乎？叟，長老之稱。王所謂利，蓋富國彊兵之類。

孟子對曰：王何必曰利？亦有仁義而已矣。仁者，心之德、愛之理。義者，心之制、事之宜也。此二句乃一章之大指，下文乃詳言之。後多放此。

王曰何以利吾國，大夫曰何以利吾家，士庶人曰何以利吾身，上下交征利而國危矣。萬乘

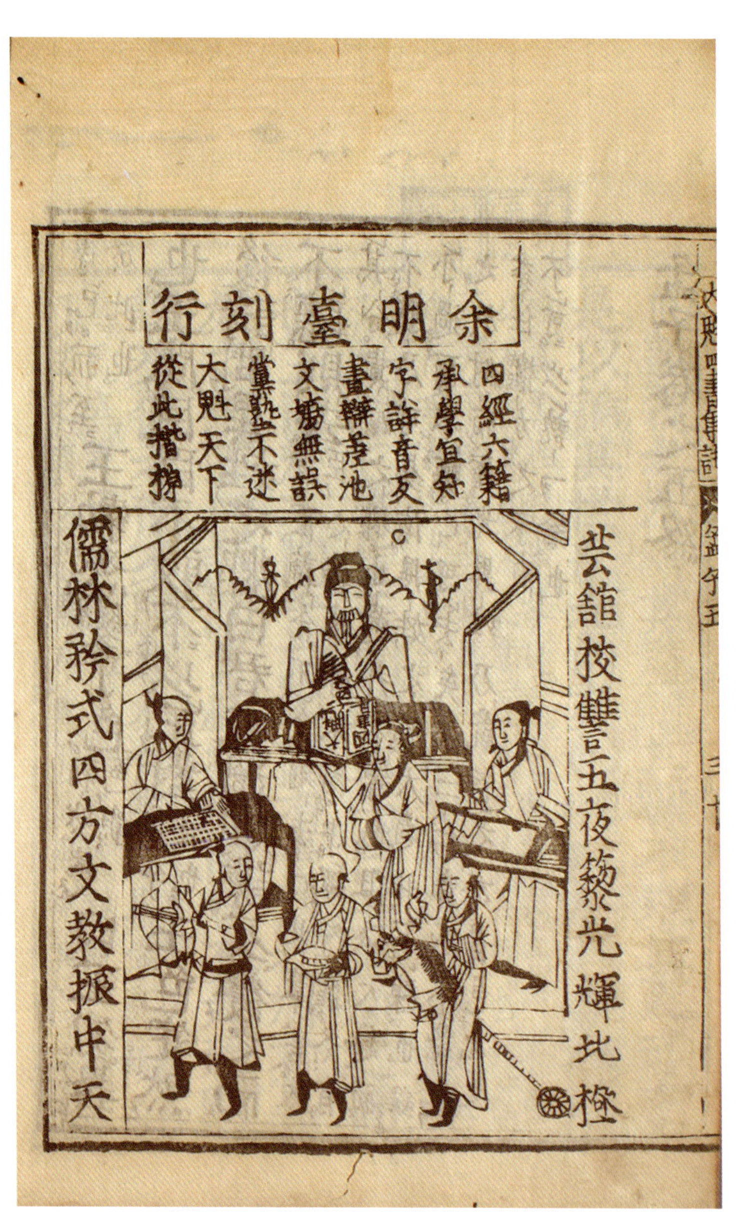
余明臺刻行
四經六籍
承學宜知
字辯音反
畫辯差池
文旁無訛
圈點不迷
大魁天下
從此揩摸
芸館校讎五夜藜光輝北極
儒林矜式四方文教振中天

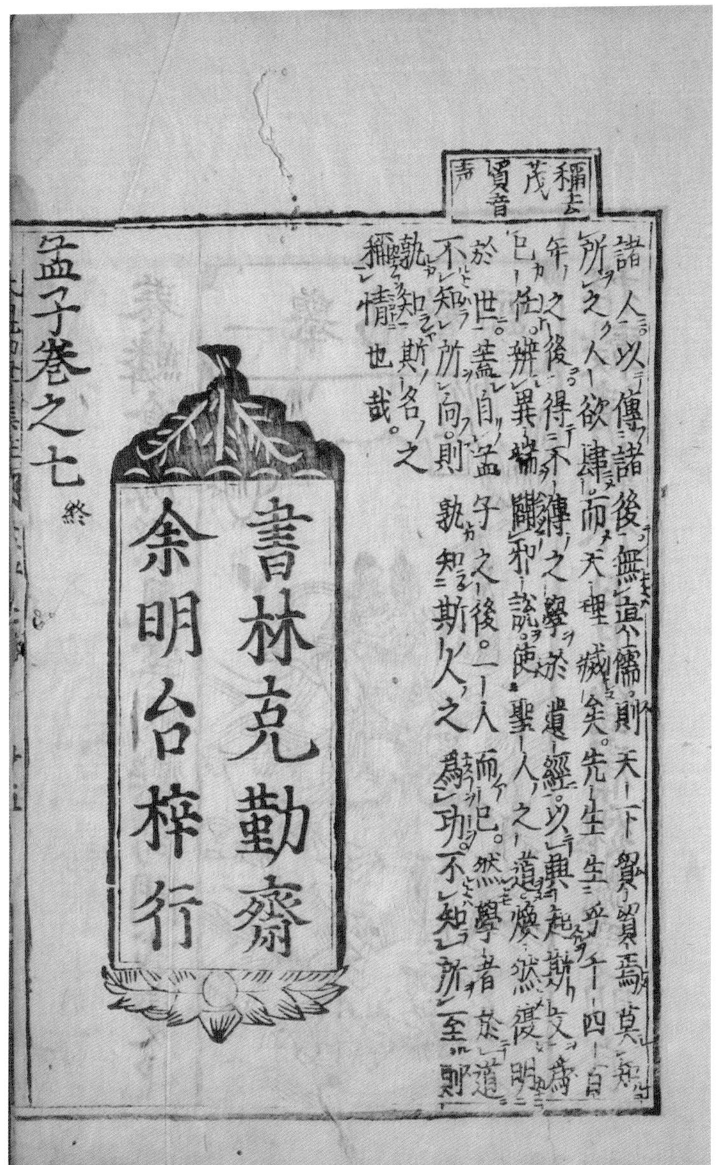

稱去声 茂 貿音

諸人以傳諸後無真儒則天下貿貿焉莫知所之人欲肆而天理滅矣先生生乎千四百年之後得不傳之學於遺經以興起斯文爲己任辨異端闢邪說使聖人之道煥然復明於世蓋自孟子之後一人而已然學者於道不知所向則孰知斯人之爲功不知所至則孰知斯名之稱情也哉

孟子卷之七終

書林克勤齋
余明台梓行

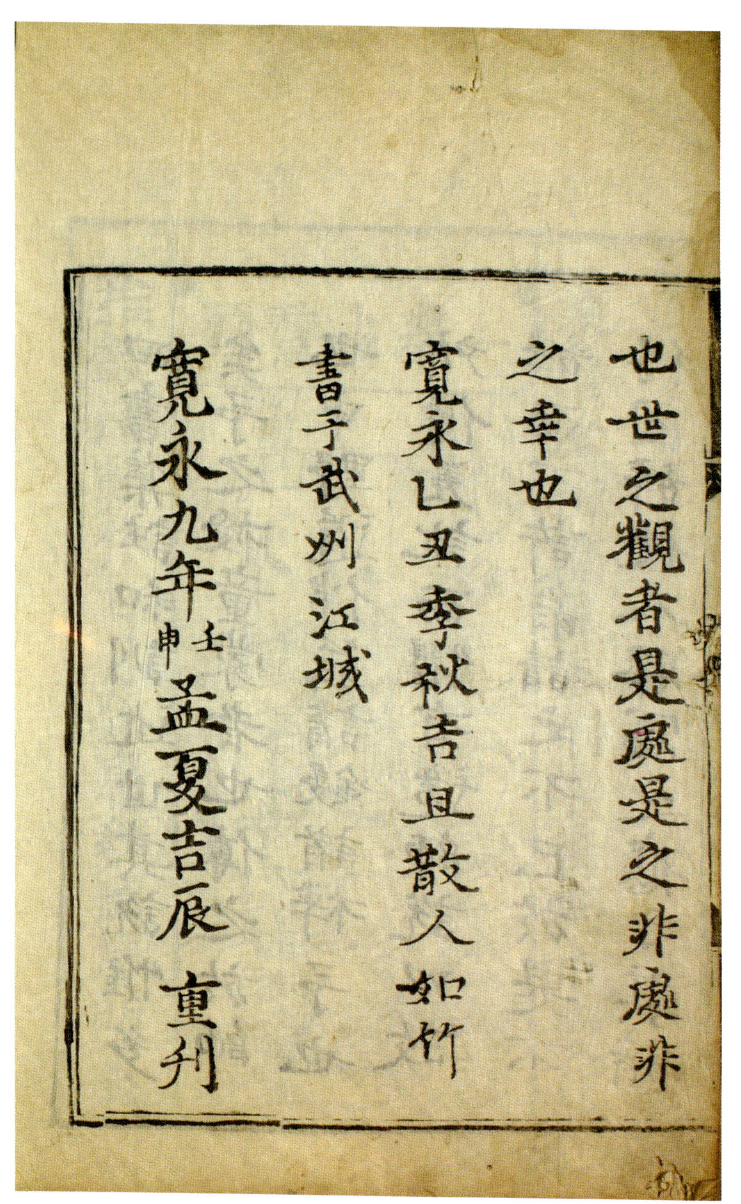

也世之觀者是處是之非處非之幸也

寛永乙丑季秋吉旦散人如竹書于武州江城

寛永九年壬申孟夏吉辰重刊

6. 四书集注大全三十八卷

二十一册，日本国立公文书馆藏

宋朱熹集注，明胡广等奉敕编

日本宽永间刻本。

《大学章句大全》一卷（缺），《大学或问》一卷，《中庸章句大全》一卷，《中庸或问》一卷，《论语集注大全》二十卷，《孟子集注大全》十四卷。

每半叶八行，行十八字，小字双行同；四周双边，黑口，双鱼尾。

据明弘治六年（1493）杨氏清江书堂刻本重刻，杨氏原本未见各家书目著录。杨氏清江书堂，又名清江堂，为明代建阳著名书坊。明弘治间（1488—1505），清江书堂又刻有《云樵草书集法》（四年）、《新刊袖珍方》（五年）、《增修附注资治通鉴节要续编大全》（十年）等。

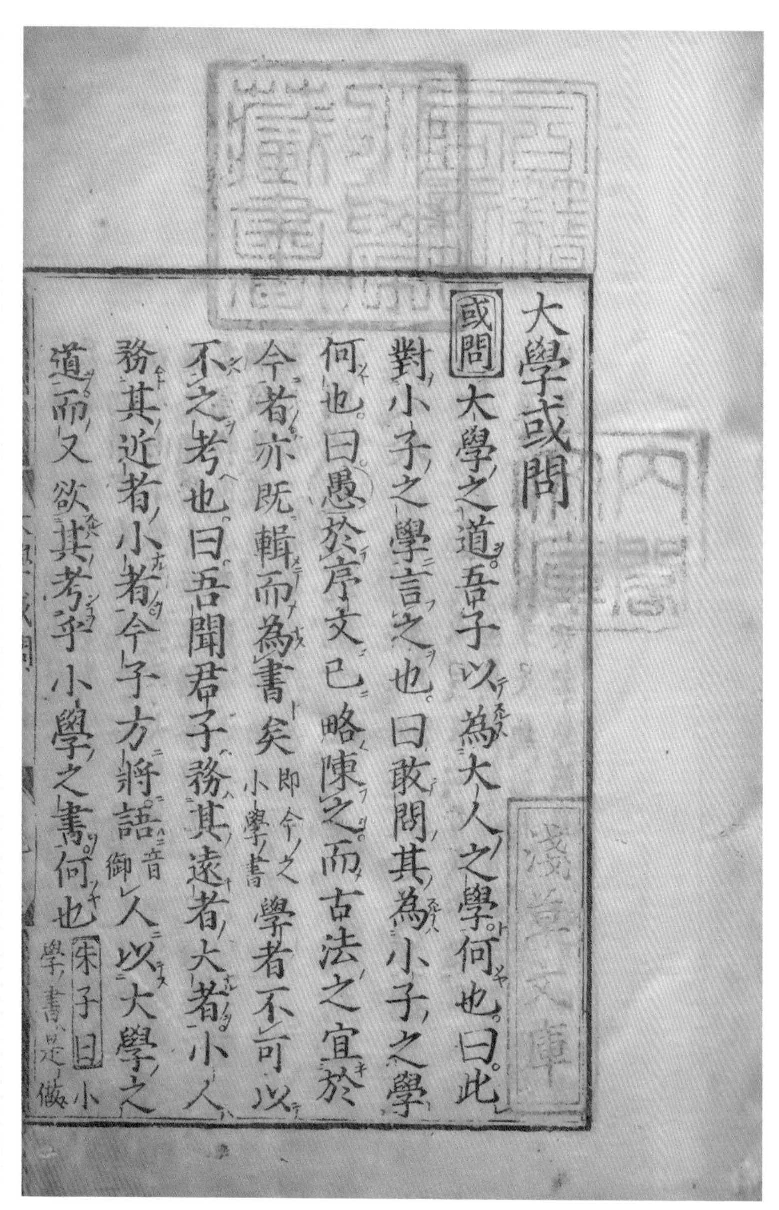

大學或問

或問大學之道吾子以為大人之學何也曰此對小子之學言之也曰敢問其為小子之學何也曰愚於序文已略陳之而古法之宜於今者亦既輯而為書矣即今之小學書學者不可以不之考也曰吾聞君子務其遠者大者小人務其近者小者今子方將語音御人以大學之道而又欲其考乎小學之書何也朱子曰小學書是做

中庸章句大全

中者不偏不倚。無過不及之名 [朱子曰]名篇本是取時中之中然所以能時中者。蓋有那未發之中在所以先說未發之中然後說君子之時中○[北溪陳氏曰]中和之中是專主未發而言中庸之中却是含二義有在心之中有在事物之中所以文公必合內外而言謂不偏不倚無過不及可謂確而盡矣○[雲峯胡氏曰]朱子於語孟釋中字但曰無過不及蓋以用言中庸有所謂未發之中與時中故添不偏不倚四字兼體用言以釋名篇之義○[新安陳氏曰]不偏不倚未發之中以心論者也中之體也無過不及時中之中以事論者也中之用也

庸平常也 [朱子曰]庸是依

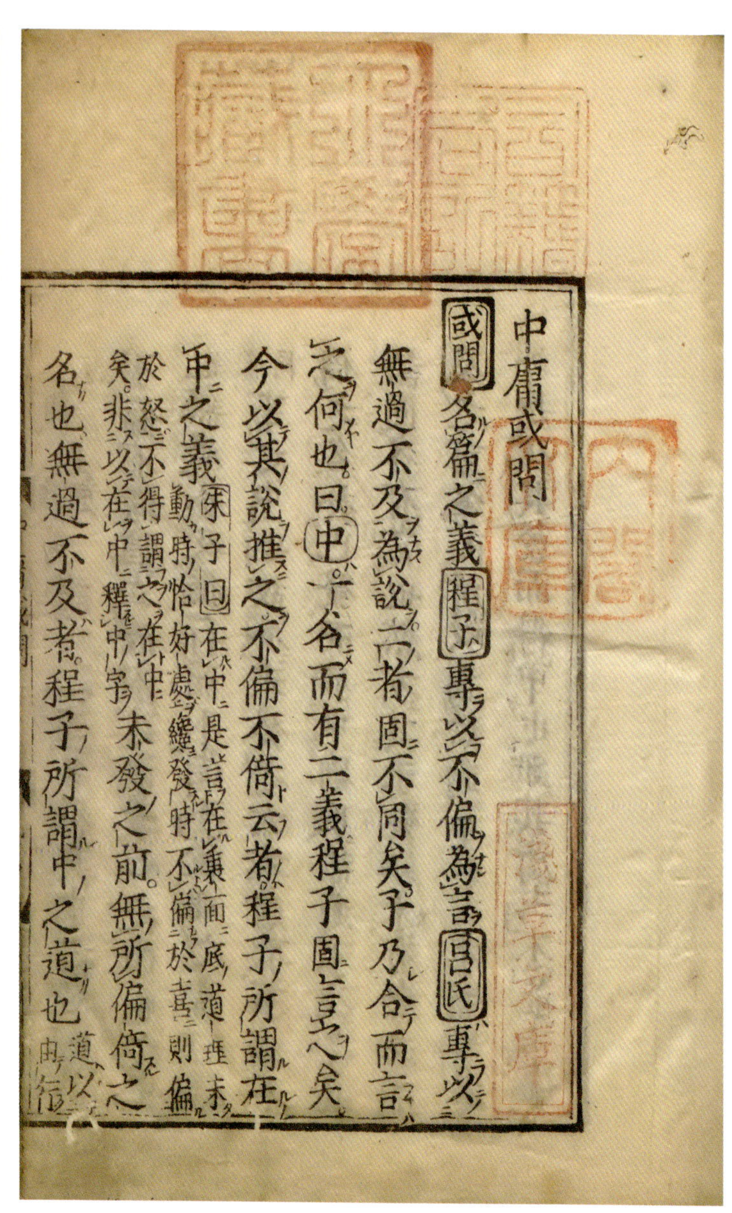

中庸或問

或問名篇之義程子專以不偏為言呂氏專以無過不及為說二者固不同矣子乃合而言之何也曰中一名而有二義程子固言之矣今以其說推之不偏不倚云者程子所謂在中之義朱子曰在中是言在裏面底道理未動時恰好處纔發時不偏於喜則偏於怒不得謂之在中矣非以在中釋中字未發之前無所偏倚之名也無過不及者程子所謂中之道也道以由行

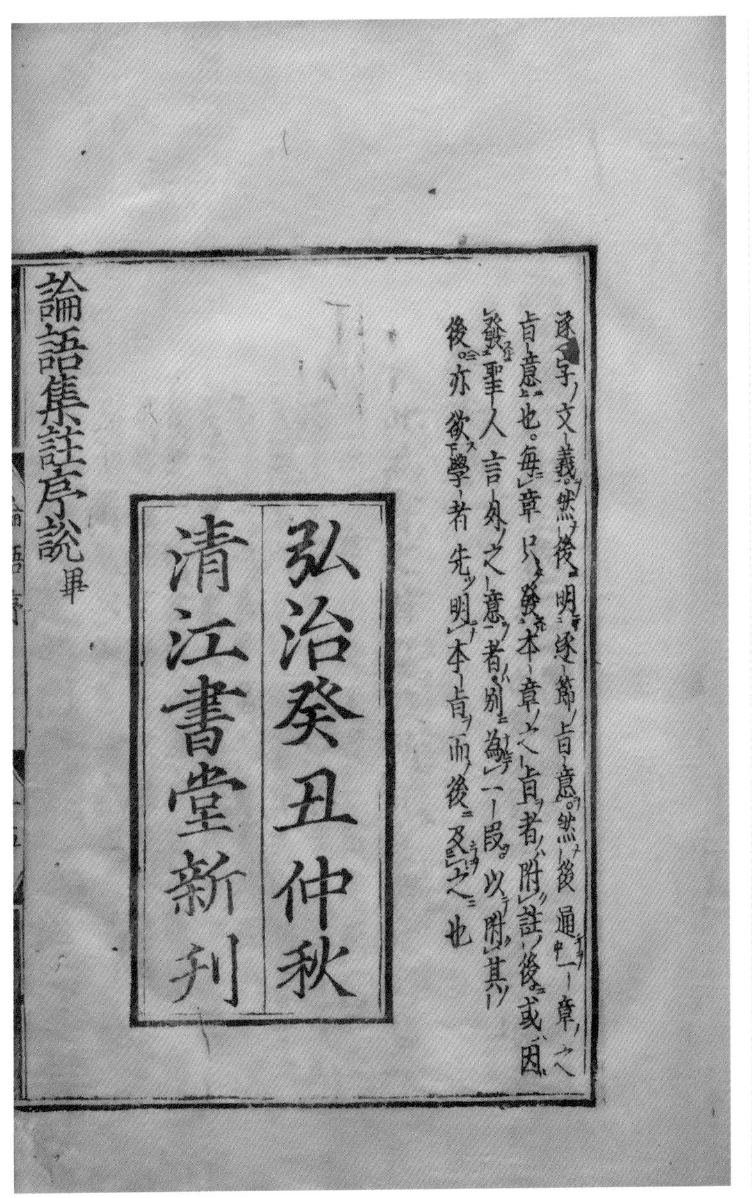

逐字文義然後明逐節旨意然後通一章之旨意也每章只發本章之旨者附註後或因發聖人言外之意者別為一段以附其後亦欲學者先明本旨而後及之也

弘治癸丑仲秋

清江書堂新刊

論語集註序說畢

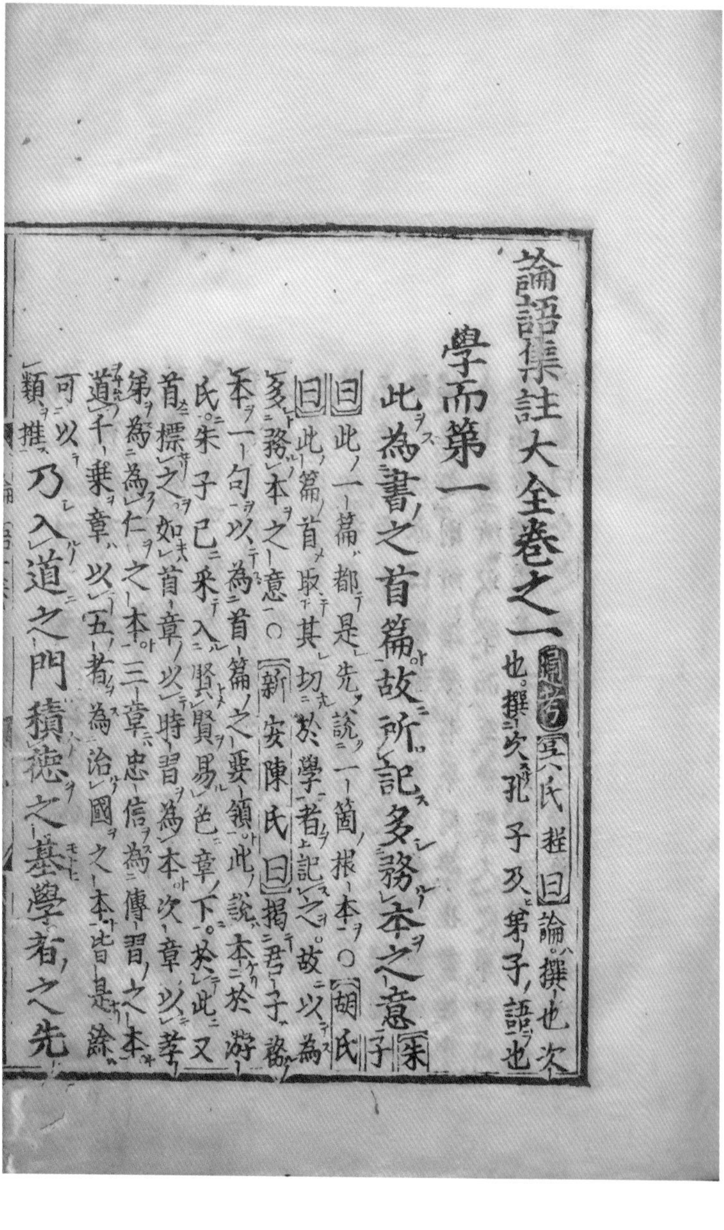

論語集註大全卷之一

【通考】【王氏[illegible]曰】論撰也。次也。撰次孔子及弟子之語也

學而第一

此為書之首篇。故所記多務本之意。【朱子】曰此一篇都是先說一箇根本。○【胡氏】曰此篇首取其切於學者記之。故以為多務本之意。○【新安陳氏曰】揭君子務本一句以為首篇之要領。此說本於游氏。朱子已采入賢賢易色章下。於此又首標之。如首章以時習為本。次章以孝弟為為仁之本。三章忠信為傳習之本。道千乘章以五者為治國之本。皆是。餘可以類推。乃入道之門。積德之基。學者之先

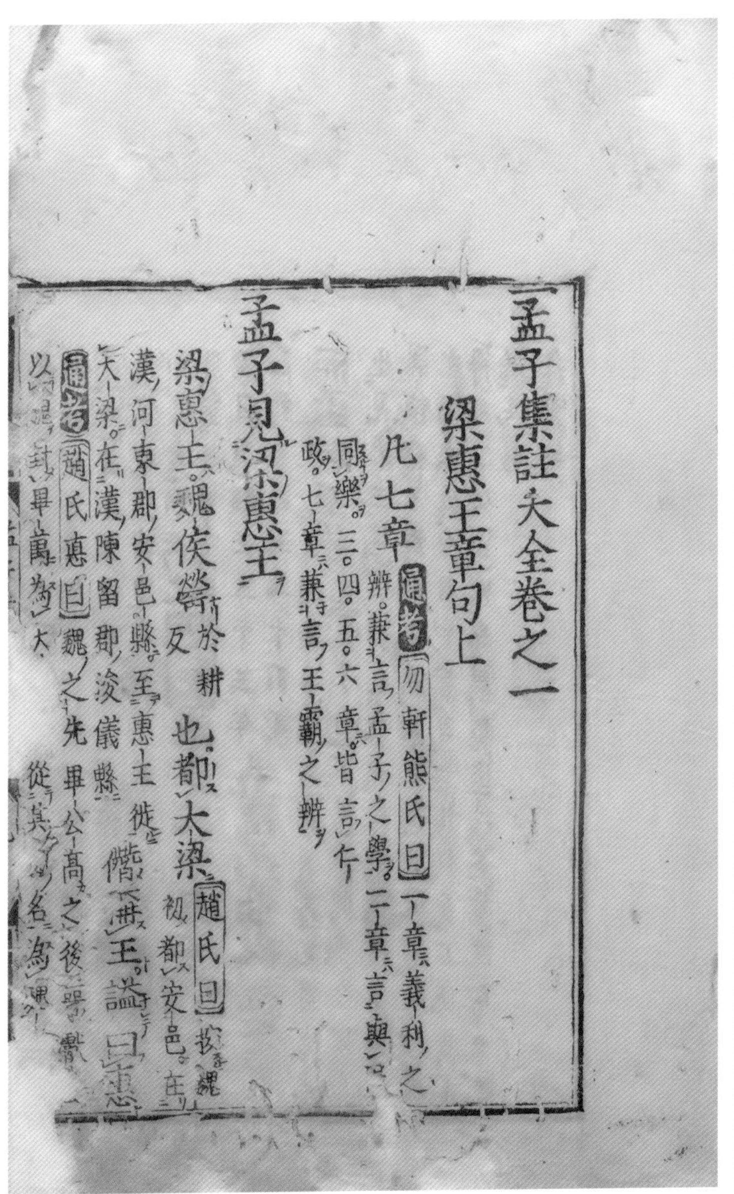

孟子集註大全卷之一

梁惠王章句上

凡七章〔通考〕〔勿軒熊氏曰〕一章義利之辨。兼言孟子之學。二章言與民同樂。三。四。五。六章皆言仁政。七章兼言王霸之辨。

孟子見梁惠王

梁惠王。魏侯罃於耕反也。都大梁。〔趙氏曰〕按魏初都安邑。在漢河東郡安邑縣。至惠王徙大梁。在漢陳留郡浚儀縣。僭〔稱〕王。謚曰惠。

〔通考〕〔趙氏惠曰〕魏之先畢公高之後。

以[illegible]畢萬為大[illegible]從其[illegible]名為[illegible]

7.（袖珍）四书十九卷

二册，日本早稻田大学图书馆藏

宋朱熹集注

日本宽文十二年（1672）京都武村市兵卫刻本。

《大学》一卷、《中庸》一卷、《论语》十卷、《孟子》七卷。

每半叶九行，行十七字，小字双行同；四周双边，黑口，双鱼尾。

据明正德六年（1511）刘氏慎独斋刻本翻刻。刘氏原本未见著录。该本版框高约13.3厘米、宽约9.9厘米，故称“袖珍”。开本为20.5×14.4厘米，则大于常见袖珍本。

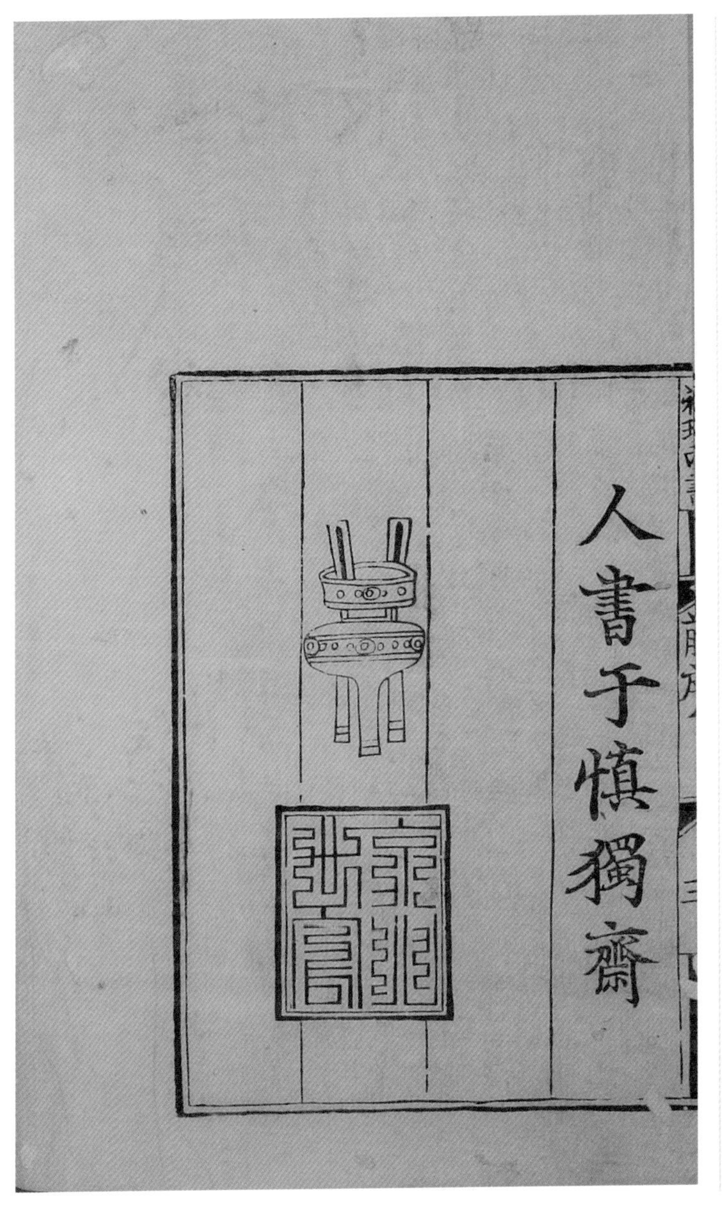

人書于慎獨齋

大學 大舊音泰今讀如字 朱熹章句

子程子曰大學孔氏之遺書而初學入德之門也於今可見古人爲學次第者獨賴此篇之存而論孟次之學者必由是而學焉則庶乎其不差矣

大學之道在明明德在親民在止於至善 程子曰親當作新○大學者大人之學也明明之也明德者人之所得乎天而虛靈不昧以具衆理而應萬事者也但爲氣稟所拘人欲所蔽則有時而昏然其本體之明則有未嘗息者故學者當因其所發而遂明之以復其初也新者革其舊之謂也言既自明其明德又

中庸

中者，不偏不倚、無過不及之名。庸，平常也。

朱熹章句

子程子曰：不偏之謂中，不易之謂庸。中者，天下之正道。庸者，天下之定理。此篇乃孔門傳授心法，子思恐其久而差也，故筆之於書，以授孟子。其書始言一理，中散為萬事，末復合為一理。放之則彌六合，卷之則退藏於密，其味無窮，皆實學也。善讀者玩索而有得焉，則終身用之，有不能盡者矣。

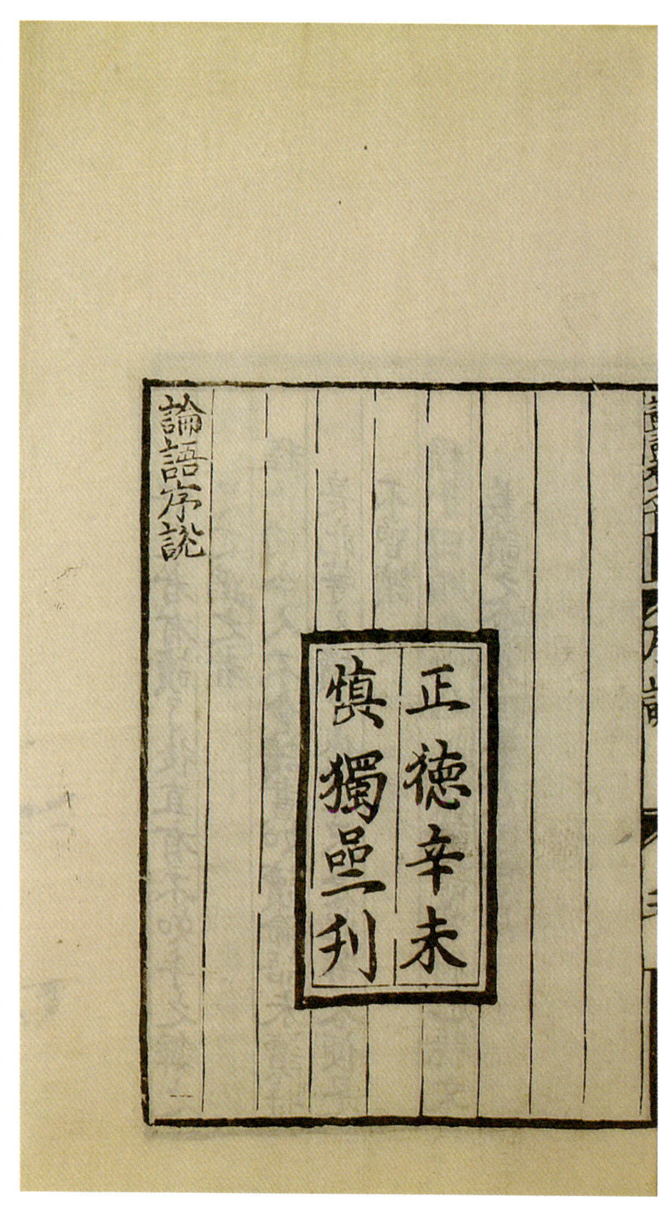

論語序說

正德辛未
慎獨齋刊

論語卷之一

朱熹集註

學而第一

此爲書之首篇故所記多務本之意乃入道之門積德之基学者之先務也凡十六章

子曰學而時習之不亦說乎

說悅同○学之爲言效也人性皆善而覚有先後後覚者必效先覚之所爲乃可以明善而復其初也習鳥數飛也学之不已如鳥數飛也說喜意也既学而又時時習之則所学者熟而中心喜說其進自不能已矣程子曰習重習也時復思繹浹洽於中則說也又曰学者將以行之也時習之則所学者在我故說謝氏曰時習者無時而不習坐如尸坐時習也立如齊立時習也

有朋自遠方來不亦樂乎

樂音洛○朋同類也自遠方來則近者可

孟子卷之一　　　　朱熹集註

梁惠王章句上凡七章

孟子見梁惠王梁惠王。魏侯罃也。都大梁。僭稱王。謚曰惠。史記惠王三十五年。卑禮厚幣以招賢者。而孟軻至梁。王曰。叟不遠千里而來。亦將有以利吾國乎叟。長老之稱。王所謂利。蓋富國強兵之類。孟子對曰。王何必曰利。亦有仁義而已矣仁者。心之德。愛之理。義者。心之制。事之宜也。此二句乃一章之大指。下文乃詳言之。後多放此。王曰何以利吾國。大夫曰何以利吾家。士庶人曰何以利吾身。上下交征利。而國危矣。萬乘

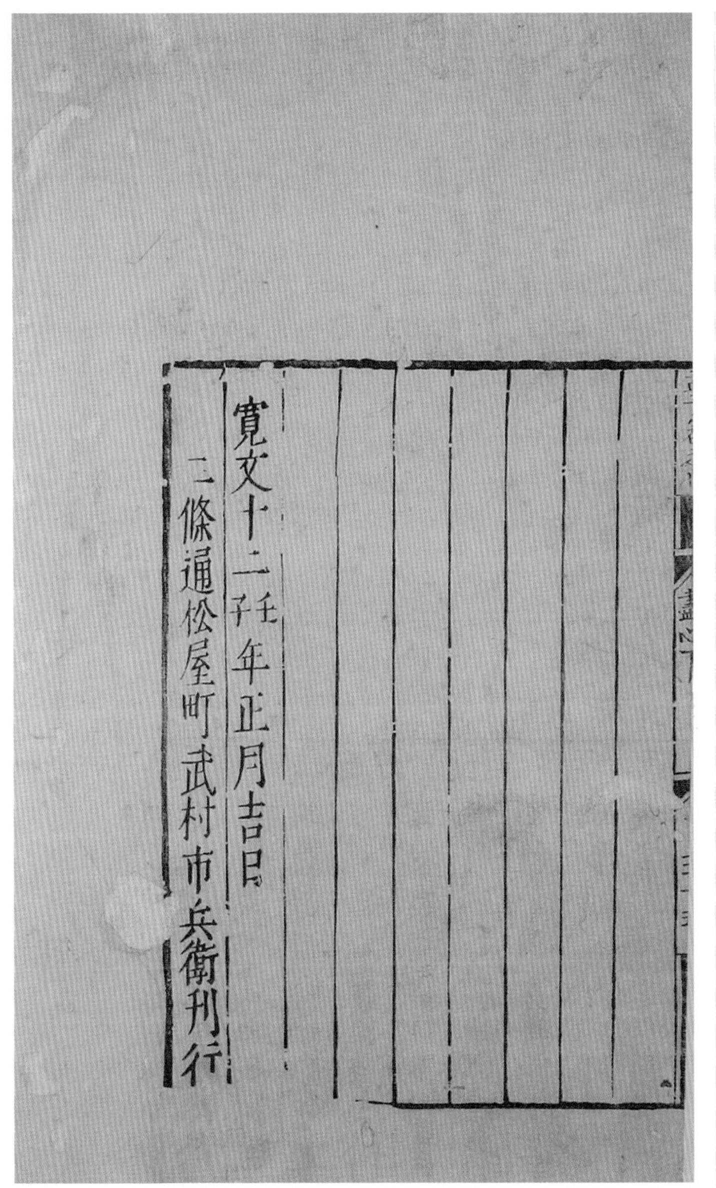

寛文十二壬子年正月吉日

二條通松屋町武村市兵衛刊行

8. 四书辑释大成三十六卷

十四册，日本国立公文书馆藏

宋朱熹章句，元倪士毅辑释

日本文化九年（*1812*）刻本。

《大学》一卷、《中庸》一卷、《论语》二十卷、《孟子》十四卷。

每半叶十三行，行二十四字，小字双行同；四周双边，黑口，双黑鱼尾。

据元至正二年（1342）建阳余氏日新书堂刻本重刻。余氏日新书堂原刻本，北京大学图书馆藏《论语集注》卷十一至十四，日本尊经阁藏本缺《论语》首三卷、《孟子》卷一至卷四、卷七至卷十。每半叶十二行，行二十一字，小字双行同；四周双边，黑口，双黑鱼尾。又上海图书馆藏元刻本存《论语》卷十一至二十，行款同，或亦为余氏刻本之残帙。是书完整无缺，从原本翻出，曾被误为元刻本，但重刻本与原刻本行款不同，经比对可知。

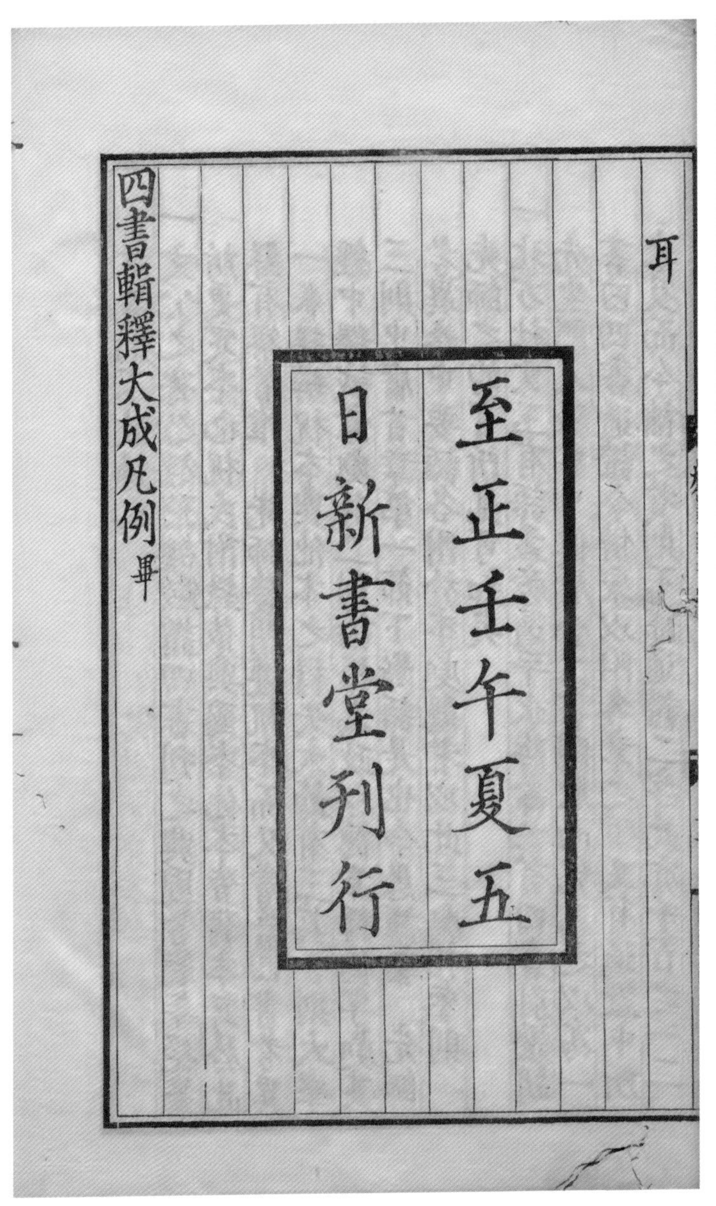
耳

至正壬午夏五

日新書堂刊行

四書輯釋大成凡例 畢

大學（大舊音泰今讀如字）

朱子章句

後學新安倪士毅輯釋

子程子曰（程子上加子字倣公羊傳註子沈子之例乃後學宗師先儒之稱）大學孔氏之遺書而初學入德之門也於今可見古人為學次第者獨賴此篇之存（新定邵氏曰他書言平天下本於治國治國本於齊家齊家本於脩身者有矣言脩身本於正心者亦有矣若夫推正心之本於誠意誠意之本於致知致知之在於格物則他書未之言六籍之中惟此篇而已）而論孟次之學者必由是而學焉則庶乎其不差矣

大學之道在明明德在親民在止於至善

程子曰親當作新○大學者大人之學也明明之也明德者人之所得乎天而虛靈不昧以具衆理而應萬事者也（語錄問明德是心是性曰心與性自有分別靈底是心實底是性性便是那理心便是盛貯該載敷施發用底心為火緣他是箇光明發動底物所以具得許多道理如向父母則有那孝出來向君則有那忠出來這便是性如知道事親要孝事君要忠

中庸

朱子章句

後學新安倪士毅輯釋

中者不偏不倚無過不及之名不偏不倚未發之中以心論者也中之体也無過不及時中之中以事論者也中之用也。語錄名篇本取時中之中然所以能時中者蓋有未發之中在所以先說未發之中然後說君子之時中。通曰朱子於語孟釋中字但曰無過不及蓋以用言中庸有所謂未發之中與時中故添不偏不倚四字兼体用言以釋名篇之義庸平常也語錄庸是依本分不爲怪異之事堯舜孔子只是庸夷齊所爲都不是庸了。○陳氏曰非中外別有所謂庸只此中底即日用常行而不可易者

子程子曰不偏之謂中不易之謂庸中者天下之正道庸者天下之定理語錄問正道定理恐道是總括之名理是道裏面有許多條目曰緊要在正字定字上中只是箇恰好道理爲不見得是亘古今不可變易底故更着箇庸字此篇乃孔門傳授心法陳氏曰卑不失之汚賤高不溺於空虛眞孔門傳授心法也子思恐其久而差也故筆之於書以授孟子自於七篇中觀其議論淵源所則可知其以此授孟子矣其書始言一理中散

論語卷之一

朱子集註　　後學新安倪士毅輯釋

學而第一

此爲書之首篇故所記多務本之意先師曰揭君子務本一句以爲首篇之要領此説本於游氏朱子已采入賢賢易色章下矣此又首標之如首章以時習爲本次章以孝弟爲爲仁之本三章以忠信爲傳習之本道千乘章以五者爲治國之本皆是餘可以類推乃入道之門積德之基學者之先務也凡十六章

子曰學而時習之不亦説乎説悅同

學之爲言效也人性皆善而覺有先後後覺者必效先覺之所爲乃可以明善而復其初也先師曰此論語中第一箇學字朱子挈要指以示人後覺者必效先覺之所爲所爲不過知行二者效先覺之致知以知此理又效先覺之力行以行此理乃可以明善而復其初矣明善者明本性之善以知言也復其初者復全本性之善以行言也學之道固多端其要歸在復全本性之善而已或

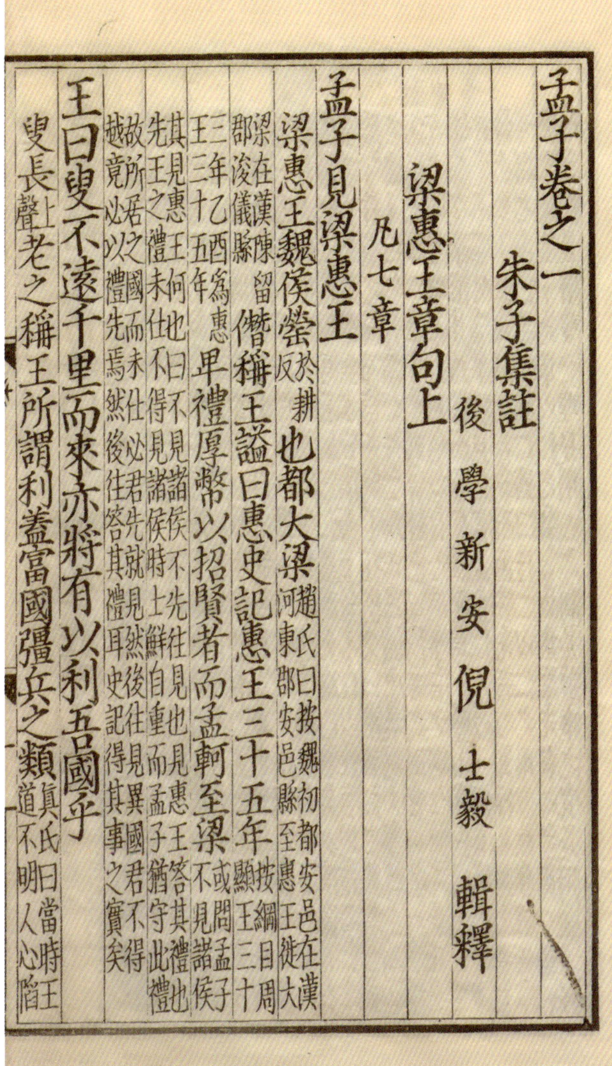

孟子卷之一　朱子集註

後學新安倪士毅輯釋

梁惠王章句上

凡七章

孟子見梁惠王

梁惠王魏侯罃於耕反也都大梁趙氏曰按魏初都安邑在漢河東郡安邑縣至惠王徙大梁在漢陳留郡浚儀縣僭稱王謚曰惠史記惠王三十五年按綱目周顯王三十三年乙酉為惠王三十五年卑禮厚幣以招賢者而孟軻至梁或問孟子不見諸侯其見惠王何也曰不見諸侯不先往見也見惠王答其禮也先王之禮未仕不得見諸侯時士鮮自重而孟子猶守此禮故所居之國而未仕必君先就見然後往見異國君不得越竟必以禮先焉然後往答其禮耳史記得其事之實矣

王曰叟不遠千里而來亦將有以利吾國乎

叟長老之稱王所謂利蓋富國彊兵之類真氏曰當時王道不明人必陷

9. 镌温陵郑孩如观静窝四书知新日录六卷

十册，日本国立公文书馆藏

明郑维岳撰

日本江户初活字印本。

每半叶十一行，行三十字；四周双边，无界行，白口，单鱼尾。

据明万历二十四年（1596）余彰德萃庆堂刻本重刻。余彰德萃庆堂原刻本《中国古籍善本书目》未著录。多家书目著录有明万历间潭城余氏活字印本，乃误和刻本为原刻。日本国立公文书馆藏余氏原本，书前内封、序为抄配。半叶十三行，行三十字，四周双边，有界行，白口，单鱼尾。原刻本内封“温陵孩如郑先/生观静窝四书/知新录（丙申冬萃庆/堂余泗泉梓）”，和刻本无。

鐫溫陵鄭孩如觀靜窩四書知新日録大學卷之乙

溫陵孩如子申甫鄭維岳　著
男協其東里　校
潭城泗泉以誠甫余彰德　梓

大學古本依許敬菴分為六章

自大學之道至此謂知本此謂知之至也為一章

申甫曰凡言此謂者皆承上文而言上有脩身為本又有物有本末又有物格而后知至李見羅謂格物之物即物有本末之物格如品式格式之格品格個物如何為本如何為末故結歸於脩身為本物格而后知至二本字既相應此謂知之至也與前知至字亦相應此誠然矣然誠意在於致知格物此致知格物亦貴許多工夫若第云品格其本末之物而已則身為本家國天

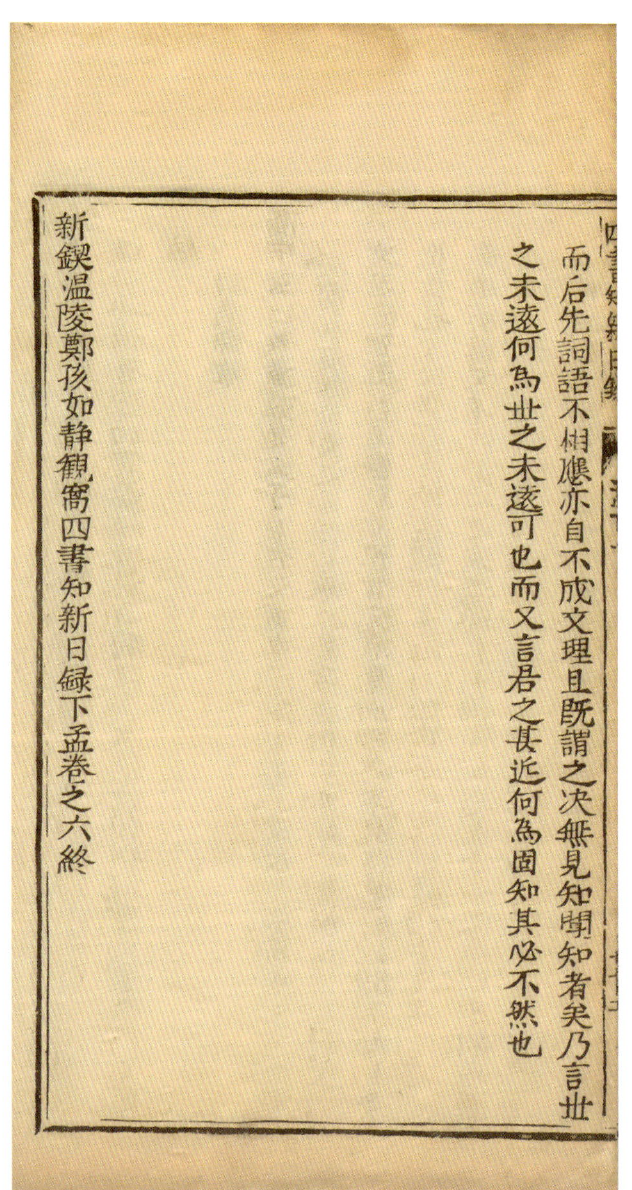

而后先詞語不相應亦自不成文理且既謂之次無見知聞知者矣乃言世之未遠何為世之未遠可也而又言君之甚近何為固知其必不然也

新鍥温陵鄭孩如静觀齋四書知新日録下孟卷之六終

10. 大广益会玉篇三十卷

五册，日本国立公文书馆藏

南朝梁顾野王撰，唐孙强增字，宋陈彭年等重修

日本庆长九年（*1604*）宗钝刻本。

每半叶十二行，字不等，小字双行约二十八字；四周双边，黑口，双鱼尾。

据元至正二十六年（1366）南山书院刻本翻刻。南山书院刻本，台北“故宫博物院”、日本东洋文库等藏。每半叶十二行，注文小字双行，行二十八字左右；四周双边，黑口，双鱼尾。日本曾多次刻印该书。又有日本江户时代据此翻刻本，见后。

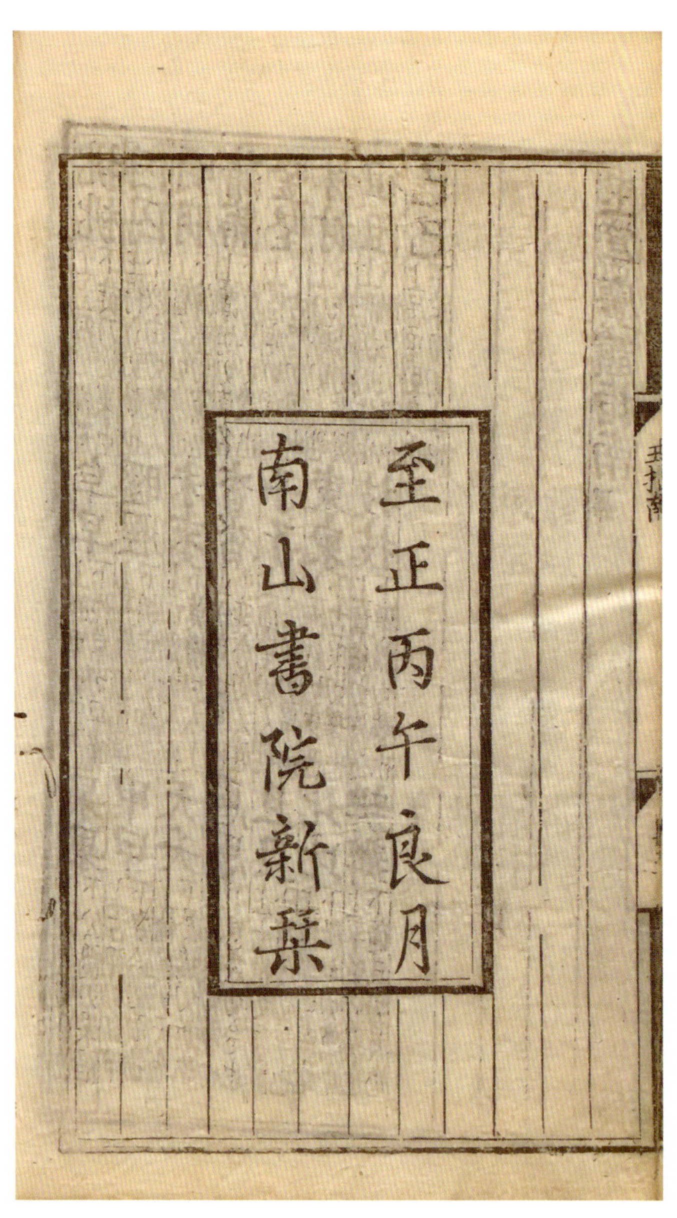

至正丙午良月
南山書院新栞

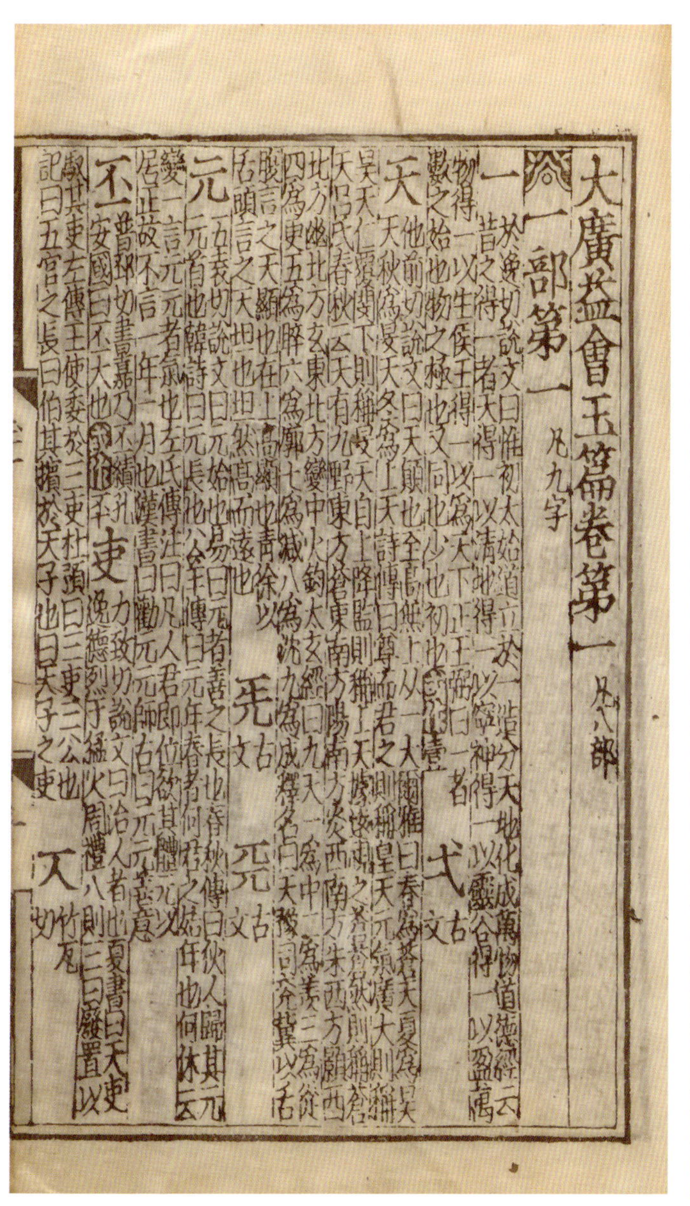

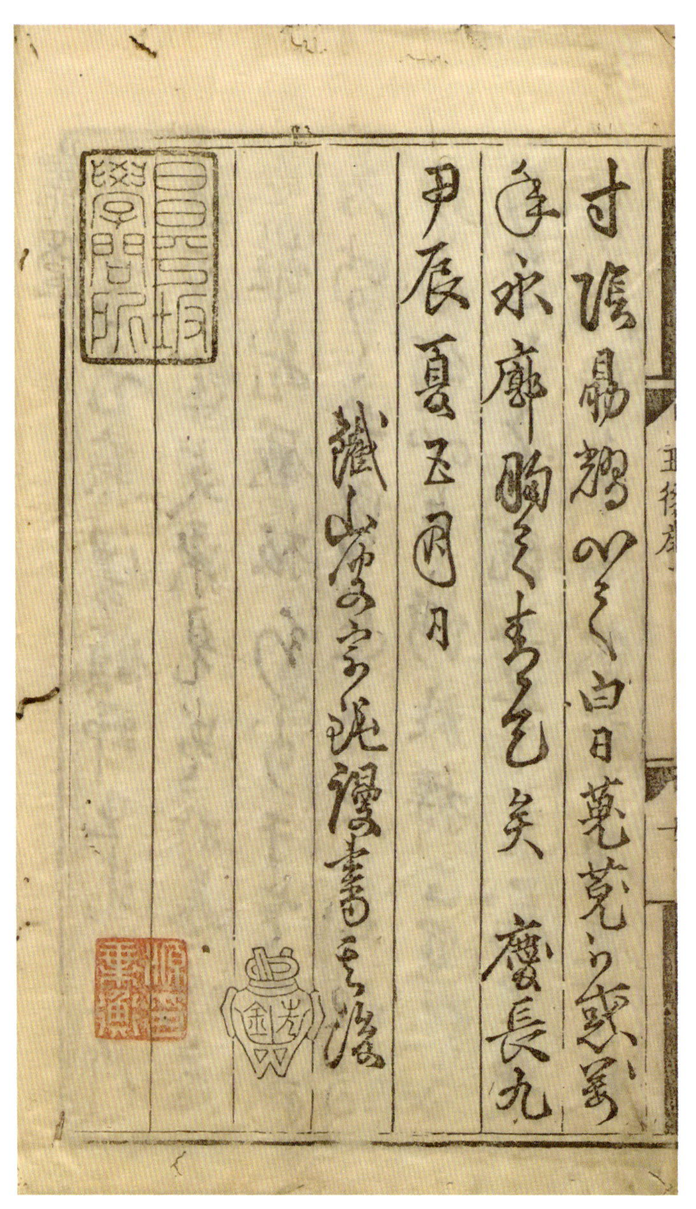

11. 大广益会玉篇三十卷

五册，日本国立公文书馆藏

南朝梁顾野王撰，唐孙强增字，宋陈彭年等重修

日本江户初刻本。

每半叶十二行，行字不等，小字双行约二十八字；四周双边，黑口，双黑鱼尾。

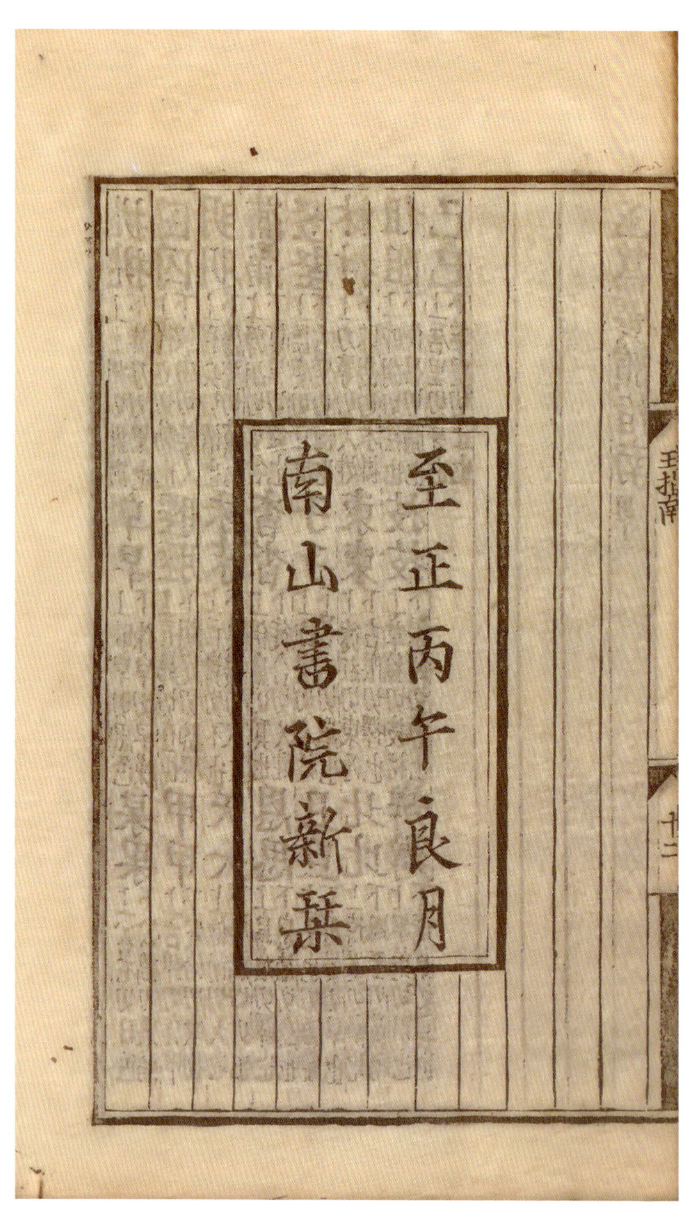
至正丙午良月
南山書院新栞

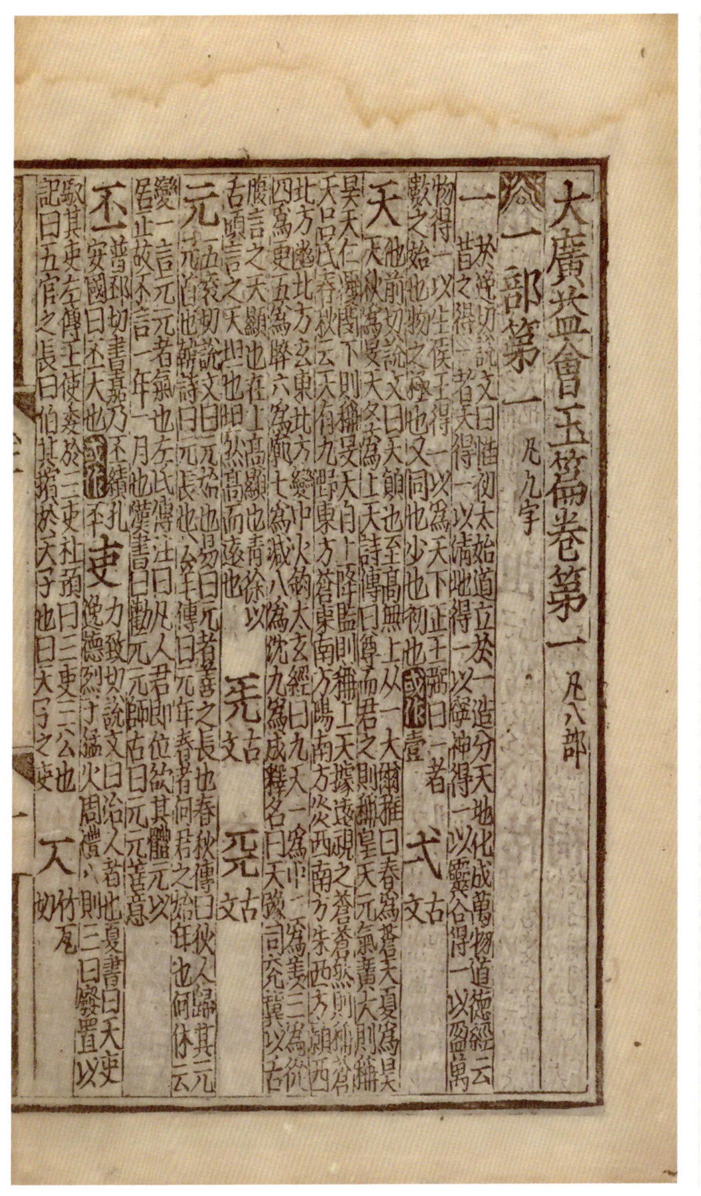

大廣益會玉篇卷第一 凡八部

一部第一 凡九字

一 於逸切。說文曰：惟初太始，道立於一，造分天地，化成萬物。道德經云：昔之得一者，天得一以清，地得一以寧，神得一以靈，谷得一以盈，萬物得一以生，侯王得一以為天下正。王弼曰：一者數之始也，物之極也。又同也，少也，初也。或作壹。

弌 古文。

天 他前切。說文曰：天顛也，至高無上，从一大。爾雅曰：春為蒼天，夏為昊天，秋為旻天，冬為上天。詩傳曰：尊而君之則稱皇天，元氣廣大則稱昊天，仁覆閔下則稱旻天，自上降監則稱上天，據遠視之蒼蒼然則稱蒼天。呂氏春秋云：天有九野，東方蒼天，東南方陽天，南方炎天，西南方朱天，西方顥天，西北方幽天，北方玄天，東北方變天，中央鈞天。太玄經曰：九天，一為中天，二為羨天，三為從天，四為更天，五為睟天，六為廓天，七為減天，八為沈天，九為成天。釋名曰：天，豫司兗冀以舌腹言之，天，顯也，在上高顯也；青徐以舌頭言之，天，坦也，坦然高而遠也。

兲 古文。

兲 古文。

元 五袁切。說文曰：元，始也。易曰：元者，善之長也。春秋傳曰：狄人歸其元。元，首也。韓詩曰：元，長也。公羊傳曰：元年春者何？君之始年也。何休云：變一言元，元者氣也。左氏傳注曰：凡人君即位，欲其體元以居正，故不言一年一月也。漢書曰：勸元元。師古曰：元元，善意。

丕 普邳切。書曰：嘉乃丕績。孔安國曰：丕，大也。或作丕。

吏 力致切。說文曰：治人者也。夏書曰：天吏逸德，烈于猛火。周禮八則：三曰廢置以馭其吏。左傳：王使委於三吏。杜預曰：三吏，三公也。禮記曰：五官之長曰伯，其擯於天子也曰天子之吏。

天 付瓦切

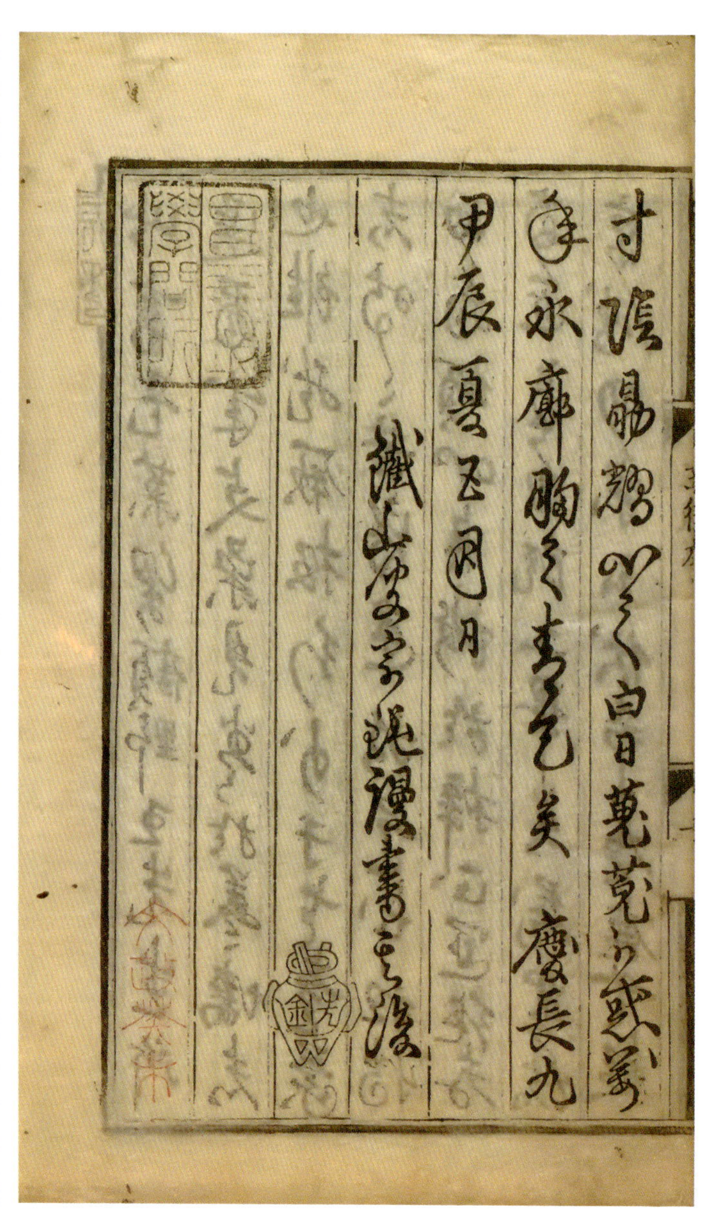

12. 古今韵会举要小补三十卷

十册，日本国立公文书馆藏

明方日升撰

日本正保五年（*1648*）村上平乐寺刻本。

每半叶八行，行十二字，小字双行二十四字；四周双边，白口，单鱼尾。

据明万历三十四年（1606）周士显刻余彰德、余象斗印本重刻。原刻本原系建阳知县周士显委托书坊余彰德、余象斗所刻。现存初刻本与重修本二种。初刻本卷一第一叶书口上有鱼尾，周士显序后署“万历丙午上元日云杜周士显书于建阳之日涉园”，而重修本卷一第一叶书口上无鱼尾，周序后不署年月。中国国家图书馆、北京大学图书馆、辽宁省图书馆、京都大学人文科学研究所等藏初刻本，北京师范大学图书馆、福建师范大学图书馆、上海图书馆、浙江图书馆、美国哈佛大学哈佛燕京图书馆、日本蓬左文库等藏重修本。每半叶八行，行十二字，小字双行二十四字；四周单边，白口，单鱼尾。和刻本周士显序后题署完整，盖据初刻本翻雕，版式则改单边为双边，行款未变。

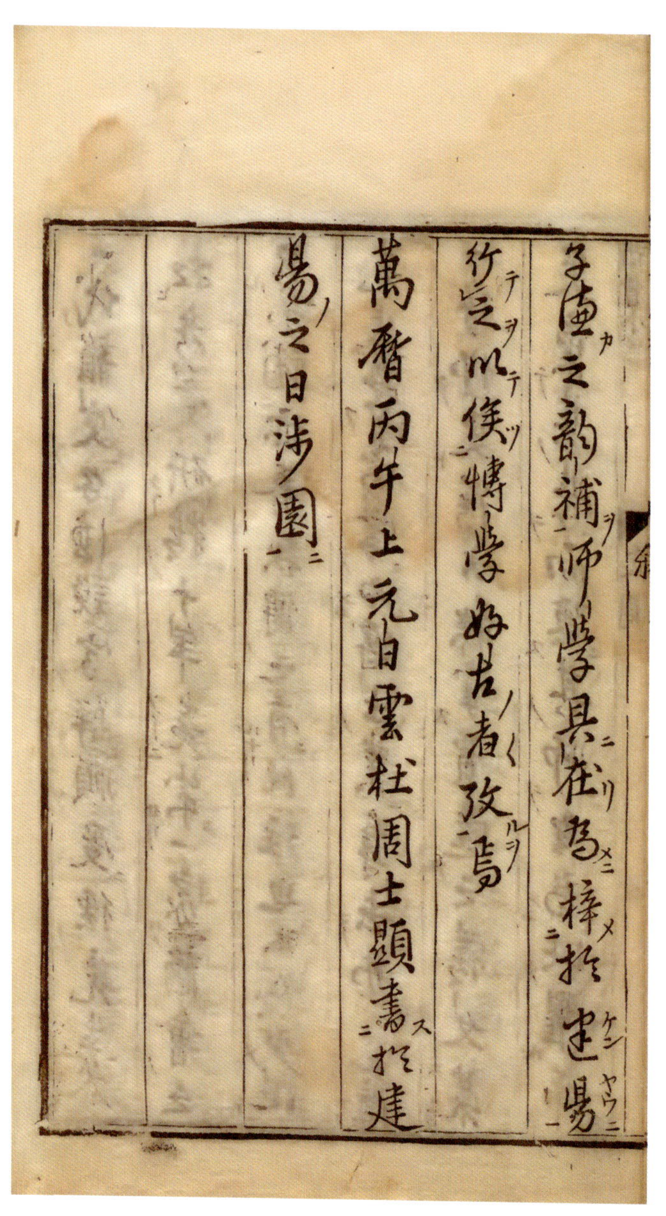
子匯之韻補師學具在為梓於建陽
行之以俟博学好古者攷焉
萬曆丙午上元日雲杜周士顯書於建
陽之日涉園

古今韻會舉要小補卷之一

一東目錄 每字有數音餘倣此

公蚣功攻玒空悾崆東涷通恫

侗同桐銅詷童疃曈犝潼筩蓬

芃蒙幪曚濛艨矇罞鄸瞢夢風

楓豐酆蘴麷渢嵏稯緵堫鬷猣

[illegible]艐嵏豵蔥[illegible]聰叢潨漎中忠

東終螽䬝[illegible]充忡崇漴翁[illegible][illegible]

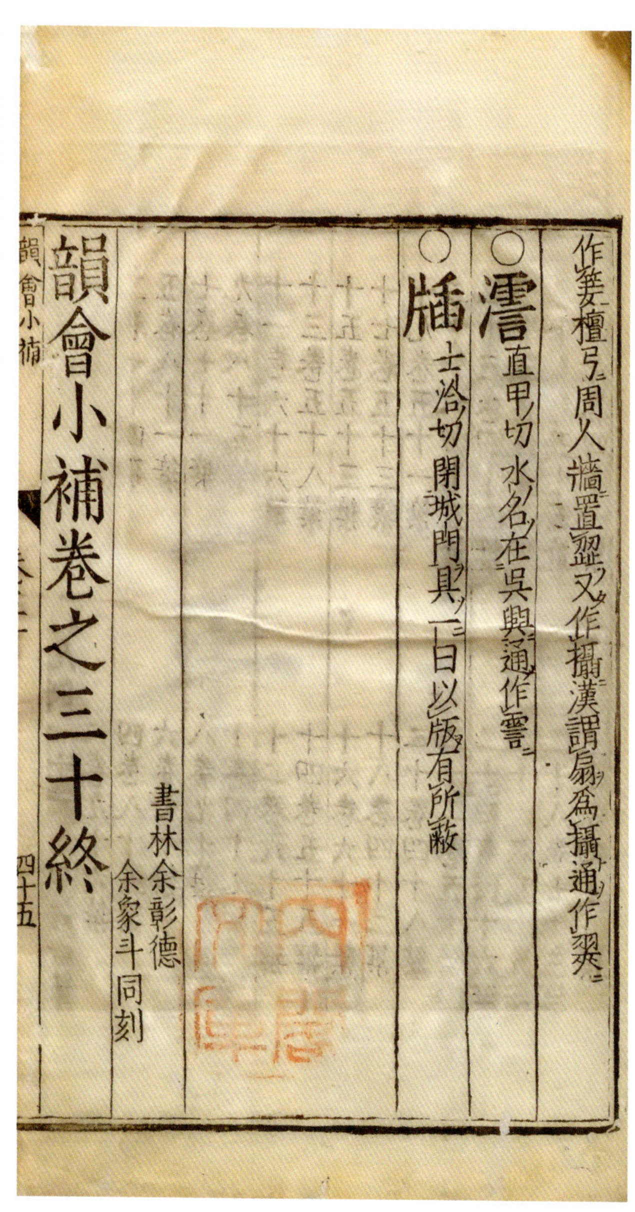

作翣檀弓周人牆置翣又作搧漢謂扇爲搧通作翣

○霅 直甲切水名在吳興通作霅

○牐 士洽切閘城門具一曰以版有所蔽

韻會小補卷之三十終

書林余彰德
余象斗同刻

韻會小補　卷三十　四十五

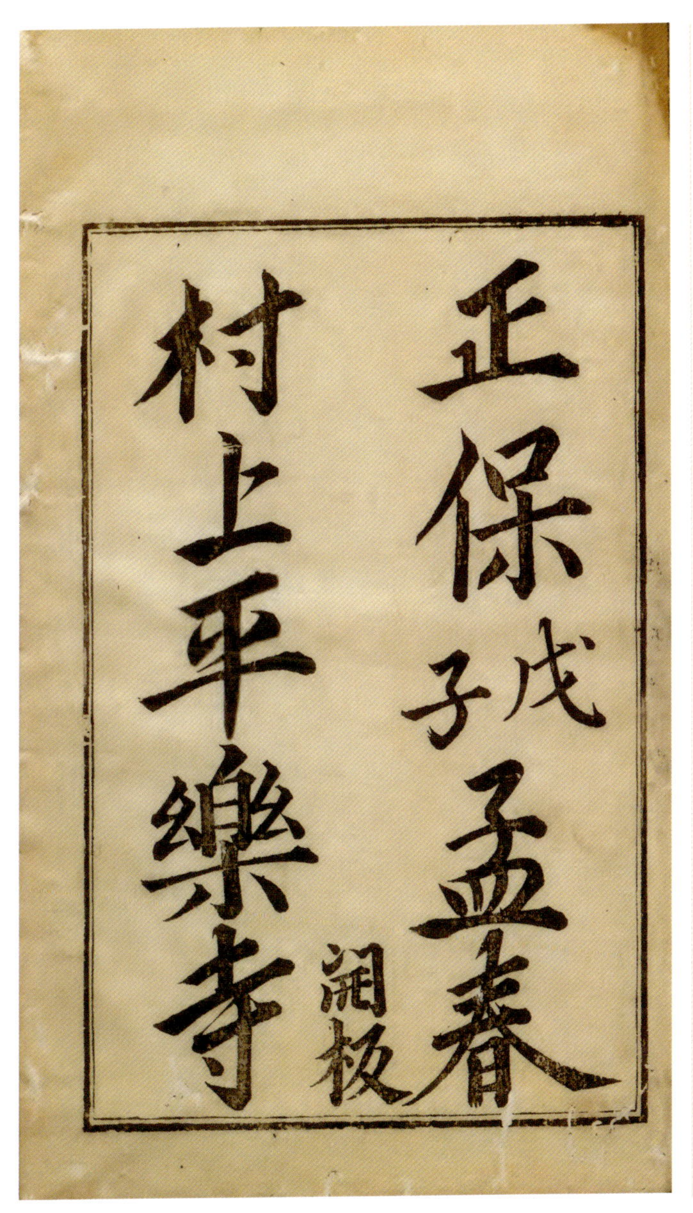
正保戊子孟春
润校
村上平樂寺

13. 史记评林一百三十卷

五十册，日本京都大学附属图书馆藏

明凌稚隆辑校，明李光缙增补

日本宽永十三年（1636）刻本。

每半叶十行，行十九字，小字双行同；上栏行七字。四周双边，白口，单鱼尾。

据明万历熊氏种德堂刻本重刻。熊氏种德堂本又著录作熊体忠、刘朝箴刻本。北京大学图书馆、上海图书馆、日本东京大学综合图书馆、德国巴伐利亚州立图书馆等藏。每半叶十行，行十九字，小字双行同；上栏行七字。四周单边，白口，单鱼尾。是书行款均同原刻本，边栏改单边为双边。日本宽文十三年（1673），日人又据熊体忠、刘朝箴刻本重刻，行款俱改。明和七年（1770），日人再次重刻是书，天明九年（1789）重印，皆以熊氏刻本爲祖本。以上各本，均见后。

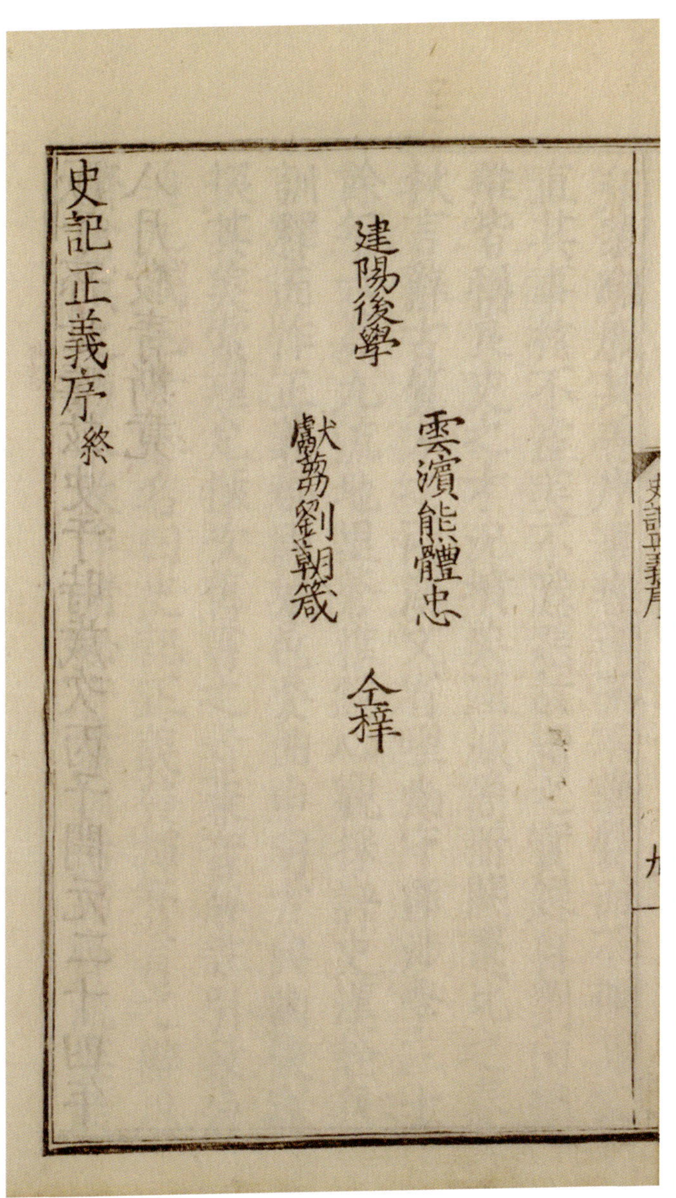

建陽後學　雲濵熊體忠　仝梓
獻笏劉朝箴

史記正義序終

唐順之曰秦興滅李而宗譜不立及漢司馬遷修史記上述黃帝下迄麟趾採世本世系而作帝紀採周譜国語而作周家由是人乃知姓氏之所出

史記評林卷之一

五帝本紀第一

吳興　凌稚隆　輯校
溫陵　李光縉　增補

裴駰曰凡是徐氏義稱徐姓名以別之餘者悉是駰註解幷集衆家義○司馬貞索隱曰紀者記也本其事而記之故曰本紀又紀理也絲縷有紀而帝王書稱紀者言爲後代綱紀也○正義曰鄭玄註中候敕省圖云德合五帝坐星者稱帝又坤靈圖云德配天地在正不在私曰帝按太史公依世本大戴禮以黃帝顓頊帝嚳唐堯虞舜爲五帝譙周應劭宋均皆同而孔安國尚書序皇甫謐帝王世紀孫氏註世本並以伏犧神農黃帝爲三皇少昊顓頊高辛唐虞爲五帝裴松之史目云天子稱本紀諸侯曰世家本者繫其本系故曰本紀者理也統理衆事繫之年月名之曰紀第者次序之目一者數之由故曰五帝本紀第一○又曰禮云動則左史書之言則右史書之正義曰左陽故記動右陰故記言

史記卷一　五帝本紀　一

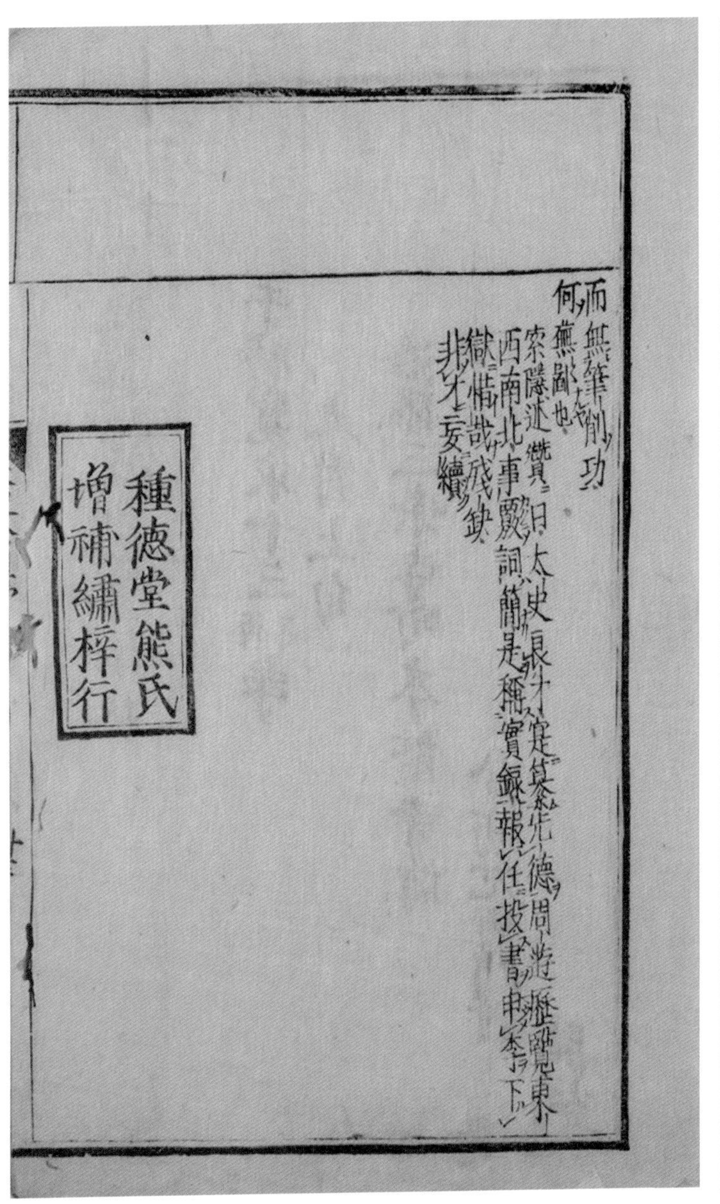

而無筆削功
何無鄙也
索隱述贊曰太史良才寔纂先德周遊歷覽東
西南北事覈詞簡是稱實錄報任投書申李下
獄惜哉殘缺
非才妄續

種德堂熊氏
增補繡梓行

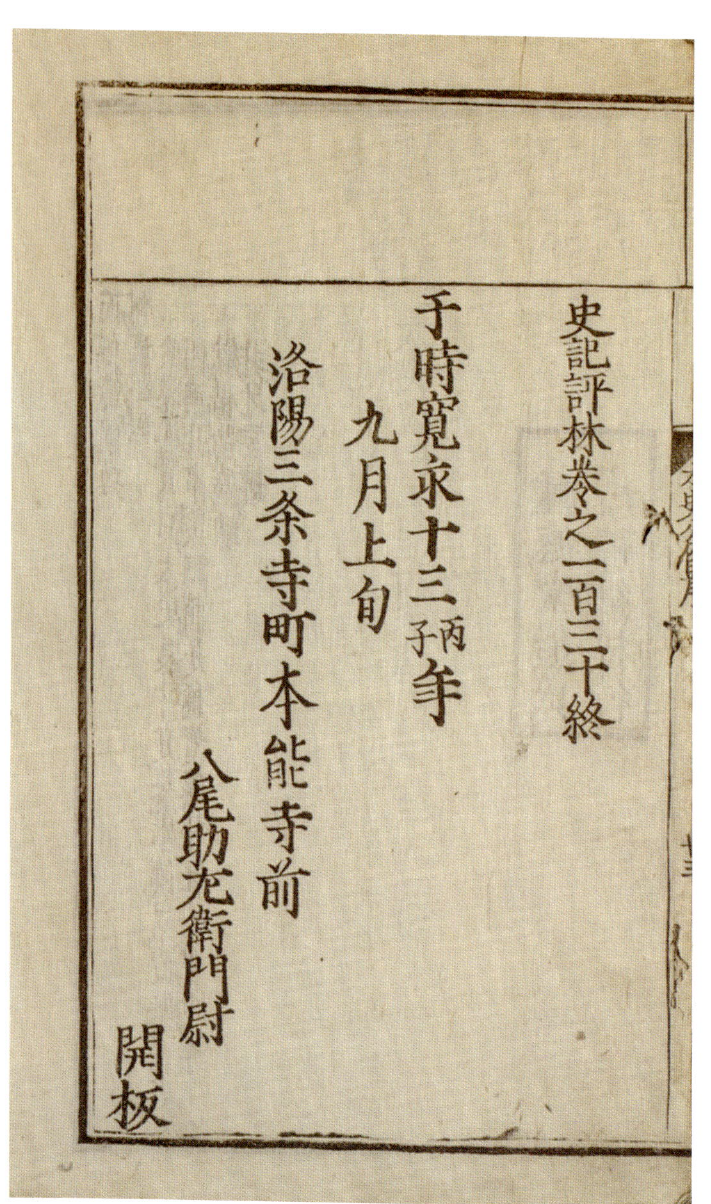
史記評林卷之一百三十終
于時寛永十三丙子年
九月上旬
洛陽三条寺町本能寺前
八尾助左衛門尉
開板

14. 史记评林一百三十卷

二十五册，日本国立公文书馆藏

明凌稚隆辑校，明李光缙增补

日本宽文十三年（1673）刻本。

每半叶十二行，行二十二至二十四字不等，小字双行；上栏行七字。四周单边，白口，单鱼尾。

秋言辭古質方之兩漢文省理幽守節涉學三十餘年六籍九流地里蒼雅鋭心觀採評史漢詮衆訓釋而作正義郡國城邑委曲申明古典幽微竊探其美索理允愜次舊書之旨兼音解註引致旁通凡成三十卷名曰史記正義發揮膏肓之辭思濟滄溟之海未敢侔諸秘府冀訓詁而齊流庶貽厥子孫世疇茲史于時歲次丙子開元二十四年八月殺青斯竟

雲濱能體忠

建陽後學　獻蕃劉朝箴　仝梓

史記正義序終

史記評林卷之一

吳興凌稚隆輯校
溫陵李光縉增補

唐順之曰秦興滅學而宗譜不立及漢司馬遷修史記上述黃帝下迄麟趾採世本世系而作帝紀採周譜國語而作世家由是人乃知姓氏之所出

五帝本紀第一

裴駰曰凡是徐氏義稱徐姓名以別之餘者悉是駰註解并集衆家義○司馬貞索隱曰紀者記也本其事而記之故曰本紀又紀理也絲縷有紀而帝王書稱紀者言為後代綱紀也○正義曰鄭玄註中候勑省圖云德合五帝坐星者稱帝又坤靈圖云德配天地在正不在私曰帝按太史公依世本大戴禮以黃帝顓頊帝嚳唐堯虞舜為五帝譙周應劭宋均皆同而孔安國尚書序皇甫謐帝王世紀孫氏註世本並以伏犧神農黃帝為三皇少昊顓頊高辛唐虞為五帝裴松之史目云天子稱本紀諸侯曰世家本者繫其本系故曰本紀者理也統理衆事繫之年月名之曰紀第者次序之目一者舉數之由故曰五帝本紀第一○又曰禮云動則左史書之言則右史書之正義曰左陽故記動右陰故記言言為尚書事為春秋按春秋時置左右史故云史記也

柯維騏曰五帝之名見於孔子家語及大戴禮其說有二其一孔子答季康子以伏犧配木神農配火黃帝配土少昊配金顓頊配水此言數聖人革命改號取法於五行之帝非五帝之定名也其一

15. 史记评林一百三十卷

二十五册，日本国立公文书馆藏

明凌稚隆辑，明李光缙增补

日本明和七年（1770）刻本。

每半叶十二行，行二十二至二十四字不等，小字双行；上栏行五字。左右双边，白口，单鱼尾。

秋言辭古質方之兩漢文省理幽守節涉學三十餘年六籍九流地里蒼雅銳心觀採評史漢詮衆訓釋而作正義郡國城邑委曲申明古典幽微竊探其美索理允愜次舊書之旨兼音解註引致旁通凡成三十卷名曰史記正義發揮膏肓之辭思濟滄溟之海未敢侔諸秘府冀訓詁而齊流庶賢厥子孫世疇茲史于時歲次丙子開元二十四年八月殺青斯竟

雲濱能體忠

建陽後學　仝梓

獻勵劉朝箴

史記正義序終

虞順之曰秦興滅學而宗譜不立及漢司馬遷修史記上述黃帝下迄麟趾採世本世系而作帝紀採周譜國語而作世家由是人乃知姓氏之所出

史記評林卷之一

吳興 凌稚隆 輯校
溫陵 李光縉 增補

五帝本紀第一

裴駰曰凡是徐氏義稱徐姓名以別之餘者悉是駰註解并集衆家義○司馬貞索隱曰紀者記也本其事而記之故曰本紀又紀理也絲縷有紀而帝王書稱紀者言爲後代綱紀也○正義曰鄭玄註中候敕省圖云德合五帝坐星者稱帝又坤靈圖云德配天地在正不在私曰帝按太史公依世本大戴禮以黃帝顓頊帝嚳唐堯虞舜爲五帝譙周應劭宋均皆同而孔安國尚書序皇甫謐帝王世紀孫氏註世本竝以伏犧神農黃帝爲三皇少昊顓頊高辛唐虞爲五帝裴松之史目云天子稱本紀諸侯曰世家本者繫其本系故曰本紀者理也統理衆事繫之年月名之曰紀第者次序之目一者舉數之由故曰五帝本紀第一○又曰禮云動則左史書之言則右史書之正義曰左陽故記動右陰故記言言爲尚書事爲春秋按春秋時置左右史故云史記也

柯維騏曰五帝之名見於孔子家語及大戴禮其說有二其一孔子答季康子以伏犧配木神農配火黃帝配土少昊配金顓頊配水此言數聖人革命改號取法於五行之帝非五帝之定名也其一

發行書肆

京都三条通御幸町 吉野屋仁兵衛
江戸日本橋通南壹丁目 須原屋茂兵衛
同 通二丁目 山城屋佐兵衛
同 同 所 須原屋新兵衛
同 芝神明前 岡田屋嘉七
同 同 所 和泉屋吉兵衛
同 兩國横山町三丁目 和泉屋金右衛門
同 下谷池之端仲町 岡村屋庄助
尾州名古屋本町通 永樂屋東四郎
同 同 所 萬屋東平
同 同 所 菱屋藤兵衛
同 同 所 菱屋平兵衛
大阪心齋橋通北久太郎町 河内屋喜兵衛 板

16. 史记评林一百三十卷

二十五册，日本国立公文书馆藏

明凌稚隆辑校，明李光缙增补

日本明和七年（1770）刻天明九年（1789）印本。

每半叶十二行，行二十二至二十四字不等，小字双行；上栏行五字。左右双边，白口，单鱼尾。

秋言辭古質方之兩漢文省理幽守節涉學三十餘年六籍九流地里蒼雅銳心觀採評史漢詮衆訓釋而作正義郡國城邑委曲申明古典幽微竊撰其美索理允愜次舊書之旨兼音解注引致旁通凡成三十卷名曰史記正義發揮膏肓之辭思濟滄溟之海未敢侔諸秘府冀訓詁而齊流庶貽厥子孫世疇茲史于時歲次丙子開元二十四年八月殺青斯竟

雲濱能體忠

建陽後學　獻劦劉朝箴　仝梓

史記正義序終

唐順之曰秦興滅學而宗譜不立及漢司馬遷修史記上述黃帝下迄麟趾採世本世系而作帝紀採周譜國語而作世家由是人乃知姓氏之所出

史記評林卷之一

吳興 凌稚隆 輯校
溫陵 李光縉 增補

五帝本紀第一

裴駰曰凡是徐氏義稱徐姓名以別之餘者悉是駰註解并集衆家義○司馬貞索隱曰紀者記也本其事而記之故曰本紀又紀理也絲縷有紀而帝王書稱紀者言爲後代綱紀也○正義曰鄭玄註中候敕省圖云德合五帝坐星者稱帝又坤靈圖云德配天地在正不在私曰帝按太史公依世本大戴禮以黃帝顓頊帝嚳唐堯虞舜爲五帝譙周應劭宋均皆同而孔安國尚書序皇甫謐帝王世紀孫氏註世本並以伏犧神農黃帝爲三皇少昊顓頊高辛唐虞爲五帝裴松之史目云天子稱本紀諸侯曰世家本者繫其本系故曰本紀者理也統理衆事繫之年月名之曰紀第者次序之目一者舉數之由故曰五帝本紀第一○又曰禮云動則左史書之言則右史書之正義曰左陽故記動右陰故記言言爲尚書事爲春秋按春秋時置左右史故云史記也

柯維騏曰五帝之名見於孔子家語及大戴禮其說有二其一孔子答季康子以伏犧配木神農配火黃帝配土少昊配金顓頊配水此言數聖人革命改號取法於五行之帝非五帝之定名也其一

寛文十三年癸丑二月元刻
明和七年庚寅三月再刻
天明九年己酉正月求版

浪華書林

梅月市兵衞
松村九兵衞
柳原喜兵衞

17. 鼎锲赵田了凡袁先生编纂古本历史大方纲鉴补三十九卷首一卷

二十册，日本国立公文书馆藏

明袁黄编纂，日本鹈饲信之训点

日本宽文三年（1663）浪华书房河内屋太助刻本。

每半叶十行，行二十八字，小字双行同；上栏行四字。四周单边，白口，单鱼尾。

据明万历三十八年（1610）余象斗双峰堂刻本重刻。中国国家图书馆、南京图书馆、浙江图书馆、北京大学图书馆、美国哈佛大学哈佛燕京图书馆、日本宫内厅书陵部、日本国立公文书馆、早稻田大学图书馆等藏有原刻本。每半叶十二行，行二十八字，小字双行同，上栏行四字。四周双边，白口，单鱼尾。首题“潭阳余象斗刊行”，书后有牌记“万历庚戌仲冬月/双峰堂余氏梓行”。和刻本改动行数及边栏，将书后牌记易为日人出版信息，其余原样照翻。

問三皇五帝之號其來尚矣而說者紛紛莫之統一果以何者爲據與

鼎鍥趙田了凡袁先生編纂古本歷史大方綱鑑補卷之一

宋 京兆 劉恕 外紀

蘭谿 金履祥 前編

明 趙田 袁黃 編纂

潭陽 余象斗 刊行

○三皇紀 紀者記也本其事而紀之故曰本紀帝王書稱紀者言爲後代之綱紀也

胡雙湖曰 三皇之號昉於周禮外史掌三皇五帝之書而不指其名其文則見於秦博士有天皇地皇人皇之議秦去古未遠三皇之稱此或庶幾焉漢孔安國序書乃始以伏羲神農黃帝爲三皇少昊顓頊高辛爲五帝不知果何所本盖孔子家語自伏羲以下皆稱曰帝易大傳春秋內外傳有黃帝炎帝之稱月令有帝太昊帝炎帝帝黃帝亦足以表先秦未嘗以伏羲神農黃帝爲三皇也至宋五峯胡氏直斷以孔子易大傳以伏羲神農黃帝堯舜爲五帝不信傳而信經其論始定然三皇之號不可泯也則亦以天皇地皇人皇言之盖混茫初開先

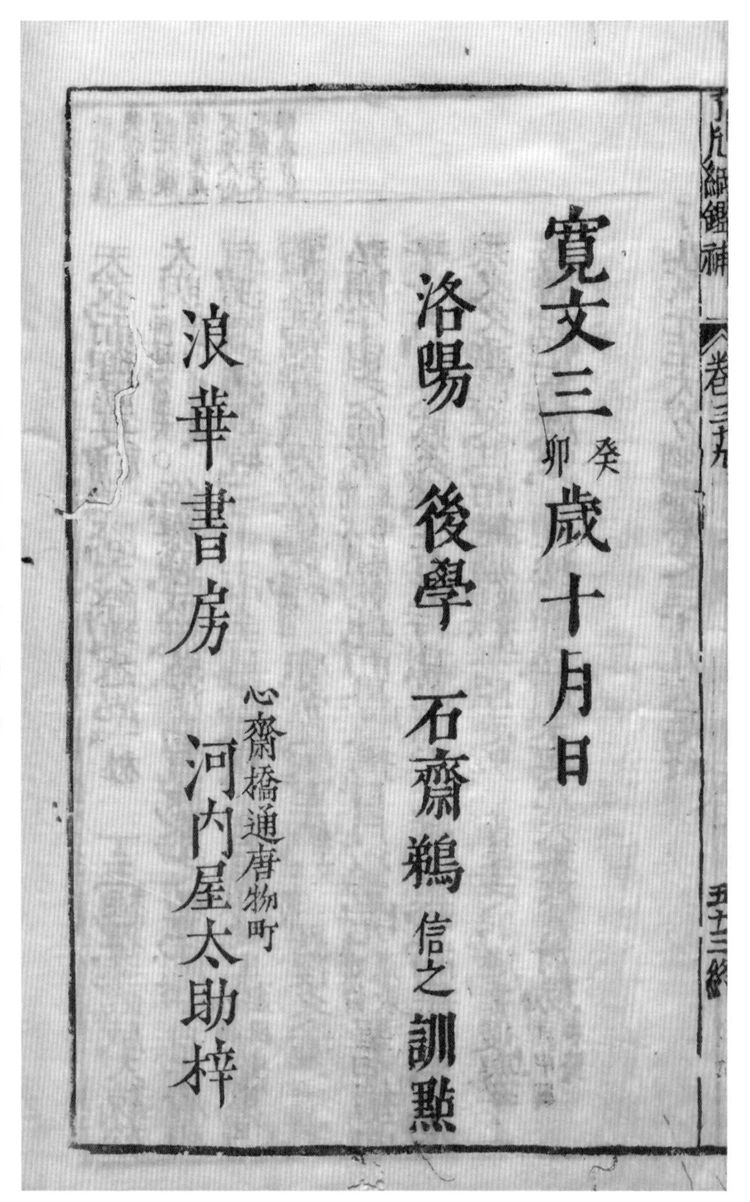

寛文三癸卯歳十月日
洛陽 後學 石齋鵜 信之訓點
浪華書房 心齋橋通唐物町 河内屋太助梓

18. 立斋先生标题解注音释十八史略七卷

五册，日本国立国会图书馆藏

元曾先之编，明陈殷音释

日本室町时代（1336—1573）刻本。

每半叶十二行，行二十四字，小字双行同；上栏行二字。四周单边，细黑口，双鱼尾。

据明正统六年（1441）书林余氏刻本翻刻。余氏原刻本未见著录。何景春于宣德三年（1428）任建阳县丞，正统二年（1437）升建阳知县。据卷端题署，何氏初刻于宣德三年至正统二年之间。余氏于正统六年重刻是书，故题“新刊”，然卷端题署一仍其旧。今初、二刻均不存，赖此知曾有其书。

日本以余氏刻本为祖本而翻刻新雕乃至训点、标记、增补者，前后不下十种，是否均以余氏刻本为底本则难遽定，或据日本翻刻本亦未可知。日本国立公文书馆藏日本元和间（1615—1624）活字印本与早稻田大学图书馆藏年代不详刻本，尚保留余氏刻书牌记，见后。至于仅保留卷端“建阳县丞南康何景春捐俸刊”一行之版本繁多，不复赘录。

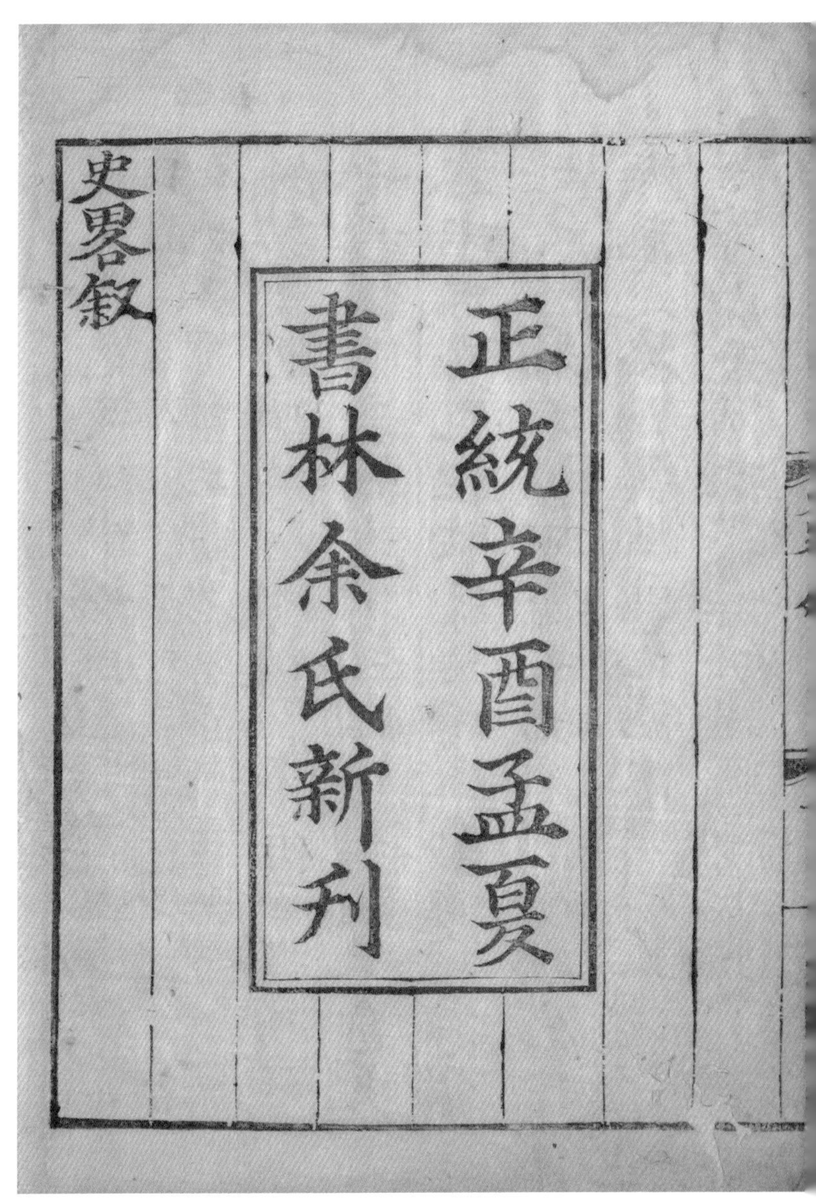
史畧叙
正統辛酉孟夏
書林余氏新刋

無為而化　今長九州　搆木為巢

立齋先生標題解註音釋十八史畧卷之一

前進士廬陵　曾先之　編次

後學臨川　陳殷　音釋

番易松塢　王逢　點校

建陽縣丞南康　何景春　捐俸刊

太古

天皇氏以木德王（去声。未云有天下者人称之曰王。則平声。據其身臨天下而言曰王則去声後皆放此○木德凡色尚青）歲起攝提（寅也。太歲在寅曰攝提格）無為而化（上古民淳不令而化）兄弟十二人各一萬八千歲。地皇氏以火德王（凡色尚赤）兄弟十一人亦各一萬八千歲。人皇氏兄弟九人今長（張上○君長之也。易曰君子躰仁足以長人）九州（冀。兗。青。徐。揚。荊。豫。梁。雍）凡一百五十世（也）代合四萬五千六百年。人皇以後（案世紀人皇以後有日五龍紀。攝提紀。合雒紀。連通紀。敘命紀相継以治。而及于有巢今未之及故録之以備參考）有曰有巢氏搆木為巢（禮記集說云。聚薪柴以居也）食木實（如桃李之類也）至燧人氏

19. 立斋先生标题解注音释十八史略七卷

七册，日本国立公文书馆藏

元曾先之编，明陈殷音释

日本元和间活字印本。

每半叶十二行，行二十二字，小字双行同；上栏行二字。四周单边，黑口，双鱼尾。

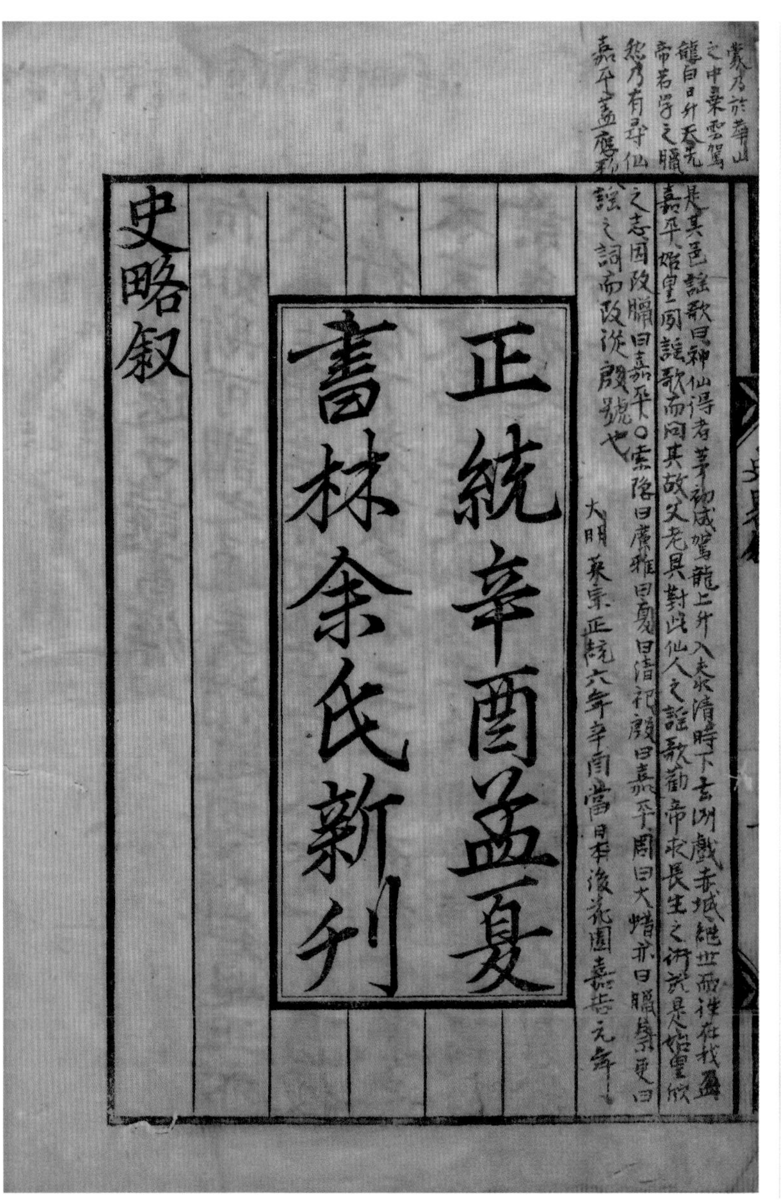

史略叙

正統辛酉孟夏

書林余氏新刊

蒙乃於華山之中乘雲駕龍白日升天先是其邑謠歌曰神仙得者茅初成駕龍上升入泰清時下玄洲戲赤城繼世而往在我盈帝若學之臘嘉平始皇聞謠歌而問其故父老具對此仙人之謠歌勸帝求長生之術於是始皇欣然乃有尋仙之志因改臘曰嘉平○索隱曰廣雅曰夏曰清祀殷曰嘉平周曰大蜡亦曰臘秦更曰嘉平蓋應歌謠之詞而改從殷號也

大明英宗正統六年辛酉當日本後花園嘉吉元年

無爲而化　分長九州　搆木爲巢

立齋先生標題解註音釋十八史略卷之一

前進士廬陵　曾先之　編次

後學臨川　陳殷　音釋

番易松塢　王逢　點校

建陽縣丞南康　何景春　捐俸刊

太古

天皇氏以木德王（去声。朱云有天下者人称之曰王則平声，據其身臨天下而言曰王則去声。後皆倣此。○木德凡色尚青）歲起攝提（寅也。太歲在寅曰攝提格）無爲而化（上古民淳不令而化）兄弟十二人各一萬八千歲地皇氏以火德王（凡色尚赤）兄弟十一人亦各一萬八千歲人皇氏兄弟九人分長（張上聲○君長之也。易曰君子躰仁足以長人）九州（冀兗青徐揚荊豫梁雍）凡一百五十世合四萬五千六百年人皇以後（案世紀人皇以後有曰五龍紀、攝提紀、合雒紀、連通紀、叙命紀，相繼以治而及于有巢。今未之及，故録之以備參考）有曰有巢氏搆木爲巢（礼記集說云聚

20. 立斋先生标题解注音释十八史略七卷

四册，日本早稻田大学图书馆藏

元曾先之编，明陈殷音释

日本江户初刻本。

每半叶十二行，行二十二字，小字双行同；上栏行二字。四周单边，黑口，双鱼尾。

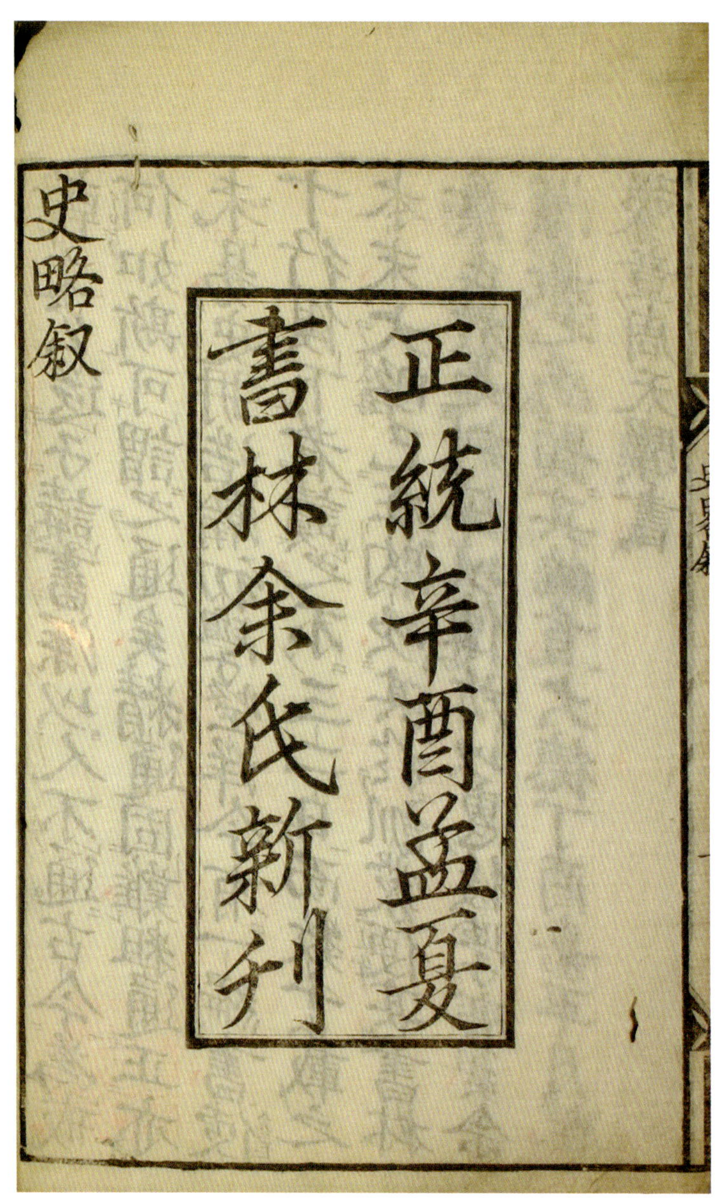
史略叙
正統辛酉孟夏
書林余氏新刊

無為而化

分長九州

構木為巢

立齋先生標題解註音釋十八史略卷之一

前進士廬陵　曾先之　編次

後學臨川　陳殷　音釋

番易松塢　王逢　點校

建陽縣丞南康　何景春　捐俸刊

太古

天皇氏以木德王。去声。朱云有天下者人称之曰王則平声，挍其身臨天下而言曰王則去声。後皆倣此。○木德凡色尚青。歲起攝提。寅也。太歲在寅曰攝提格。無為而化。以上古民淳，不令而化。兄弟十二人，各一萬八千歲。地皇氏以火德王。凡色尚赤。兄弟十一人，亦各一萬八千歲。人皇氏兄弟九人，分張。張上声。君長之也。易曰君子躰仁足以長人。九州。冀兗青徐揚荊豫梁雍。凡一百五十世。代。合四萬五千六百年。人皇以後。案世紀人皇以後有五龍紀、攝提紀、合熊紀、連通紀、叙命紀，相継以治，而及于有巢。今未之及，故録之以備參考。有白

有巢氏構木為巢。礼記集説云聚

21. 孔子通纪八卷

四册，日本米泽市立图书馆藏

明潘府撰

日本庆长间铜活字印本。

每半叶九行，行十六字，小字双行同；四周双边，黑口，双鱼尾。

据明正德八年至十一年（1513—1516）潘正建阳刻嘉靖印本翻刻。据罗侨跋，弘治十七年（1504），罗氏曾刻于广东新会。该本卷端题署“弟建阳县典史潘正捐俸刊行”，可知由潘正二刻于建阳任上（正德八年至十一年）。书后有李桢（嘉靖四十一年，1562）、许晔（嘉靖四十二年）跋，举书中可疑者而辨之，然于正文并未作改动，仅附于卷后，则知嘉靖末年曾重修印行。安徽省图书馆藏明刻本，残存卷二至卷四。

孔子通紀卷之一

廣東提學副使上虞潘府校著
弟建陽縣典史潘正揹倖刋行

前紀上

古者庖犧氏之王天下也仰則觀象於天俯則觀法於地觀鳥獸之文與地之宜近取諸身遠取諸物於是始作八卦以通神明之德以類萬物之情作結繩而爲網罟以佃以漁蓋取諸離庖犧氏没神農氏作

發憤尚然身不仕況曾魏篡弒之
邦耶阮籍猶在之士也不肯與司
馬昭連婚其胷中廉耻有確然不
可奪者名爲儒者而反下於阮生
之輩亦可醜也亦可醜也

嘉靖癸亥正月陽川許𨰻辨

22. 刻孔圣全书十三卷补遗一卷

二册，日本国立国会图书馆藏

明安梦松纂

日本宽文八年（1668）武村三郎兵卫刻本。

每半叶十二行，行二十字，小字双行同；四周双边，白口，单鱼尾。

据明万历二十七年（1599）建阳书林郑世豪刻本重刻。中国国家图书馆、中国科学院图书馆、安徽省图书馆、日本蓬左文库、东京大学东洋文化研究所等藏郑氏原刻本。每半叶十行，行二十字，小字双行同；四周双边，白口，双鱼尾。卷首原有《图像》一卷，和刻本仅刻孔子像一帧，余未梓。

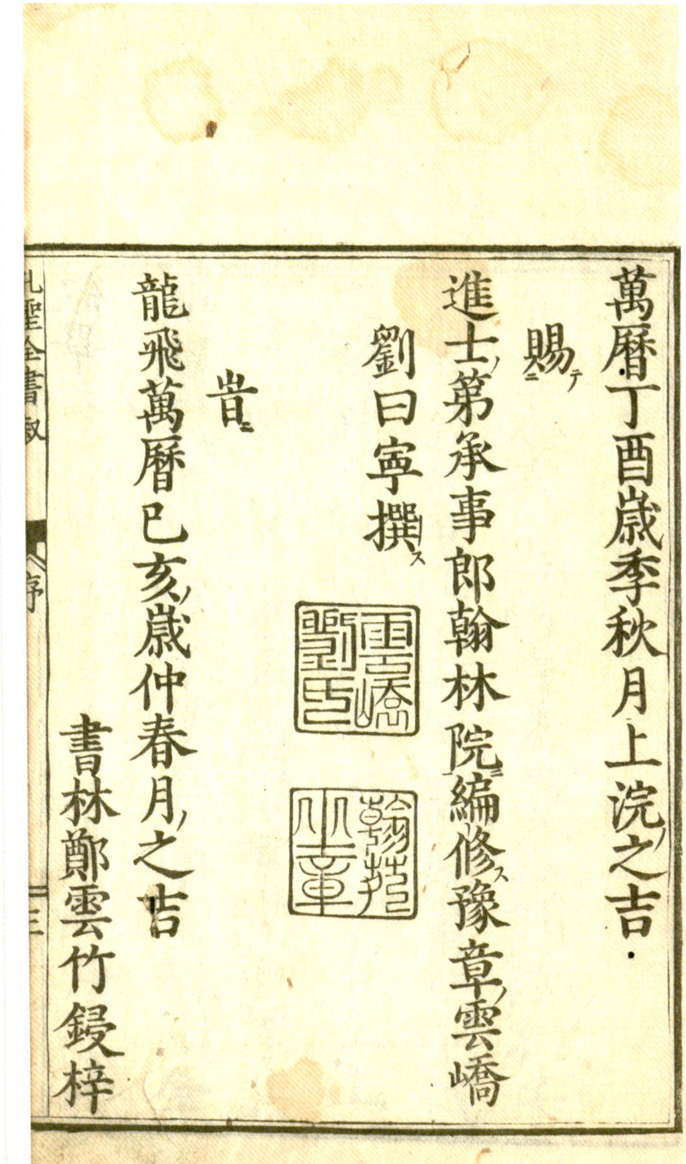
萬曆丁酉歲季秋月上浣之吉

賜

進士第承事郎翰林院編修豫章雲嶠

劉曰寧撰

旹

龍飛萬曆己亥歲仲春月之吉

書林鄭雲竹鋟梓

不啻詳矣善学者無遂多岐毋爲局
曲由其全而求其所以全庶幾哉無
負孔子歟安生績學操行門墻翹楚
其先博士雲衢公家學之傳有自云

萬曆戊戌季夏上浣閩莆方應倣謹序

萬曆己亥歲季春宗文書舍繡梓

刻孔聖全書卷之一

後學　予喬　安夢松　纂

後學　省庸　黃大年　校

書林　雲竹　鄭世豪　梓

○聖代源流

昔契封于商賜姓子氏至周成王時以商之帝乙長子微子啓國于宋啓卒立其弟微仲衍衍生宋公稽稽生丁公申申生閔公共及煬公熙閔公共生弗父何何生宋父周周生世子勝勝生正考父考父生孔父嘉嘉生木金父金父生祈父（或曰睪夷）祈父以孔為氏而生孔防叔防叔避宋華督之難奔魯為大夫因家於魯防叔生伯夏伯夏生叔梁紇紇九女而

其可雁行於顔閔之徒與吾所謂善學聖人者非耶如曰書爲則子雲白首於天禄君子識其不聞道又奚以著作爲也學者當自得之

武夷後學尚文甫哀宗周題

寛文八戊申仲春吉旦

武村三郎兵衛刊行

23. 孟子全图（孟子故事）一卷

一册，日本早稻田大学图书馆藏

明□□撰

日本江户时代名古屋永乐屋东四郎刻本。

每叶行数不等（余为图），行二十四字；四周单边，下黑口，双黑鱼尾。

据明万历二十六年（1598）刘氏安正堂刻本翻刻。台湾“中央图书馆”、日本静嘉堂文库、蓬左文库等藏刘氏安正堂原刻本。和刻本书后附永乐屋东四郎刊行各类书籍三百余种，据以检现存者，可知多刊刻于十八世纪末至十九世纪初。

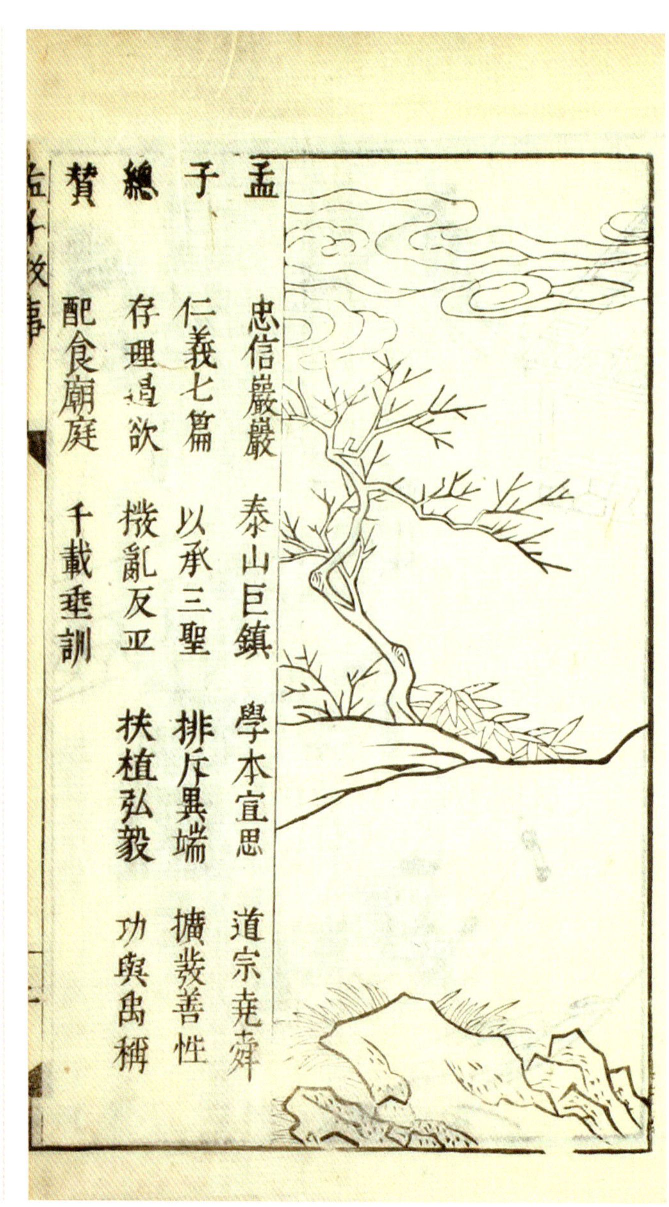

孟子故事

孟子總贊

忠信巖巖　泰山巨鎮　學本宣思　道宗堯舜
仁義七篇　以承三聖　排斥異端　擴發善性
存理遏欲　撥亂反正　扶植弘毅　功與禹稱
配食廟庭　千載垂訓

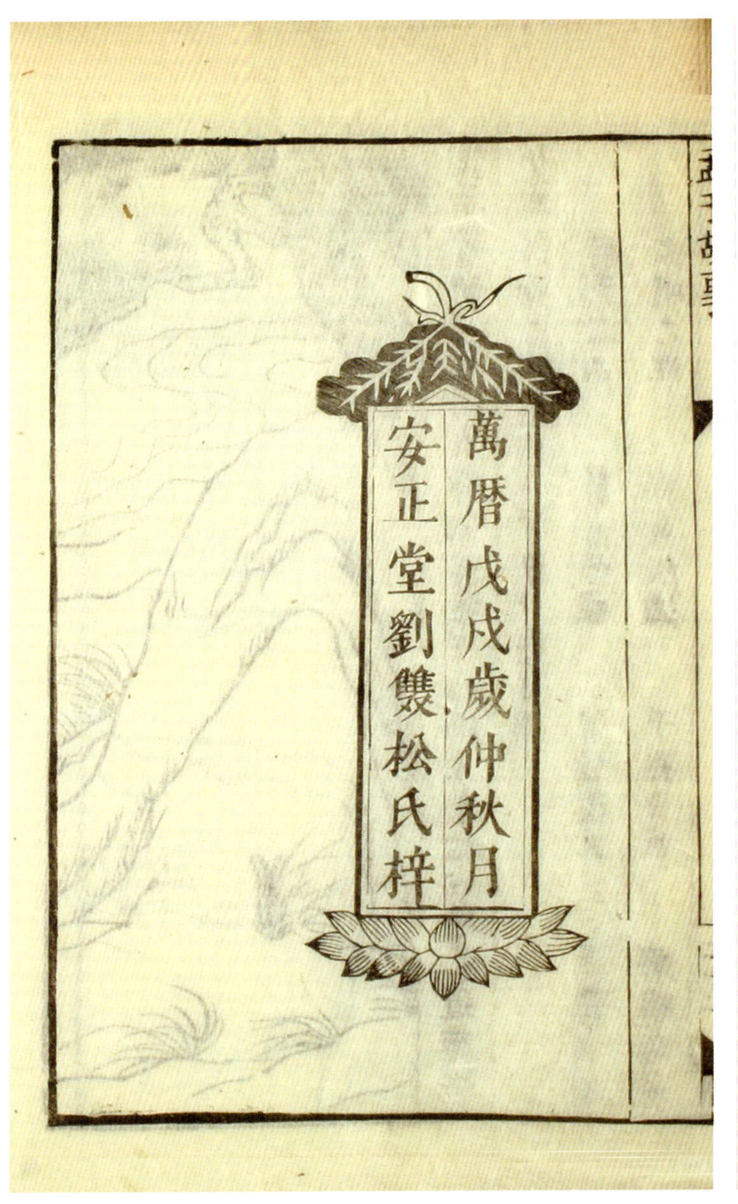
萬曆戊戌歲仲秋月
安正堂劉雙松氏梓

女今川貞操鑑　一
繪本女今川　一
同庭訓往来　三
同咲分勇者　二
同曽我物語　二
同大江山　一
同義経記　一
同忠臣蔵　一
同失的心　一
同狐嫁入　一
同名古屋於妃　一
同公時一代記　一

萬宝年代記　一
年代調法記　一
松月堂百瓶　三
立花當用集　一
諸禮大學　一
四季獻立集

通俗西湖佳話　四
焼物出所　一
秉穗録　四
紋此合符　二
大日本國郡全圖　二
三河國全圖
美濃國全圖

尾州名古屋本町通七丁目
永樂屋東四郎藏板

24. 新编排韵增广事类氏族大全十卷

六册，日本国立国会图书馆藏

元□□编

日本室町时代初期刻本。

每半叶十六行，行二十八字，小字双行同；左右双边或四周单边，黑口，双鱼尾。

杨守敬《日本访书志》卷十一著录，云“镌刻精好，的是从元本出”。元本今见存有十六行本与十七行本二种。十七行本，“元代麻沙本也”（见陆心源《仪顾堂续跋》卷十一，该本今藏日本静嘉堂文库）。十六行本，为和刻本所从出者，亦当是建阳坊刻本（见中国国家图书馆所藏残存甲、乙二集）。而和刻本之精工，则似更胜原刻本。

又有日本元和五年（1619）活字印本，不详所自，观其版面，似祖建本，见后。

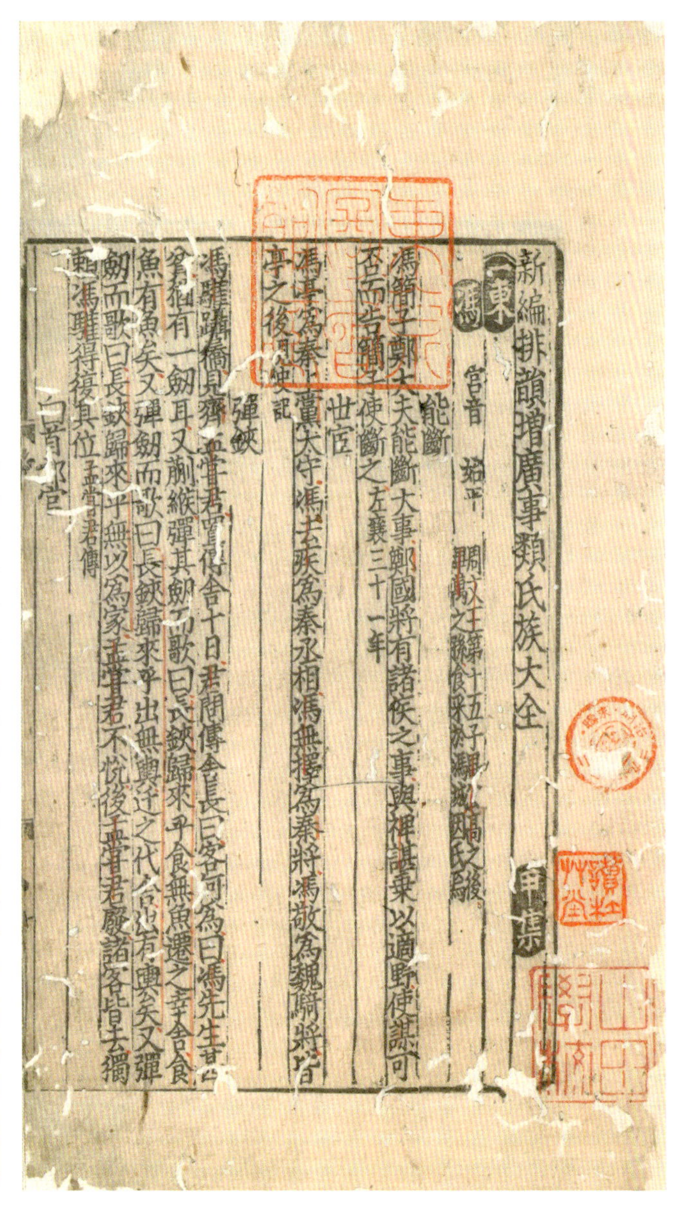

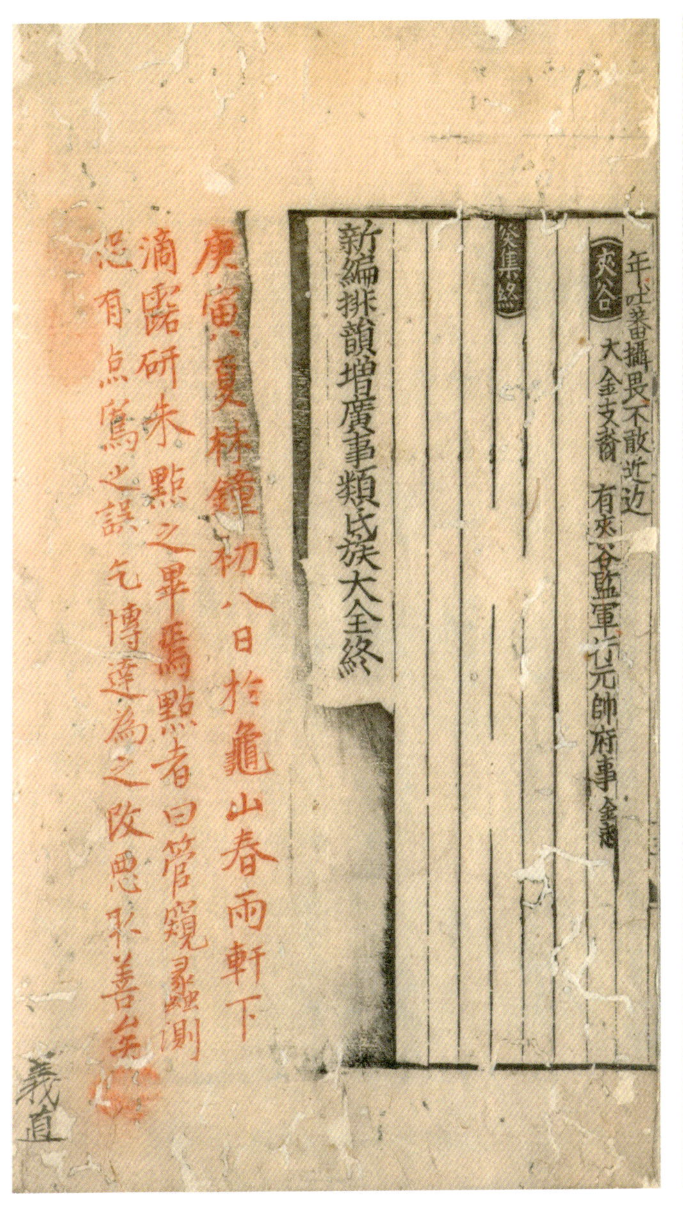
年吐蕃畏攝不敢近边
夾谷
大金支裔　有夾谷監軍行元帥府事金志
癸集終
新編排韻增廣事類氏族大全終
庚寅夏林鐘初八日於龜山春雨軒下
滴露研朱點之畢焉點者曰管窺蠡測
恐有点焉之誤乞博達爲之改正是善矣
義直

25. 新编排韵增广事类氏族大全十卷

九册，日本国立国会图书馆藏

元□□编

日本元和五年（1619）活字印本。

每半叶十三行，行二十四字，小字双行同；四周双边，黑口，双鱼尾。

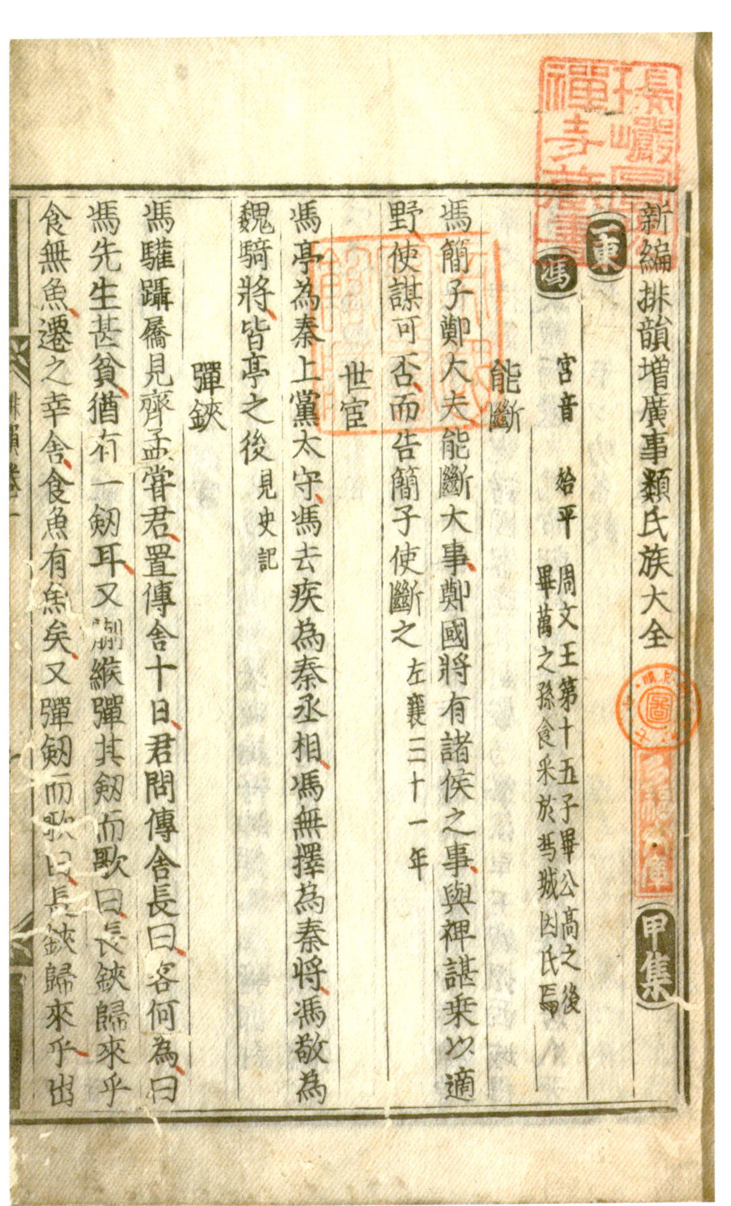

新編排韻增廣事類氏族大全　甲集

（東）

（馮）宮音　姶平　周文王第十五子畢公高之後畢萬之孫食采於馮城因氏焉

能斷

馮簡子鄭大夫能斷大事鄭國將有諸侯之事與裨諶乘以適野使謀可否而告簡子使斷之 左襄三十一年

世官

馮亭為秦上黨太守馮去疾為秦丞相馮無擇為秦將馮敬為魏騎將皆亭之後 見史記

彈鋏

馮驩躡屩見齊孟嘗君置傳舍十日君問傳舍長曰客何為曰馮先生甚貧猶有一劍耳又蒯緱彈其劍而歌曰長鋏歸來乎食無魚遷之幸舍食魚有魚矣又彈劍而歌曰長鋏歸來乎出

排韻卷一

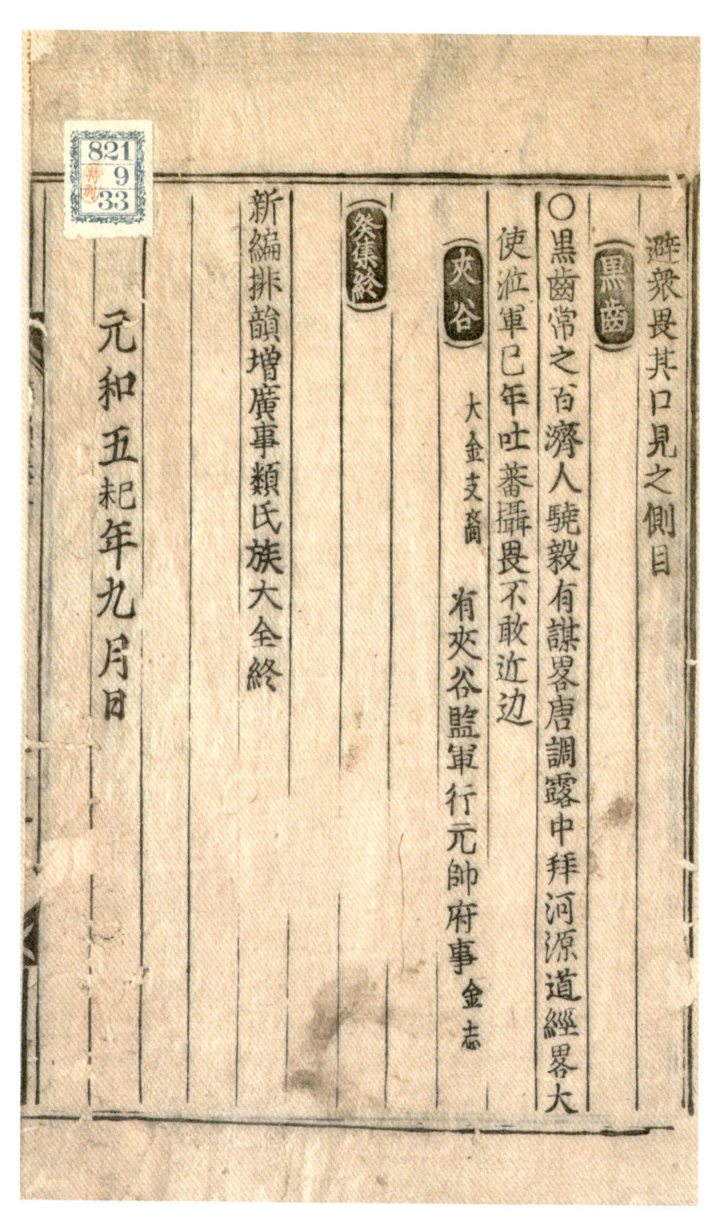

避衆畏其口見之側目

〔黒齒〕

○黒齒常之百濟人驍毅有謀畧唐調露中拜河源道經畧大使涖軍巳年吐蕃攝畏不敢近边

〔夾谷〕

大金支裔　有夾谷監軍行元帥府事金志

〔癸集終〕

新編排韻增廣事類氏族大全終

元和五杞年九月日

26. 御览颁行忠经集注详解一卷

一册，日本早稻田大学图书馆藏

题汉马融撰，汉郑玄注

日本明历二年（*1656*）京都小岛弥左卫门刻本。

每半叶九行，行十八字，小字双行同；上栏行五字。四周单边，上黑口，单鱼尾。

据明末（1621—1644）余昌年刻本重刻。余氏原刻本未见诸家书目著录。余昌年是建阳书坊主余彰德孙辈。其兄弟行余昌宗继承萃庆堂，崇祯间（1628—1644）曾刻《五刻增补万病回春》。是书卷端题“明潭阳余昌年订”，大抵为其所刻。日人屡次翻刻重印、训点训解是书，版刻繁多。又有元禄二年（1689）刻本，见后。

御覽頒行忠經集註詳解

忠經解　忠也者能致其身見危授命蹇蹇乎公闕忘私以事一人故天下閤家可得而正也斯之謂忠

此章分四段第一段示人忠道之爲大二段詮明忘之之義三段言忠爲國之

漢　扶風　馬融　撰

漢　北海　鄭玄　註

明　潭陽　余昌年　訂

天地神明章第一

昔在至理上下一德以徵天休忠之道也忠之爲道乃合於天至理之時君臣同德則休氣應也天之所覆地之所載人之所履莫大乎忠覆載之間人倫之要最之則吉違之則凶無大于忠者忠者中也至公無私不正其心而私於事則與忠反也

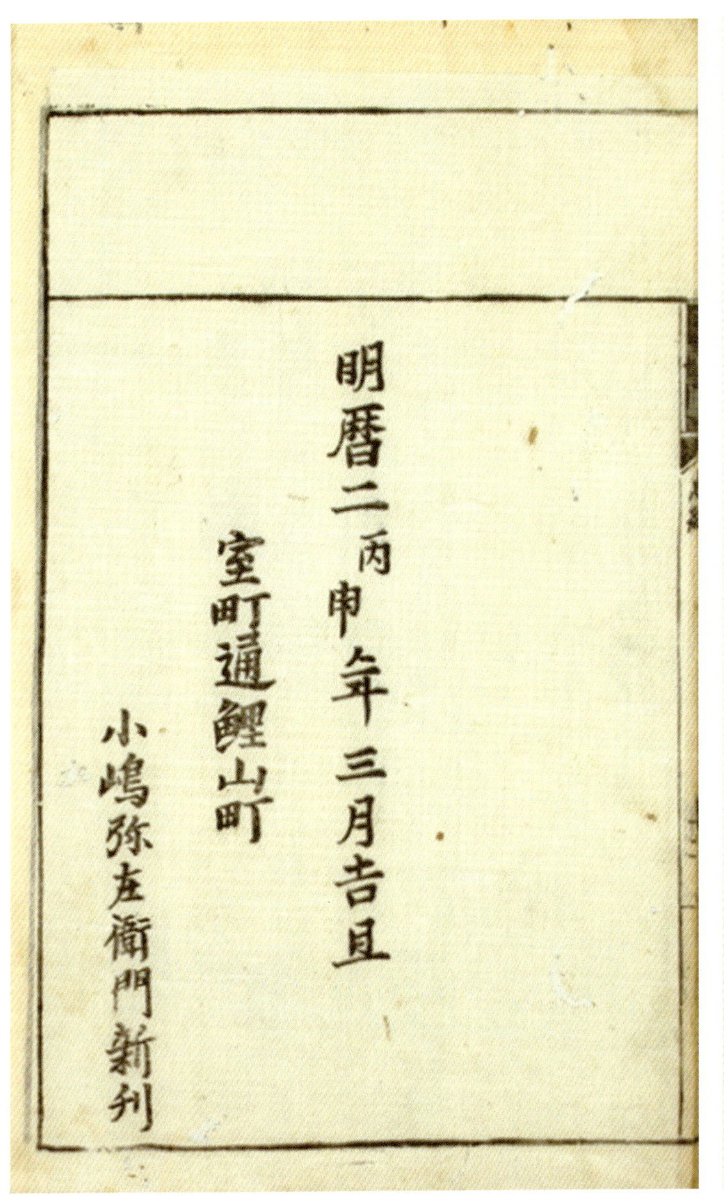
明曆二丙申年三月吉旦
室町通鯉山町
小嶋弥左衛門新刊

27. 御览颁行忠经集注详解一卷

一册，日本国立公文书馆藏

题汉马融撰，汉郑玄注，日本宇都宫由的解

日本元禄二年（1689）刻后印本。

▲【集註詳解】按集註指鄭玄註詳解指上頭所載之忠經解以下▲【扶風】扶風後漢屬司隸明時屬鳳翔府【馬融】見前▲【北海】郡名屬[illegible]▲【鄭玄】鄭玄字康成北海高密人融之門人也事蹟詳見後漢書列傳[illegible]北五▲【潭陽】不詳【余昌年】不詳▲【天地神明章第一】章內有感天地動神明字因以為章名○【一德】書泰誓中曰嗚呼乃一德一心立定厥功惟克永世○【徵天休】徵書洪範所謂庶徵徵之徵也○湯誥曰各守爾典以承天休蔡沈註曰承天之休命○左傳宣公三年協上下以承天休杜預註曰上下和而受天祐○書武成曰天休震動○字書曰休虛也尤切義也善也慶也

御覧頒行忠經解

忠也者能致其身見危授命蹇乎公匪忘私以事一人故天下國家可得而正也斯之謂忠此章分四段第一段示人忠之道為大二段詳明忘

忠經集註詳解

漢　扶風　馬融　撰

漢　北海　鄭玄　註

明　潭陽　余昌年　訂

天地神明章第一

昔在至理上下一德以徵天休忠之道也（忠之為道乃合於大至理之時君臣同德則休氣應也）天之所覆地之所載人之所履

忠孝之道不可偏廢是忠經之所以擬
孝經也然學者多知孝經之可讀而不
知忠經之不可不讀故今加解議於此
書以壽梓與我同志者講說不倦則庶
居官守職者有勸而竊位素餐者有懲
因以爲跋

元祿二己巳年三月三日　宇遯菴的書

雒陽書肆　藏版

28. 五伦书六十二卷

二十二册，日本国立公文书馆藏

明宣宗朱瞻基御撰

日本宽文八年（1668）京都小岛弥左卫门刻本。

每半叶十一行，行二十二字（卷一为八行十四字）；四周双边，白口，单鱼尾。

据明景泰五年（1454）刘氏翠岩精舍刻本重刻。刘氏翠岩精舍原刻本，北京大学图书馆、上海图书馆、浙江图书馆、四川省图书馆、台湾“中央图书馆”、扬州市图书馆等藏。每半叶十一行，行二十二字；四周双边，黑口，双鱼尾。是书另有明正德元年（1506）建阳郑氏宗文堂刻本，美国国会图书馆、日本东京大学综合图书馆藏。

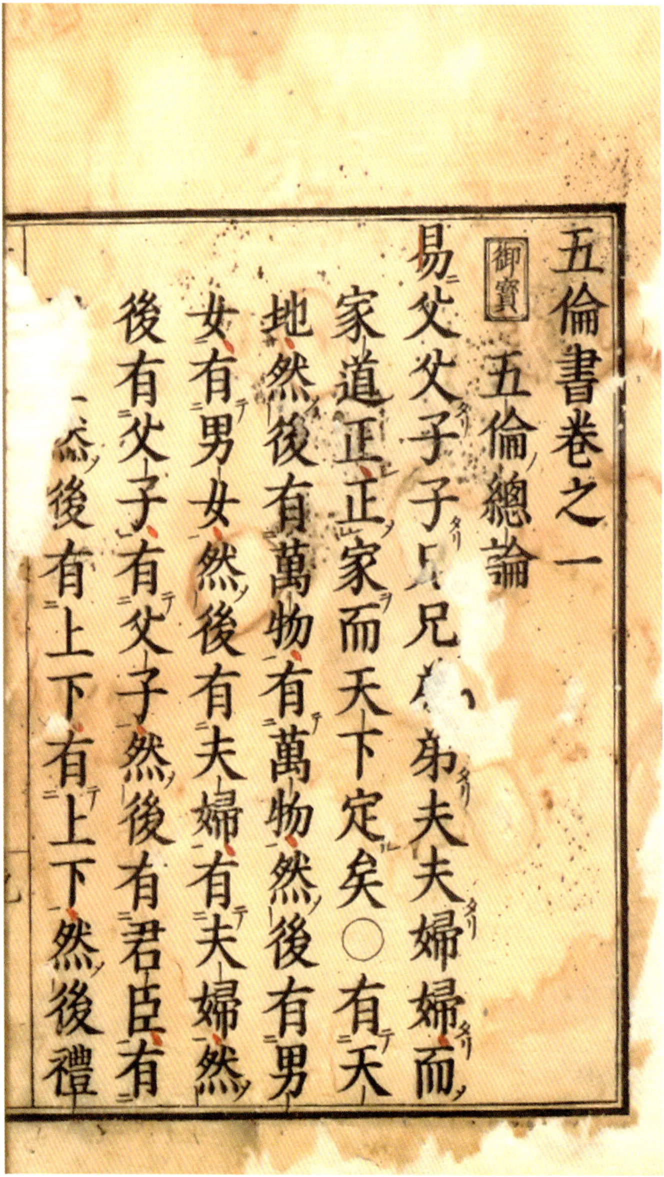

五倫書卷之一

御寳 五倫總論

易父父子子兄兄弟弟夫夫婦婦而家道正正家而天下定矣○有天地然後有萬物有萬物然後有男女有男女然後有夫婦有夫婦然後有父子有父子然後有君臣有君臣然後有上下有上下然後禮

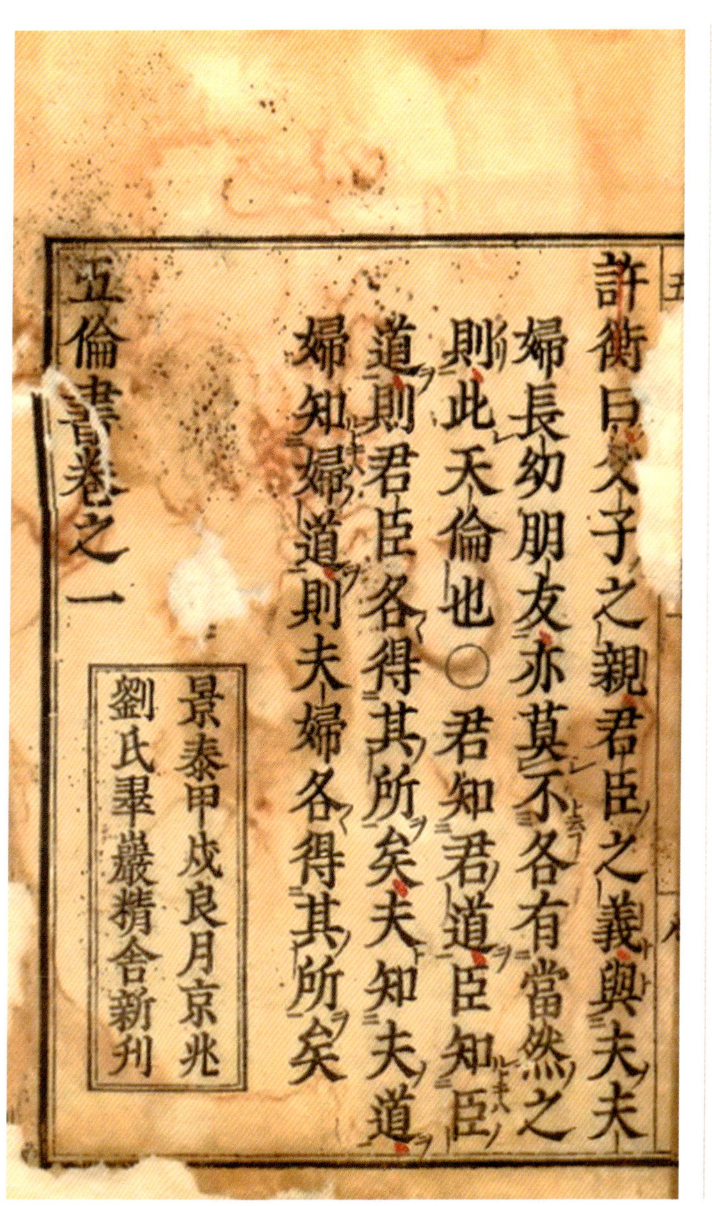

許衡曰父子之親君臣之義與夫夫婦長幼朋友亦莫不各有當然之則此天倫也○君知君道臣知臣道則君臣各得其所矣夫知夫道婦知婦道則夫婦各得其所矣

五倫書卷之一

景泰甲戌良月京兆劉氏翠巖精舍新刊

五倫書卷之二

君道

御寶 嘉言

易首出庶物萬國咸寧○天行健君子以自強不息○君子體仁足以長人嘉會足以合禮利物足以和義貞固足以幹事君子行此四德者故曰乾元亨利貞○庸言之信庸行之謹閑邪存其誠善世而不伐德博而化○君子終日乾乾夕惕若厲無咎○君子進德修業忠信所以進德也修辭立其誠所以居業也知至至之可與幾也知終終之可與存義也○君子學以聚之問以辨之寬以居之仁以行之○夫大人者與天地合其德與

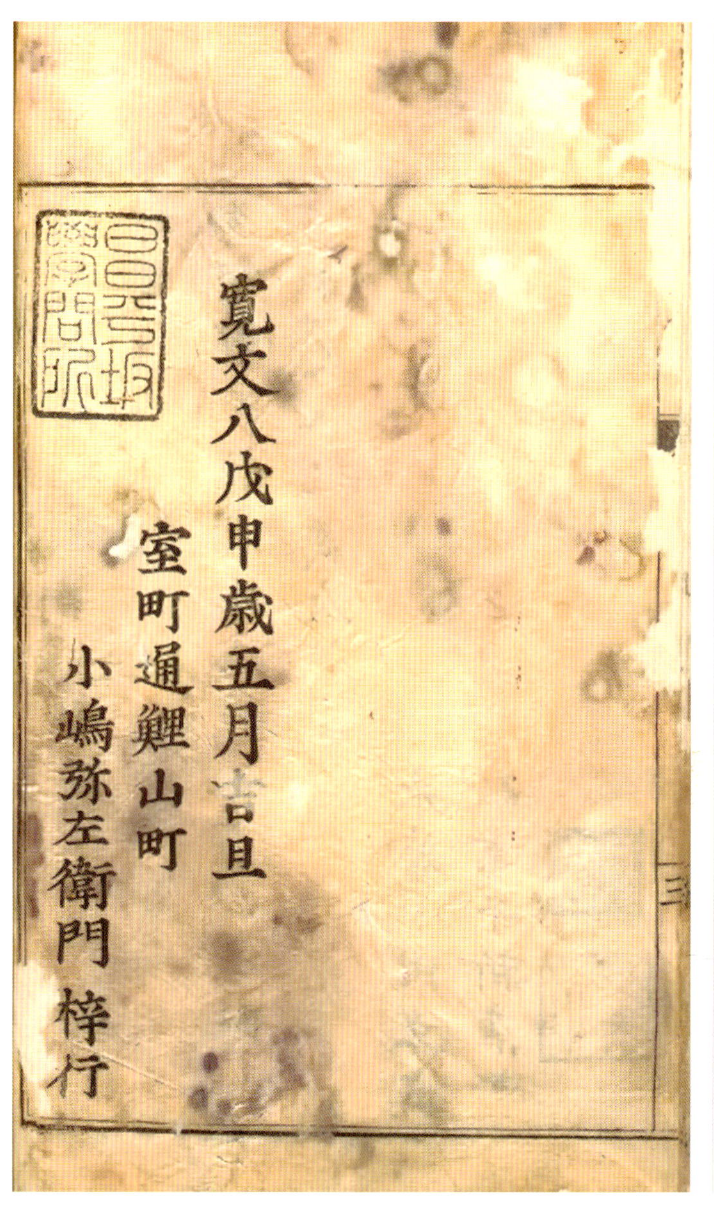

寛文八戊申歳五月吉旦

室町通鯉山町

小嶋弥左衛門梓行

29. 新锲京板正讹音释提头大字明心宝鉴正文二卷

二册，日本国立公文书馆藏

□□辑，明王衡校

日本宽永八年（1631）道伴刻本。

每半叶十行，行二十一字，小字双行同；四周双边，白口，单鱼尾。

据明书林陈弼廷刻本重刻。陈弼廷原刻本，《中国古籍善本书目》未著录，日本国立公文书馆有藏本。美国哈佛大学哈佛燕京图书馆藏明万历二十九年（1601）书林郑继华刻本《新锲提头音释官板大字明心宝鉴正文》二卷，首题“武林从道范立本谨集”，与此不同。

新鍥京板正譌音釋提頭大字明心寶鑑正文上卷

太倉　緱山、王衡　校

書林　游廷　陳氏　梓

●繼善篇第一　凡四十四條

子曰：爲善者天報之以福，爲不善者天報之以禍。

尚書云：作善降之百祥，作不善降之百殃。

徐神翁曰：積善逢善，積惡逢惡。仔細思量，天地不錯。善有善報，惡有惡報。若還不報，時辰未到。平生作善天加善，若是愚頑受禍殃。善惡到頭終有報，高飛遠走也難藏。行藏虛實自家知，禍福因由更問誰。善惡到

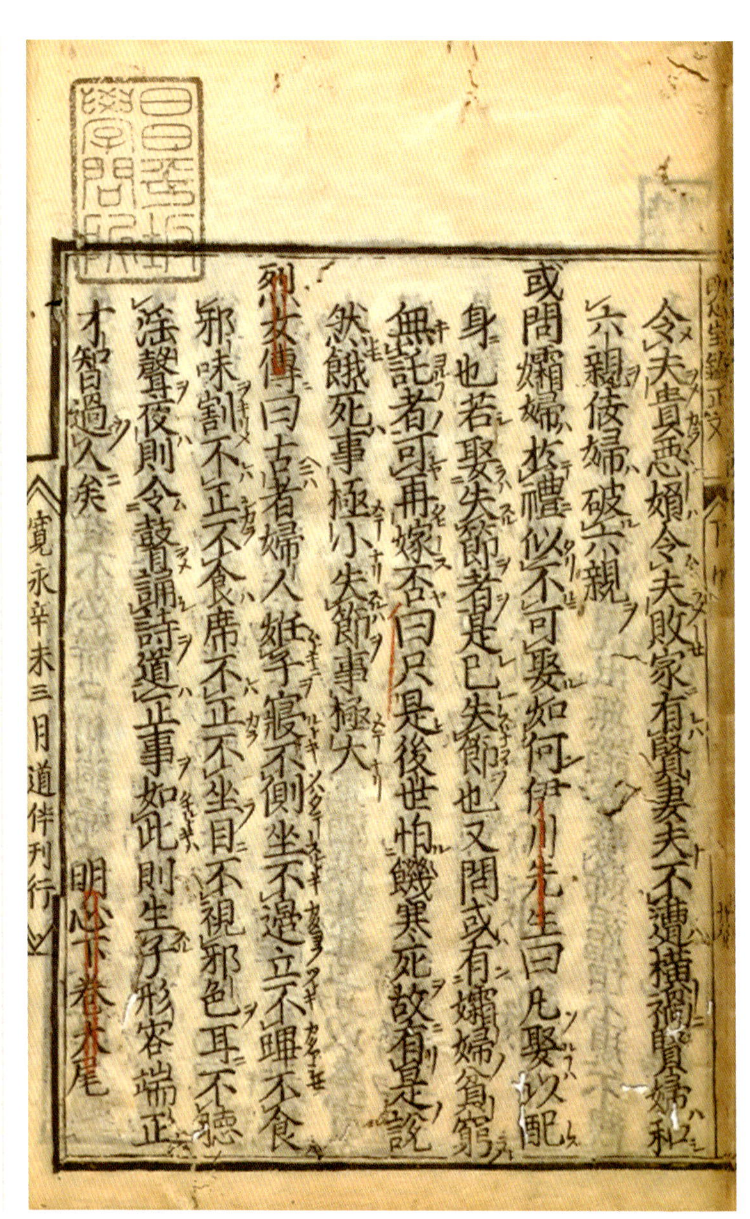

30. 新刻针医参补马经大全四卷

四册，日本国立公文书馆藏

明马师问编辑

日本江户时代刻大阪柏原屋佐兵卫印本。

每半叶十行，行二十六字，小字双行同；四周双边，白口，单鱼尾。

据明末书林郑氏宝善堂刻本重刻。宝善堂原刻本，北京大学图书馆、美国哈佛大学哈佛燕京图书馆等藏。每半叶十行，行二十六字，小字双行同；四周单边，白口，无鱼尾。重刻本之版式改单边为双边，刻上鱼尾；将书前各卷目录分置于卷前，并标识次第；春集卷端增刻“国师马师问编缉”一行，秋集卷端增刻“书林宝善堂梓行”一行。又，柏原屋佐兵卫曾于元禄十年（1697）刻《律吕新书》二卷。

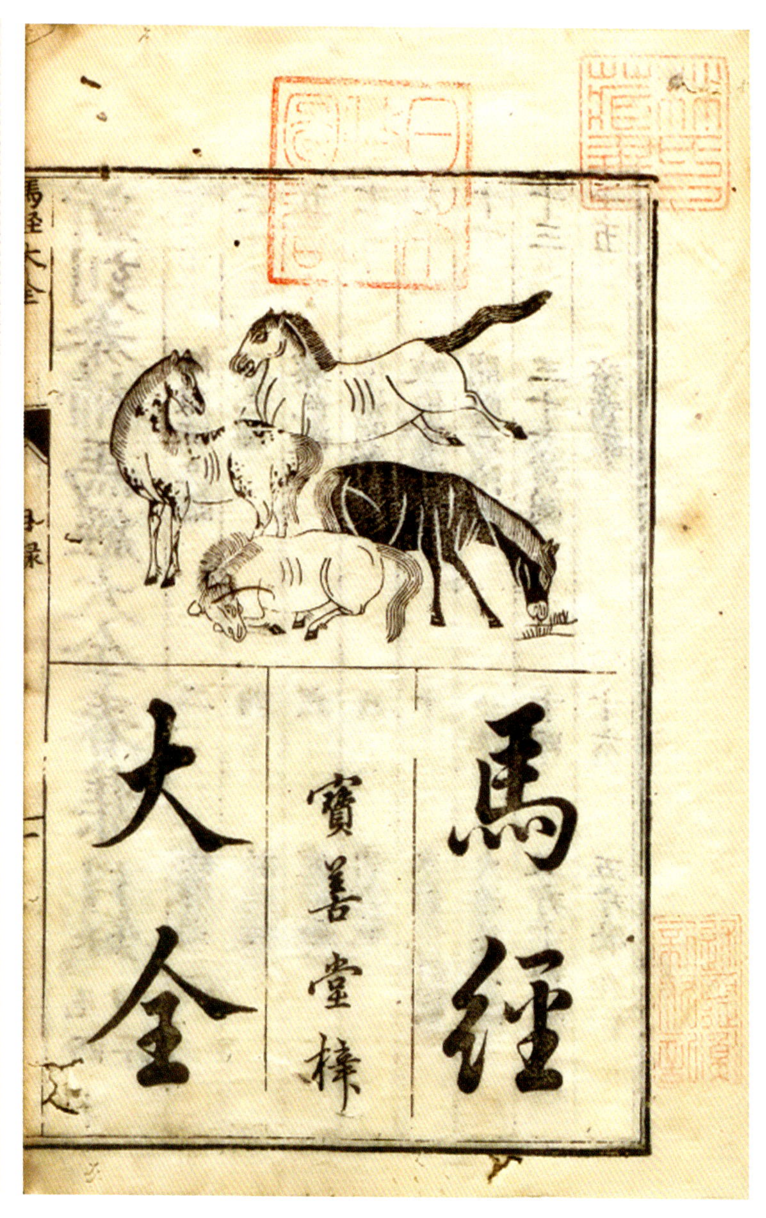
馬經
寶善堂梓
大全

新刻針醫叅補馬經大全卷之春集

國師　馬師問　編緝

書林　寶善堂　梓行

一　帝問馬師皇脉色論

馬師皇者黄帝時明牧之聖師也生而聰敏長而灵通能相馬牛之形神診馬牛之脉息察五臟之虚实嘗侍於黄帝之側帝問曰馬稟陰陽二氣而生感四時不正之氣而死者何也師皇避席奏曰馬獸也稟二氣五行與人並生於天地之間有引重致遠之功代人之勞亦在人之所養苟失其养竒瘵蒻生疲困疾患不可不知也

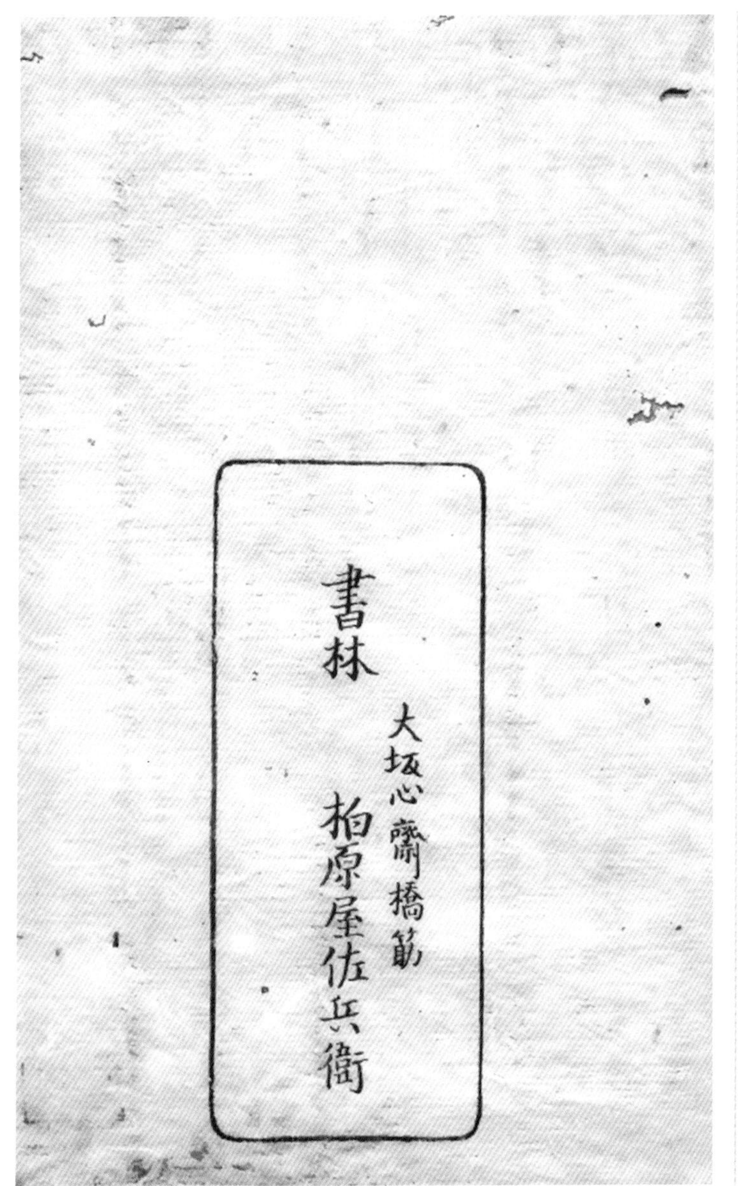

書林　大坂心齋橋筋
柏原屋佐兵衛

31. 东垣十书三十二卷

二十册，日本国立公文书馆藏

元李杲等撰，明王肯堂订正

日本江户时代刻京都二条通弘章堂山本长兵卫印本。

《脉诀》一卷，宋崔嘉彦撰。

《局方发挥》一卷，元朱震亨撰。

《脾胃论》四卷，元李杲撰。

《辩惑论》二卷，元李杲撰。

《格致余论》二卷，元朱震亨撰。

《汤液本草》六卷，元王好古撰。

《此事难知》四卷，元王好古撰。

《兰室秘藏》六卷，元李杲撰。

《溯洄集》二卷，元王履撰。

《外科精义》四卷，元齐德之撰。

《脉诀》半叶六行，行十字；四周双边，白口，单鱼尾。其余均半叶九行，行二十字，小字双行同；四周单边，白口，单鱼尾。

据明万历间书林杨懋卿刻本重刻。书林杨懋卿原刻本，北京大学图书馆、中国科学院图书馆、北京市文物局等藏。每半叶九行，行二十字；四周单边，白口。和刻本书版曾多次转手，屡次刷印。京都二条通弘章堂山本长兵卫刻印之书，又有日本正德三年（1713）《大明一统志》等。据此推测《东垣十书》大约印于十七世纪后期至十八世纪初。

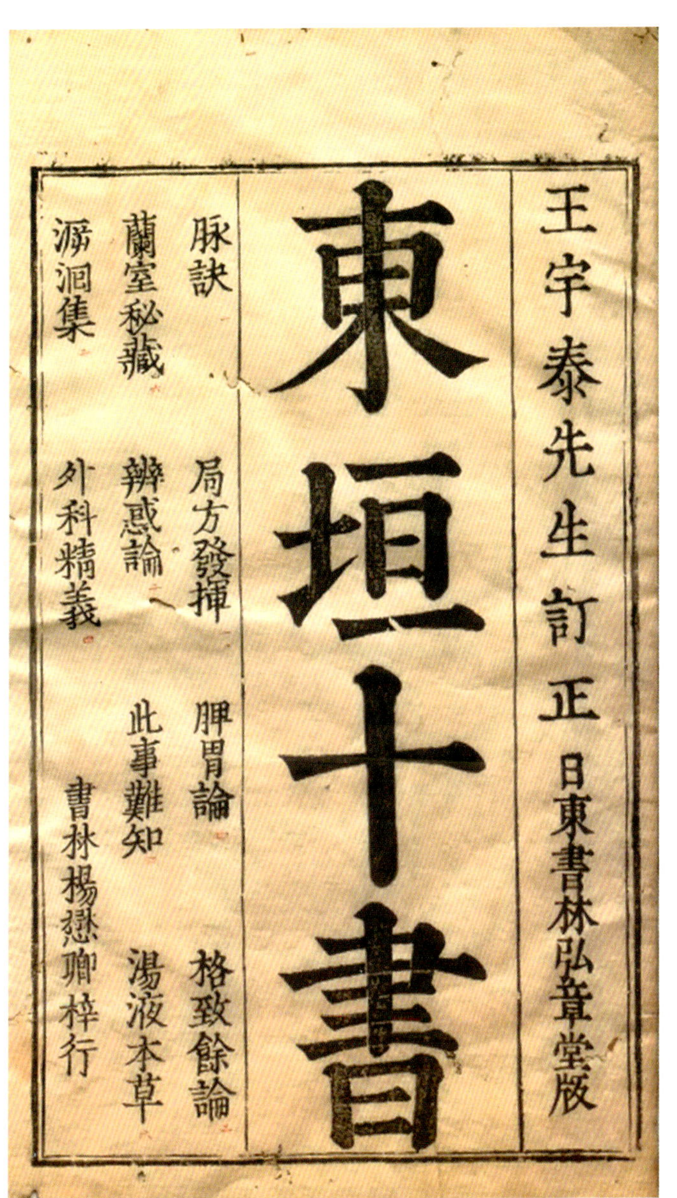

王宇泰先生訂正　日東書林弘章堂版

東垣十書

脉訣　局方發揮　脾胃論　格致餘論

蘭室秘藏　辨惑論　此事難知　湯液本草

溯洄集　外科精義　書林楊懋卿梓行

东垣十书三十二卷

東垣十書卷之首

紫虚真人崔　撰

東垣老人李杲批

脉訣

●總論氣血脉息

人身之脉　本乎榮衛

榮者陰血　衛者陽氣

局方發揮卷之一

元　義烏　丹溪朱震亨彥脩　撰

明　金壇　宇泰王肯堂損菴　校

局方總論　內計三十一條

和劑局方之爲書也。可以據證檢方，即方用藥。不必求醫。不必脩製，尋贖見成丸散。病痛便可安痊。仁民之意。可謂至矣。自宋迄今。官府守之以爲法，醫門傳之以爲業，病者恃之以立命，世人習之以成俗。然予竊有疑焉。何者古人以神聖工巧言醫，又曰。醫者。意

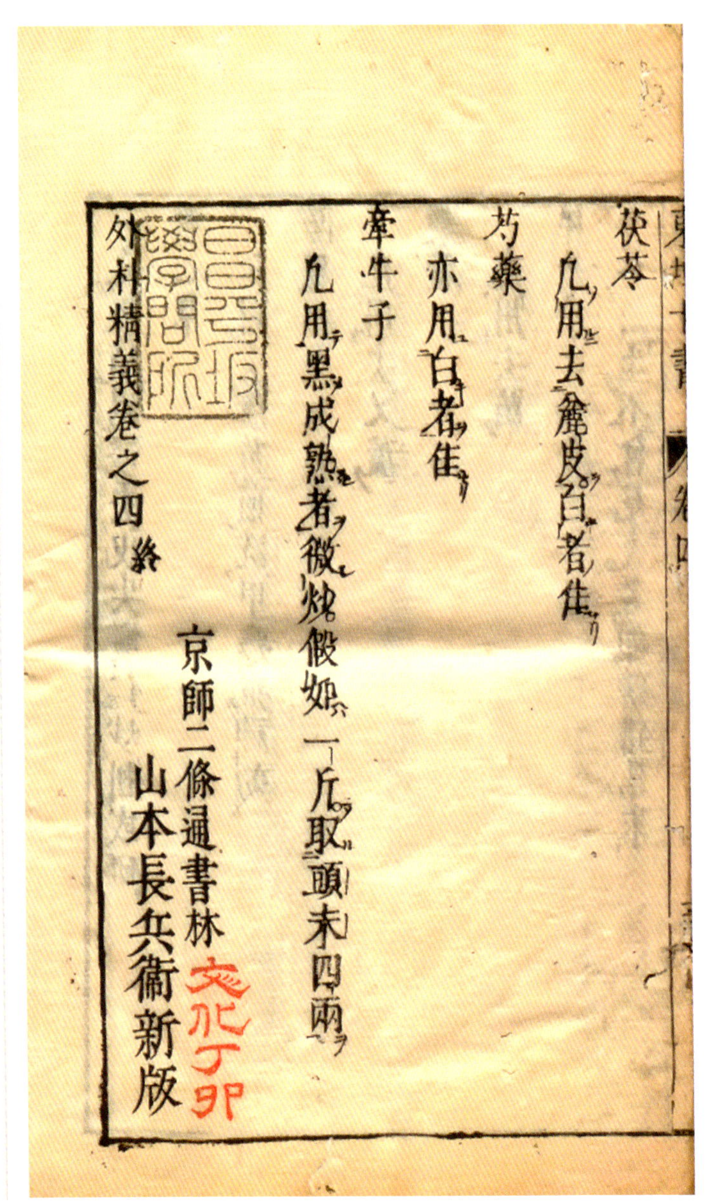
茯苓
凡用去麄皮白者佳
芍藥
亦用白者佳
牽牛子
凡用黑成熟者微炒假如一斤取頭末四兩
外科精義卷之四終
京師二條通書林
山本長兵衛新版
文化丁卯

32. 五刻增补万病回春八卷

一册，日本早稻田大学图书馆藏

明龚廷贤撰，明余一贯增补

日本正保四年（1647）京都安田十兵卫刻本。

每半叶十二行，行二十七字，小字双行同；四周双边，白口，单鱼尾。

据明崇祯七年（1634）建阳书林萃庆堂余昌宗刻本重刻。余昌宗萃庆堂原刻本，《中国古籍善本书目》未著录，日本东北大学附属图书馆有藏本。明万历间余彰德萃庆堂曾刻《重刊增补万病回春》八卷，今存。余彰德乃余昌宗祖父。据和刻本卷端题署，知萃庆堂为余昌宗所继承。

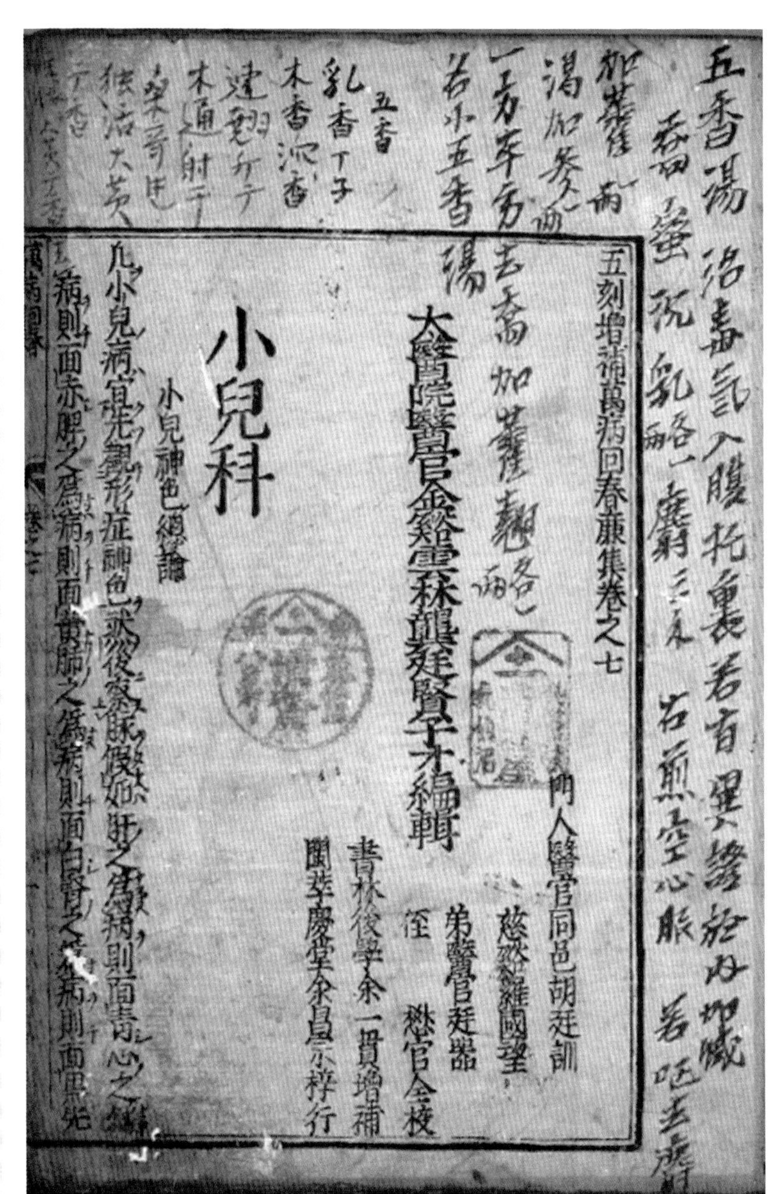

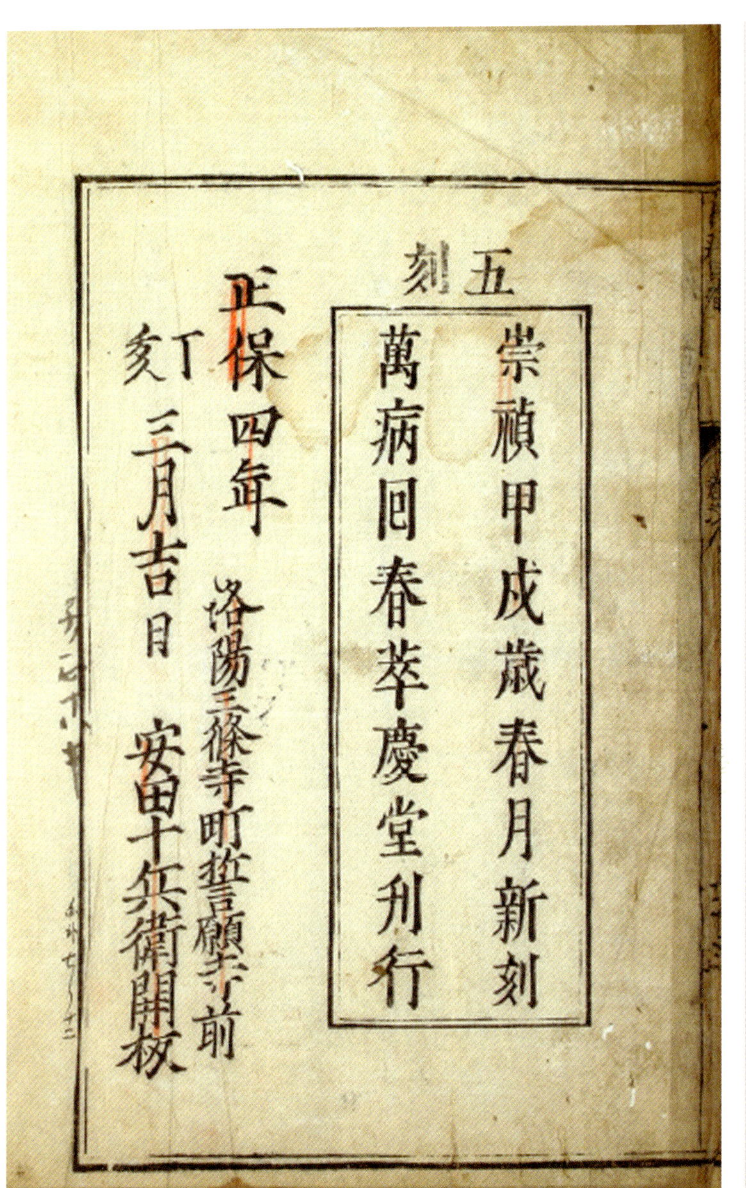

五刻

崇禎甲戌歳春月新刻

萬病回春萃慶堂刊行

正保四年

丁亥三月吉日

洛陽三條寺町誓願寺前

安田十兵衛開板

33. 新刊勿听子俗解八十一难经六卷图一卷

二册，日本国立国会图书馆藏

题秦越人著，明熊宗立注

日本天文五年（1536）越前高尾寺刻本。

每半叶十一行，行二十一字，小字双行同；四周单边，白口，无鱼尾。

据明成化八年（1472）熊氏中和堂刻本重刻。熊氏中和堂原刻本，《中国古籍善本书目》未著录；日本公文书馆内阁文库有藏本。此重刻本存本亦稀，日本国立国会图书馆藏本缺卷四至卷六，日本尊经阁文库藏全帙。又有日本元和三年（1617）木活字印本、宽永四年（1627）刻本，皆以熊氏中和堂本为祖本，其究竟据熊氏原刻本抑或日本和刻本翻刊，则难定论，均见后。

鼇峯熊宗立俗解

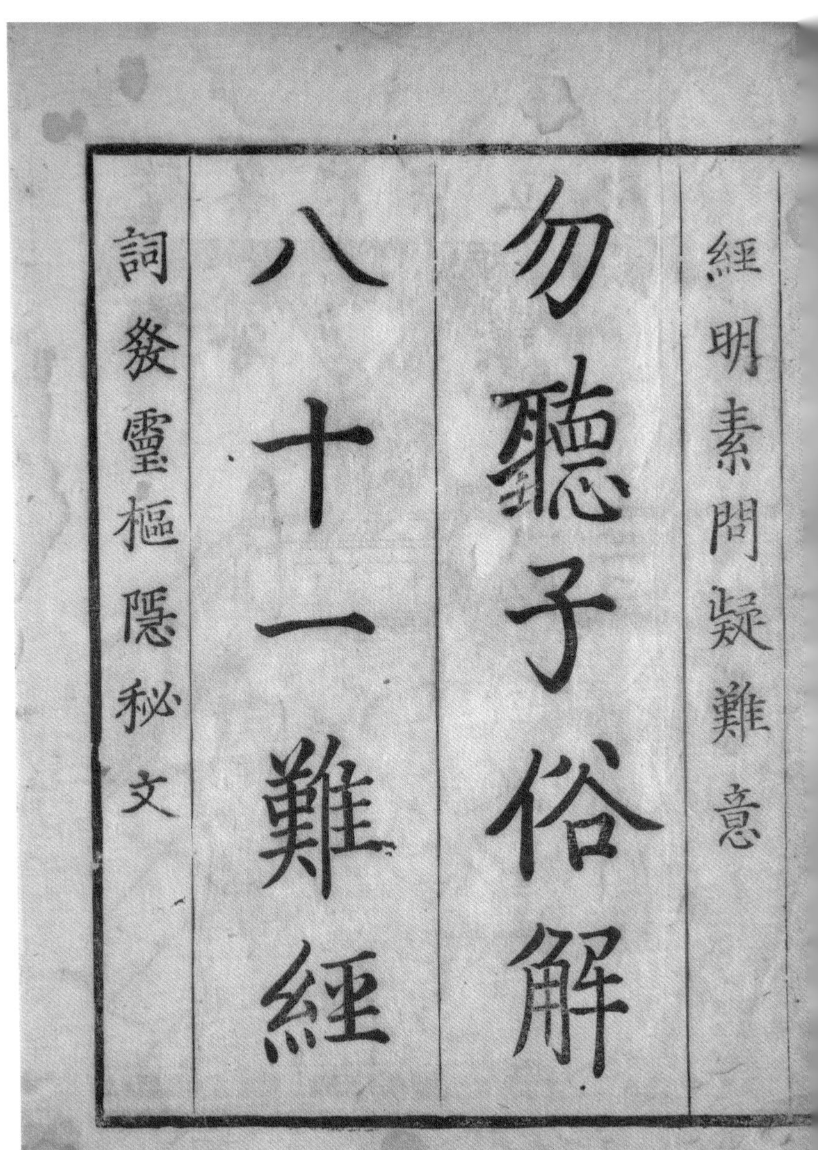
經明素問疑難意

勿聽子俗解

八十一難經

詞發靈樞隱秘文

奇經八脈穴法圖　榮衛清濁升降圖

三焦圖　肝肺色象浮沉圖

五邪圖　七傳間藏圖

五藏積聚圖　五藏陰募陽俞圖

井滎俞經合圖　五藏補水瀉火圖

成化壬辰孟春良旦

鼇峯熊氏中和堂梓

新刊勿聽子俗解八十一難經卷之一

盧國秦越人著述

鼇峯勿聽子　明朝熊宗立俗解

○一難曰。十二經。皆有動脉。獨取寸口。以决五藏。六府。死生吉凶之法。何謂也。然寸口者。脉之大會。手太陰之脉動也

難去声。設問之辞。然者答辞。後皆倣此。藏去声。下同

經。徑也。謂無所不通。言其有常也。脉者元氣也。十二經脉。皆係生氣之原。所謂生氣者。十二經之根本也。故各經皆有動脉。如足陽明經。脉動衝陽。足少陰經。脉動太谿之類。寸口者。右手氣口也。內經曰。氣口何以獨爲五藏主。岐伯曰。胃者。水穀之海。六府之大源

難經卷一　一

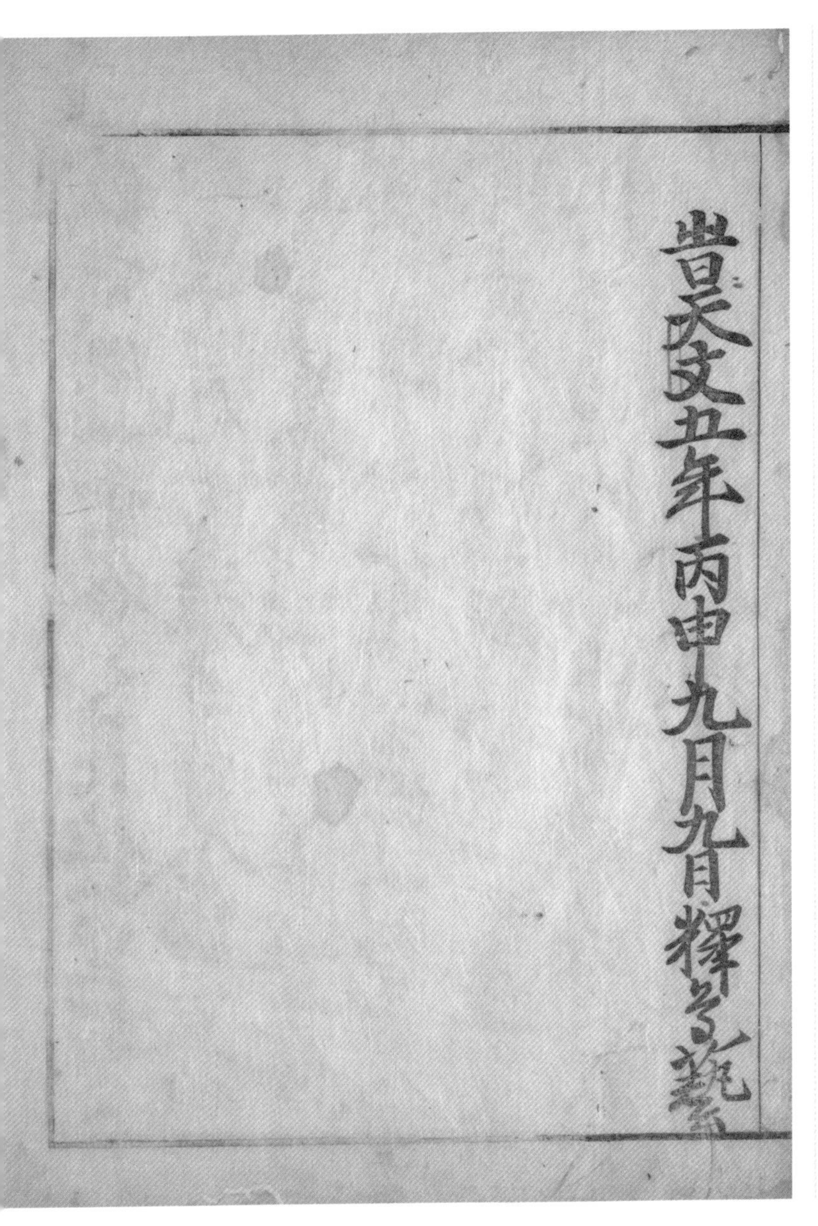

旹天文五年丙申九月九日釋[illegible]

34. 新刊勿听子俗解八十一难经六卷图一卷

三册，日本京都大学附属图书馆藏

题秦越人著，明熊宗立注

日本元和三年（1617）京都二条大黑町助卫门木活字印本。

每半叶十一行，行二十一字，小字双行同；四周双边，黑口，双鱼尾。

是书与日本天文五年（1536）重刻本行款同，然版式有异，且训点亦多不同，或据明成化八年（1472）熊氏中和堂刻本重刻。

京都大学
2502295
図書
鼇峯熊宗立俗解

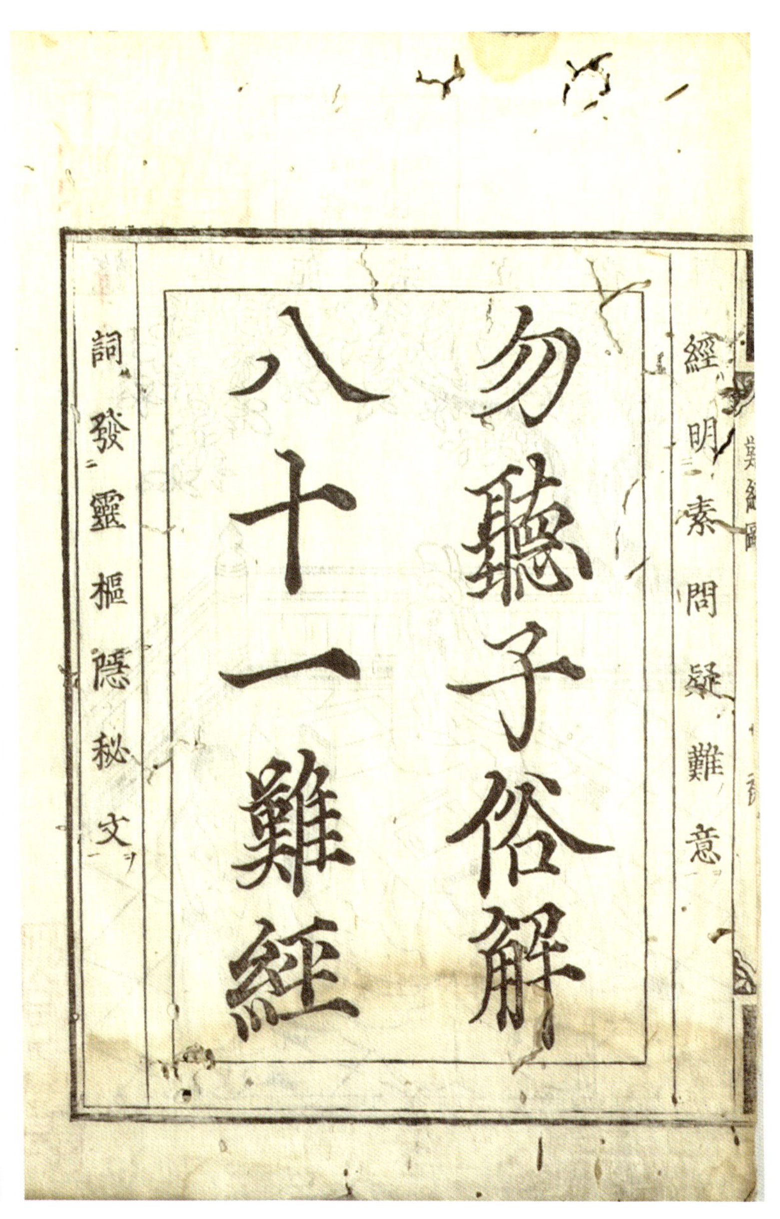
經明素問疑難意
勿聽子俗解
八十一難經
詞發靈樞隱秘文

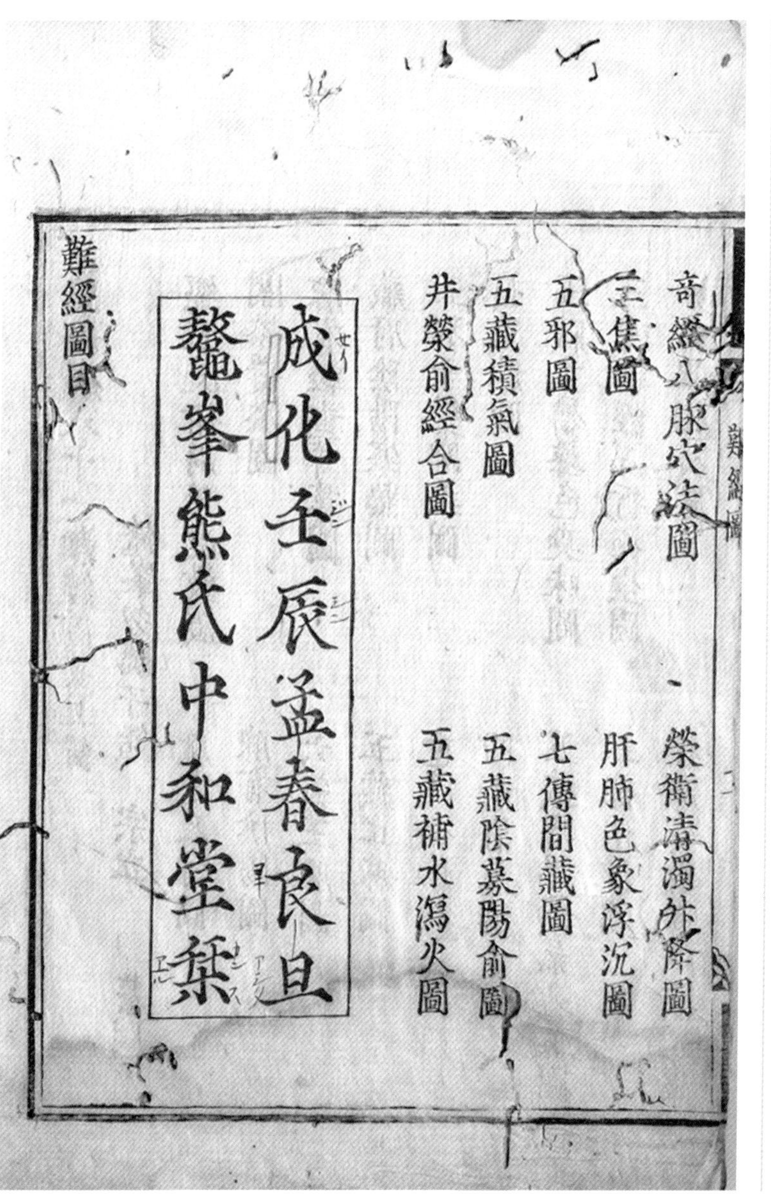
奇經八脉穴法圖
三焦圖
五邪圖
五藏積氣圖
井滎俞經合圖
榮衛清濁升降圖
肝肺色象浮沉圖
七傳間藏圖
五藏陰募陽俞圖
五藏補水瀉火圖
成化壬辰孟春良旦
鼇峯熊氏中和堂梓
難經圖目

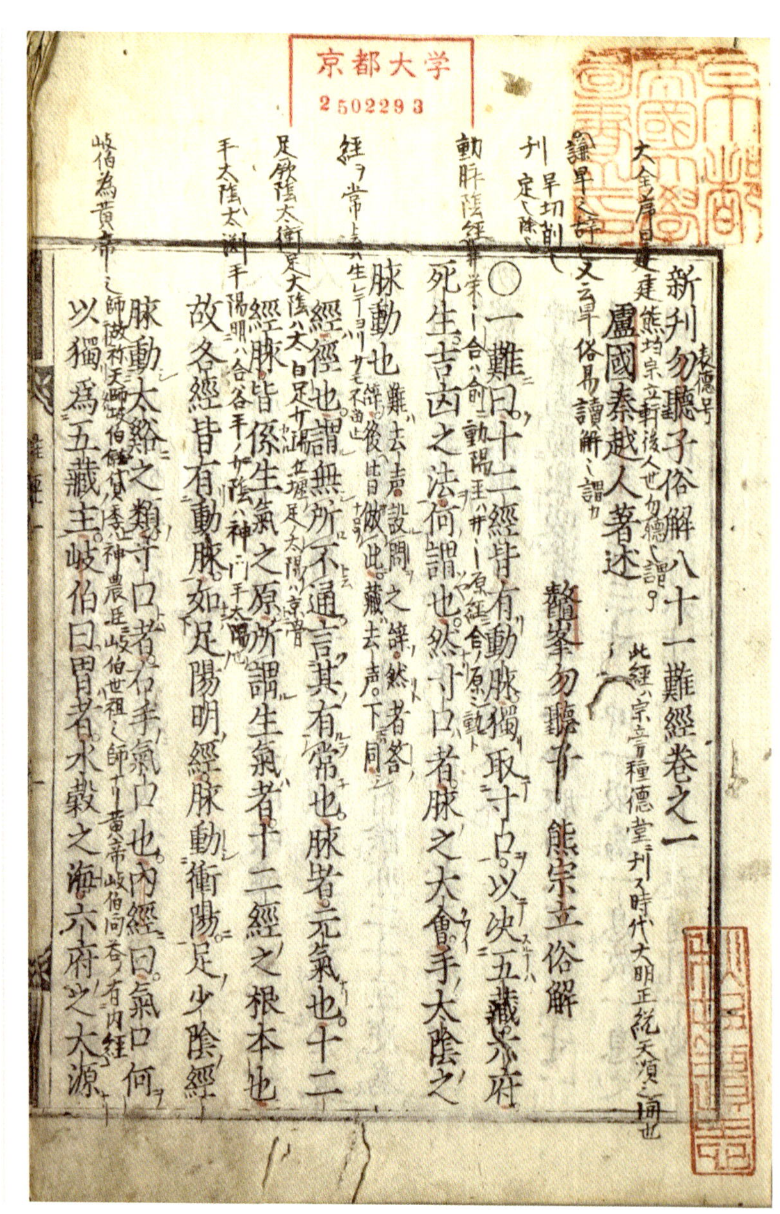

新刊勿聽子俗解八十一難經卷之一

盧國秦越人著述

醫峯勿聽子　熊宗立俗解

此經ハ宗立カ種德堂ニ刊ス時代大明正統天順ノ間也

○一難曰十二經皆有動脉獨取寸口以決五藏六府死生吉凶之法何謂也然寸口者脉之大會手太陰之脉動也難去声設問之辞然者答辞後皆倣此藏去声下同

經經也謂無所不通言其有常也脉者元氣也十二經脉皆係生氣之原所謂生氣者十二經之根本也故各經皆有動脉如足陽明經脉動衝陽足少陰經脉動太谿之類寸口者右手氣口也内經曰氣口何以獨爲五藏主岐伯曰胃者水穀之海六府之大源

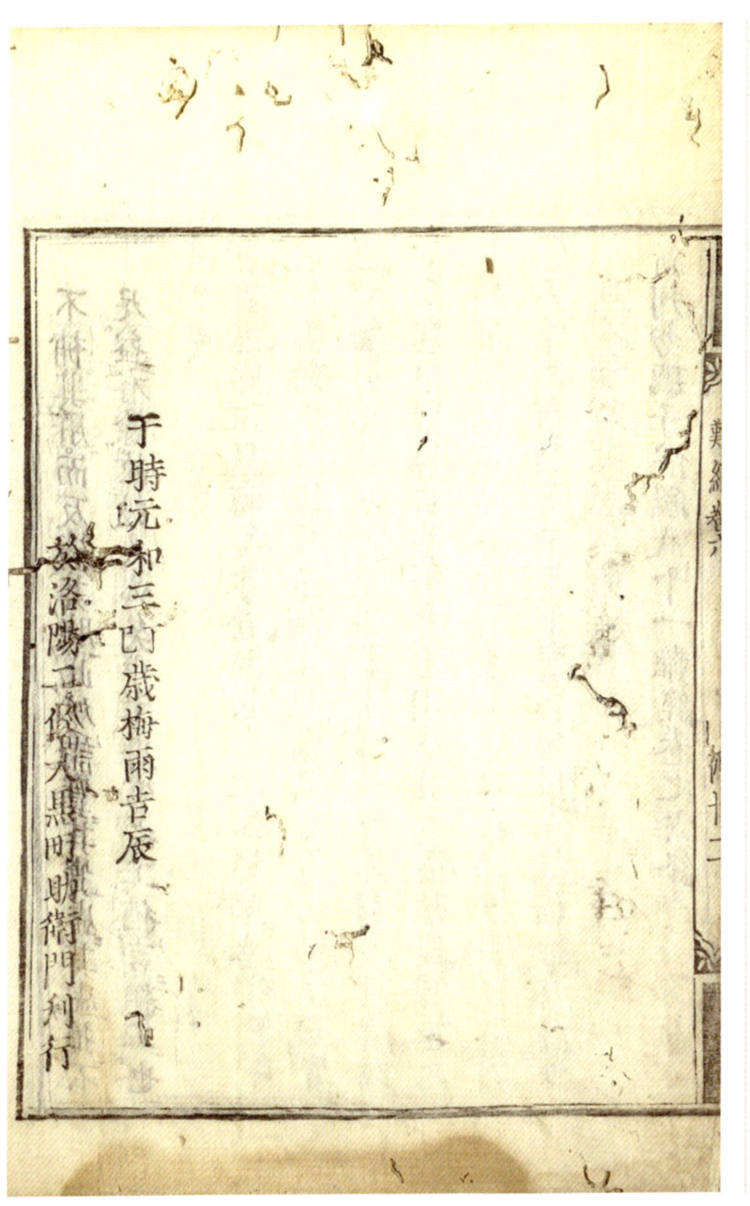

于時元和三丁巳歲梅雨吉辰

於洛陽二條[illegible]大黒町助衛門刊行

35. 新刊勿听子俗解八十一难经六卷图一卷

二册，日本早稻田大学图书馆藏

题秦越人著，明熊宗立注

日本宽永四年（1627）京都岩田七兵卫刻本。

每半叶十一行，行二十一字，小字双行同；四周双边，黑口，双鱼尾。

是书与日本元和三年（1617）木活字印本行款相同，版式、字体亦近似。或据元和本翻刻，而非熊氏原本。是书另有后印本，如日本京都大学附属图书馆藏本已剜去“岩田七兵卫刊行”一行，显系后印。

鼇峯熊宗立俗解

經明素問疑難意

勿聽子俗解

八十一難經

詞發靈樞隱秘文

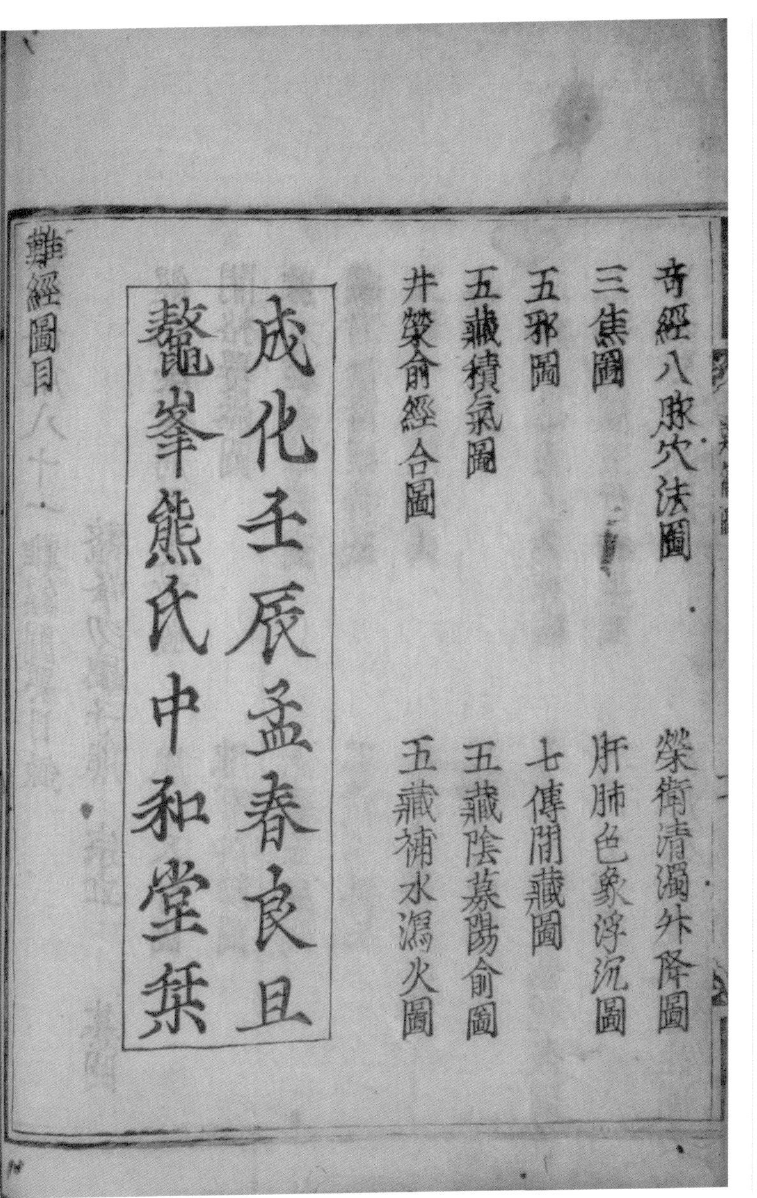

奇經八脉穴法圖　　榮衛清濁升降圖

三焦圖　　肝肺色象浮沉圖

五邪圖　　七傳間藏圖

五藏積氣圖　　五藏陰募陽俞圖

井滎俞經合圖　　五藏補水瀉火圖

成化壬辰孟春良旦

鼇峰熊氏中和堂梓

新刊勿聽子俗解八十一難經卷之一

秦越人著述

醫峯勿聽子　熊宗立俗解

○一難曰十二經皆有動脉獨取寸口以决五藏六府死生吉凶之法何謂也然寸口者脉之大會手太陰之脉動也難去声 謂問之辞 然者答之辞 後皆倣此 藏去声下同

經徑也謂無所不通言其有常也脉者元氣也十二經脉皆係生氣之原所謂生氣者十二經之根本也故各經皆有動脉如足陽明經脉動衝陽足少陰經脉動太谿之類寸口者右手氣口也内經曰氣口何以獨為五藏主岐伯曰胃者水穀之海六府之大源

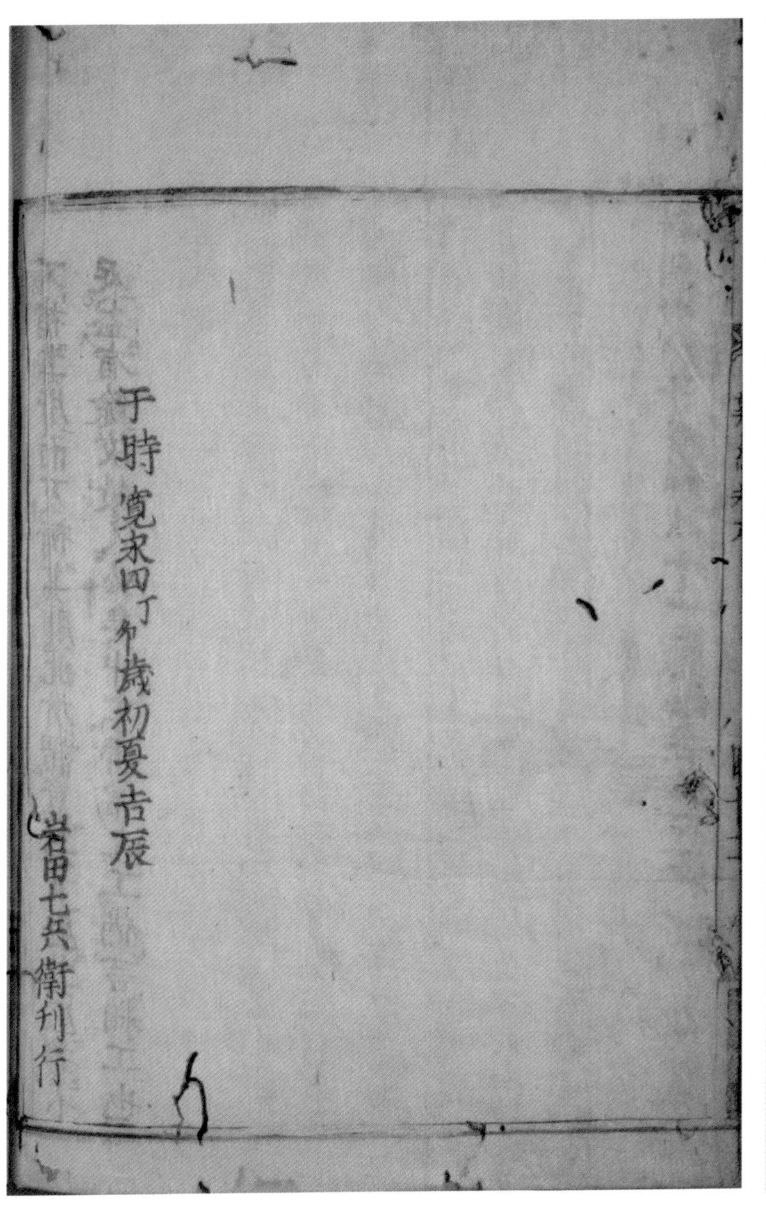
于時寛永四丁卯歲初夏吉辰
岩田七兵衛刊行

36. 重镌注解仲景伤寒百证歌发微论四卷

四册，日本早稻田大学图书馆藏

宋许叔微撰

日本明和二年（1765）大阪浪华进修书屋刻本。

每半叶九行，行十九字，小字双行同；四周单边，白口，单鱼尾。

据明万历间刘龙田（大易）乔木山房刻本重刻。刘氏乔木山房原刻本未见著录。刘氏以乔木山房堂号所刊医书尚有《刻黄帝内经素问钞》七卷。又曾以乔山堂名号刻《新镌注解张仲景伤寒发微论》四卷、《新镌类证增注伤寒百问歌》四卷等。《新镌注解张仲景伤寒发微论》刻于明万历三十九年（1611），书后有莲花牌记镌“万历辛亥乔山/堂刘龙田梓行”。每半叶九行，行十九字，小字双行同；四周单边，白口，单鱼尾。乔木山房本当即以此改题重印，日人又据此重印本翻雕。

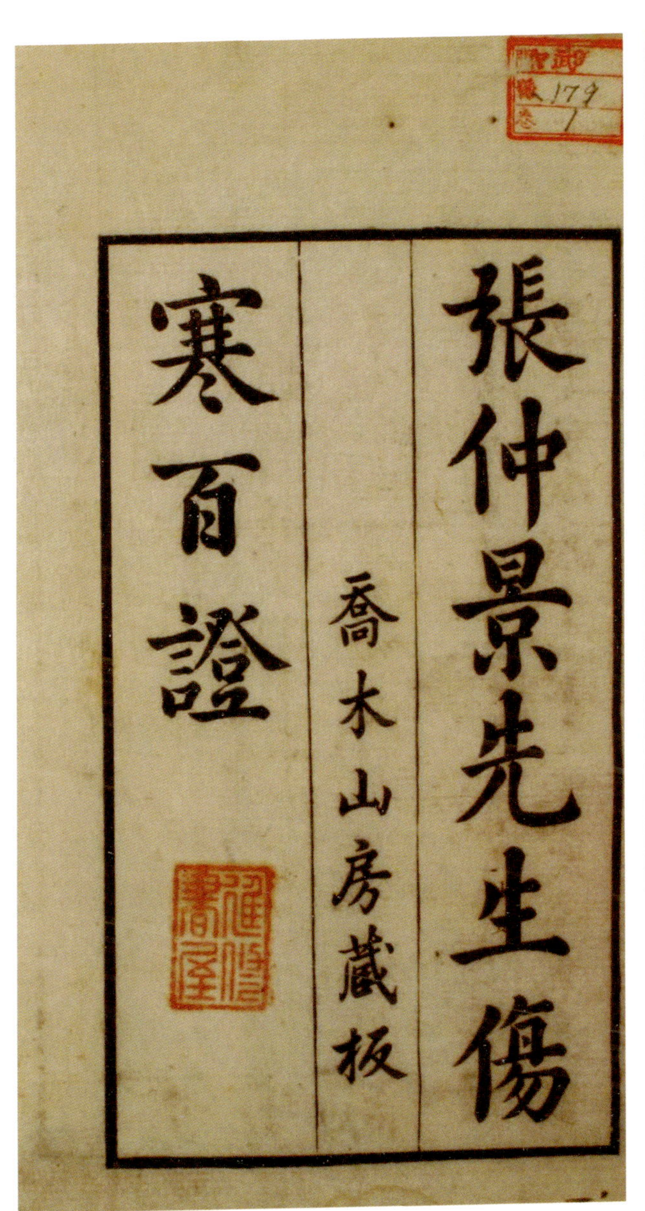
張仲景先生傷
喬木山房藏板
寒百證

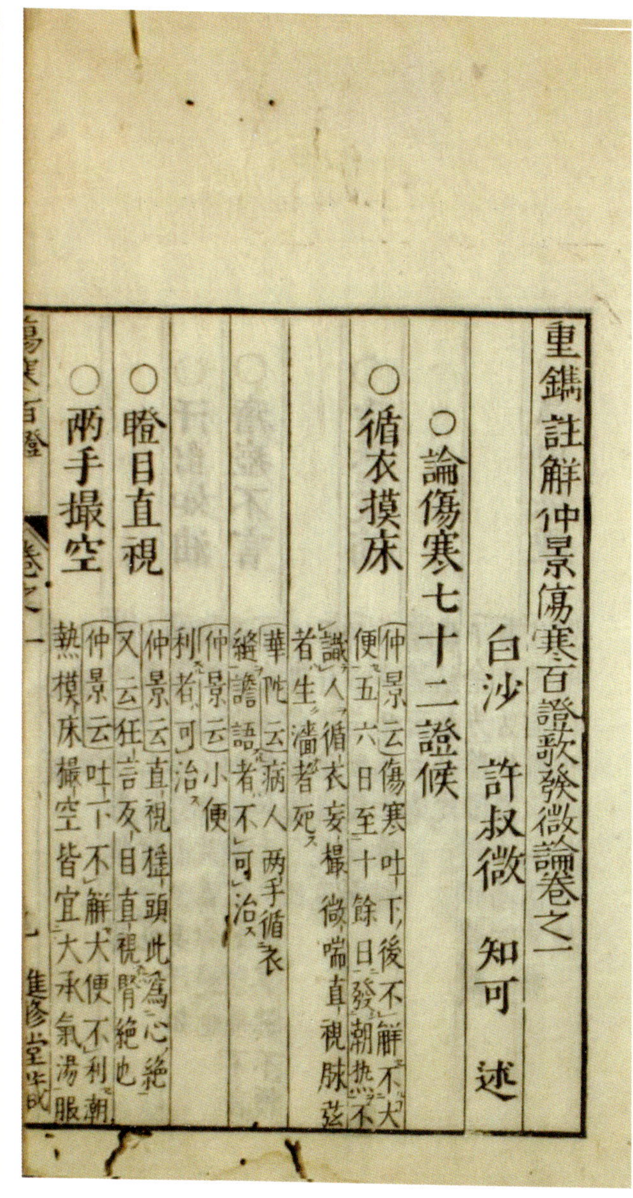

重鐫註解仲景傷寒百證歌發微論卷之一

白沙　許叔微　知可　述

○論傷寒七十二證候

○循衣摸床

仲景云傷寒吐下後不解不大便五六日至十餘日發潮热不識人循衣妄撮微喘直視脉弦者生濇者死

華佗云病人兩手循衣縫譫語者不可治

仲景云小便利者可治

○瞪目直視

仲景云直視搖頭此爲心絶　又云狂言反目直視腎絶也

○兩手撮空

仲景云吐下不解大便不利潮熱摸床撮空皆宜大承氣湯服

傷寒百證　卷之一

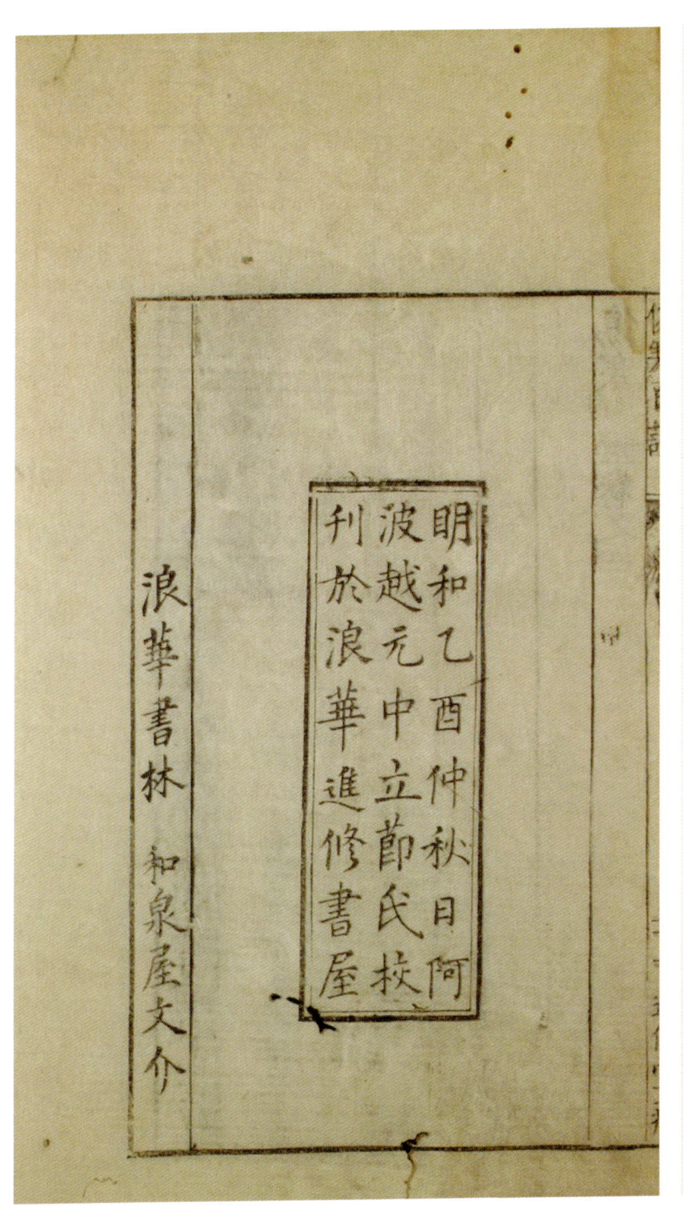
明和乙酉仲秋日阿
波越元中立節氏校
刊於浪華進修書屋

浪華書林　和泉屋文介

37. 秘传眼科全书六卷

二册，日本京都大学附属图书馆藏

明袁学渊撰，日本青木芳庵训点

日本贞享五年（1688）茨木多左卫门、中西卯兵卫刻本。

每半叶十行，行二十字；四周单边，白口，单鱼尾。

据明万历书林杨春荣同仁斋刻本重刻。杨春荣同仁斋刻本未见著录。《中国古籍总目》著录，中国中医科学院图书馆藏鲍毓东抄本，中国科学院图书馆、湖南省中医药大学图书馆藏抄本。

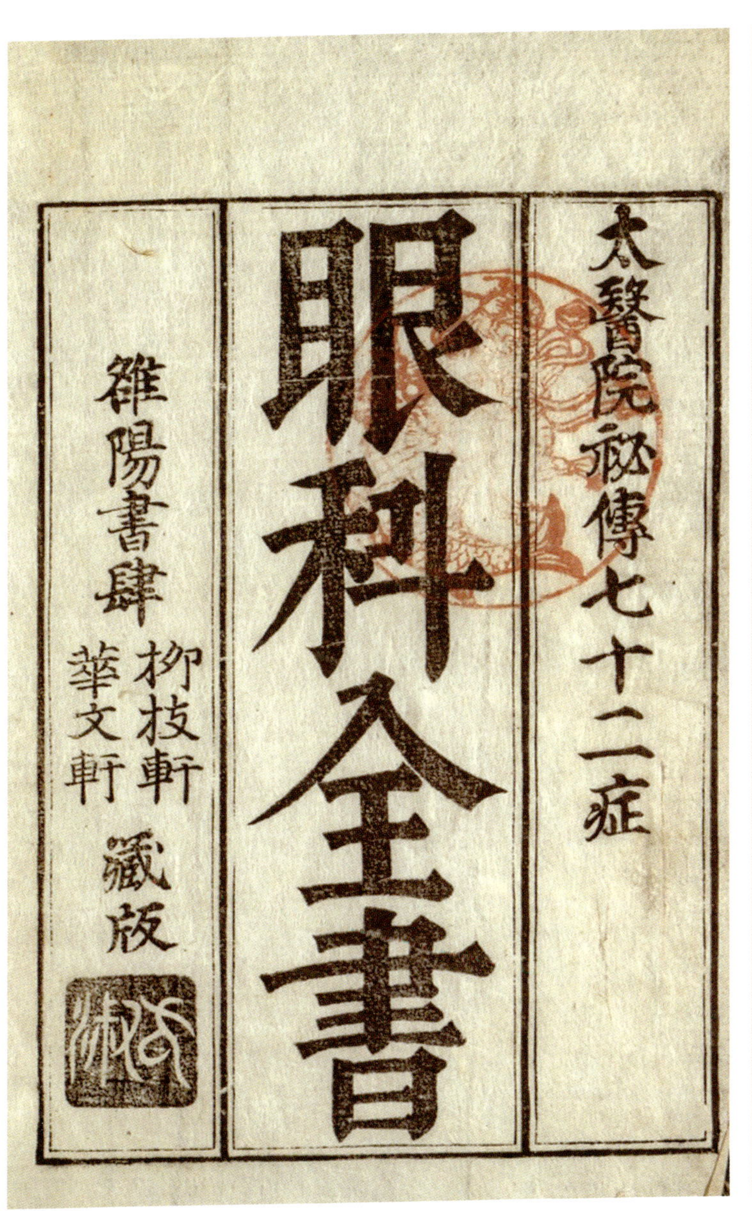
太醫院秘傳七十二症
眼科全書
雒陽書肆　柳枝軒
華文軒　藏版
秘

秘傳眼科全書卷之一

武夷精眼科後學　晴峰袁學淵　輯著

潭城書林同仁齋　泰齋楊春榮　繡梓

龍樹祖師論

人有雙眸，如天之有兩曜，乃一身之至寶，聚五臟之精華。其五輪者應五行，八廓者象八卦。凡所患者，或因過食五辛，多啖炙煿熱物、麪醬之食，飲酒過度，房事無節，極目遠視，數看日月，頻撓心火，夜讀細字，月下觀書，抄寫多年，雕鏤細作，博奕不休，年久被烟火熏，泣淚過多，刺頭出血多。若此者，俱散明之本。又有

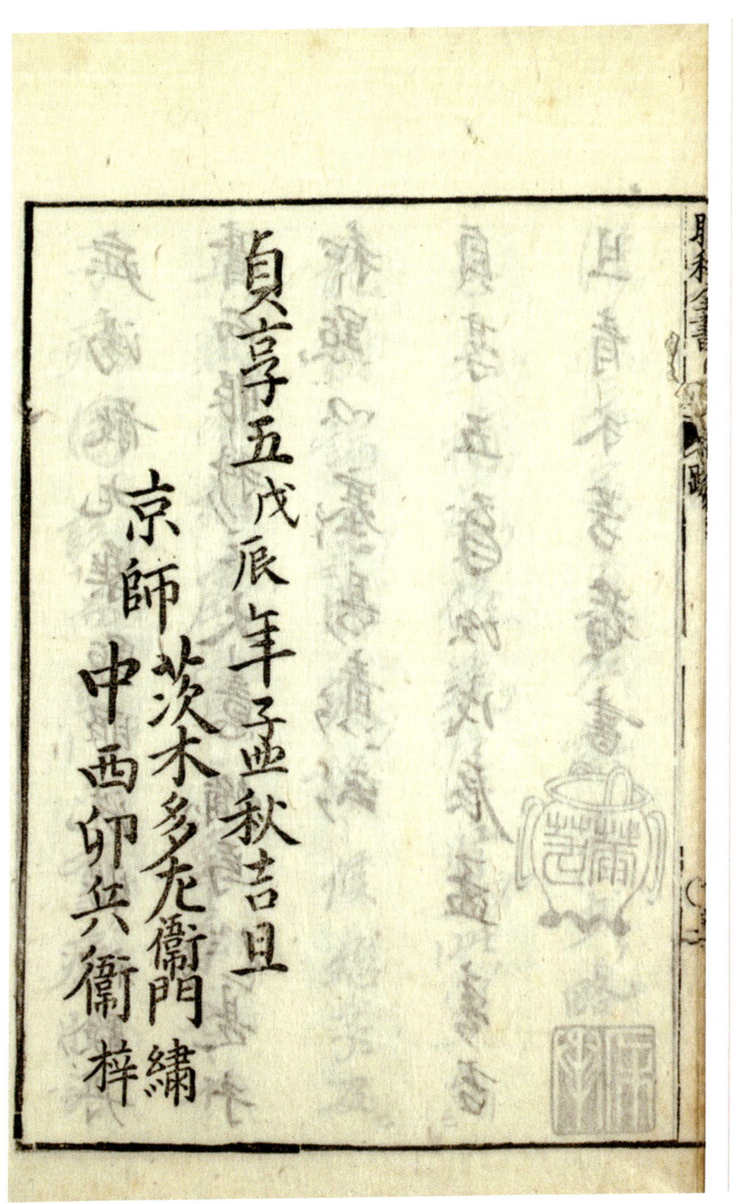

貞享五戊辰年孟秋吉旦

京師　茨木多左衛門　繡

中西卯兵衛　梓

38. 秘传眼科全书六卷

三册，日本京都大学附属图书馆藏

明袁学渊撰，日本青木芳庵训点

日本贞享五年（1688）刻文政七年（1824）须原屋茂兵卫等印本。

每半叶十行，行二十字；四周单边，白口，单鱼尾。

经比对，是书与日本贞享五年刻本同版。据版权叶可知，另有日本宽政三年（1791）大阪书林崇高堂后印本。文政七年本版权叶题“补刻”云云，实系重刷。

太醫院祕傳七十二症

眼科全書

大阪書房　崇高堂

秘傳眼科全書卷之一

武夷精眼科後學　晴峰袁學淵　輯著

繵城書林同仁齋　泰齋楊春榮　繡梓

龍樹祖師論

人有雙睛如天之有兩曜乃一身之至寶聚五臟之精華其五輪者應五行八廓者象八卦凡所患者或因過食五辛多啖炙煿熱物麪藏之食飲醞過度房事無節極目遠視數看日月頻挠心火夜讀細字月下觀書抄寫多年雕鏤細作博奕不休年久被烟火熏泣淚過多刺頭出血多若此者俱散明之本又有

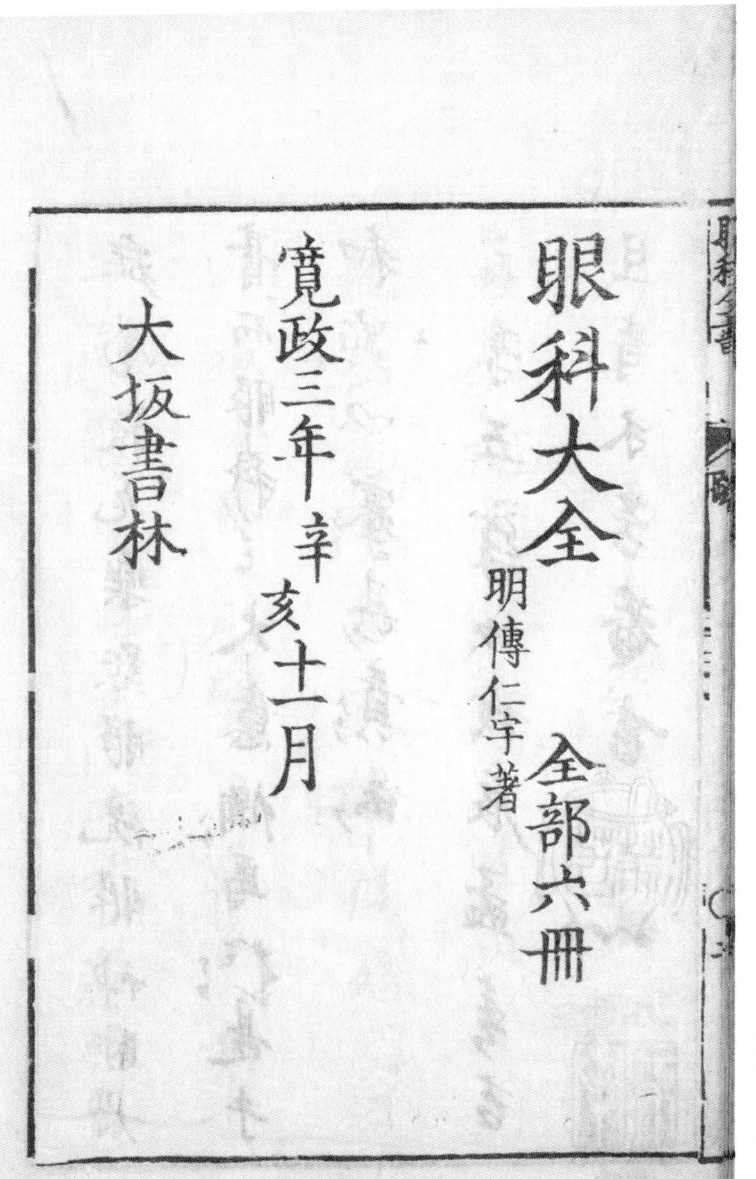

眼科大全
明傅仁宇著
全部六冊
寛政三年辛亥十一月
大坂書林

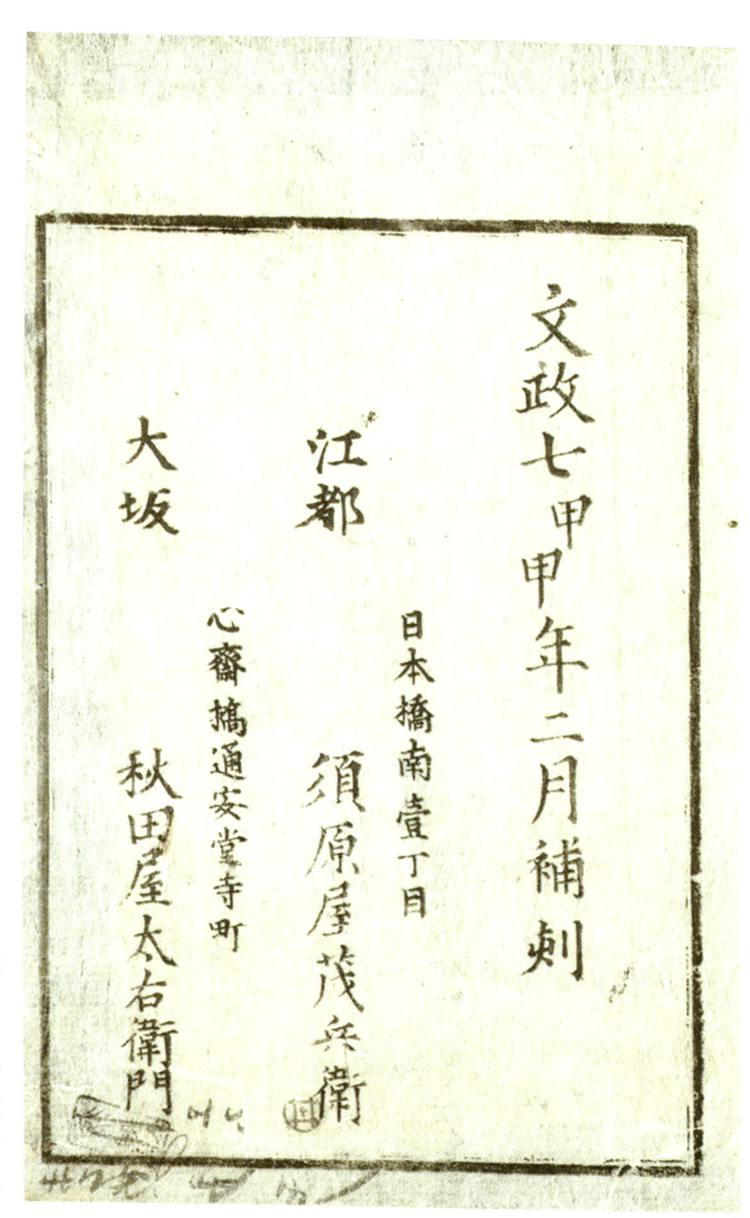

文政七甲申年二月補刻

江都　日本橋南壹丁目　須原屋茂兵衛

大坂　心齋橋通安堂寺町　秋田屋太右衛門

39. 太医院校注妇人良方大全二十四卷

八册，日本早稻田大学图书馆藏

宋陈自明撰，明薛己注

日本宽永十三年（1636）京都大和田意闲刻本。

每半叶十一行，行二十四字，小字双行同；四周双边，白口，单鱼尾。

据明万历建邑书林余彰德刻本重刻。余彰德原刻本今残存卷五至卷八、卷十至卷十八，辽宁省中医药大学图书馆藏。每半叶十一行，行二十四字，白口，四周双边。

太醫院校註婦人良方大全卷之一

江右臨川陳自明良甫編
太醫院使立齋薛己校註
建邑書林泗泉余彰德梓

調經門 凡醫婦人先須調經故以為首

月經序論第一

岐伯曰女子七歲腎氣盛齒更髮長二七而天癸至任脈通太衝脈盛月事以時下天謂天真之氣癸謂壬癸之水故云天癸也然衝為血海任主胞胎二脈流通經血漸盈應時而下常以三旬一見以像月盈則虧也若遇經行最宜謹慎否則與産後症相類若被驚怒勞役則血氣錯亂經脈不行多致勞瘵等疾

太醫院校註婦人良方 卷一 一

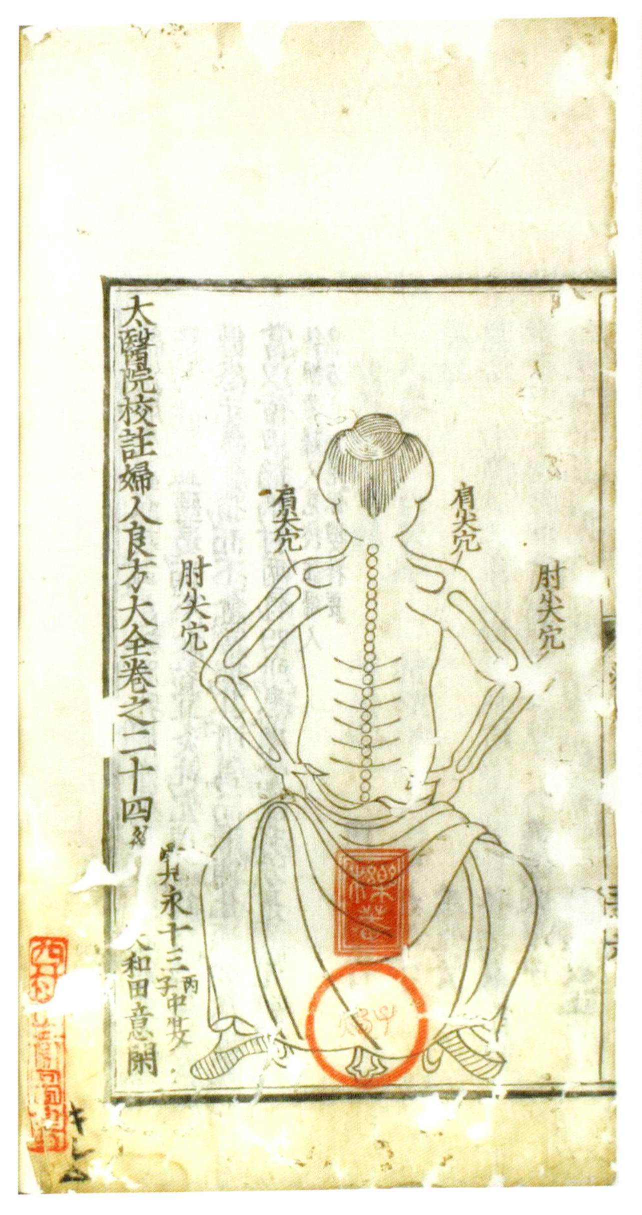
太醫院校註婦人良方大全卷之二十四
肩尖穴
肩尖穴
肘尖穴
肘尖穴
和田意閑

40. 保赤全书二卷

二册，日本早稻田大学图书馆藏

明管橓编辑，明龚居中增补

日本江户时代刻本。

每半叶十行，行二十二字，小字双行同；四周单边，白口，无鱼尾。

据明万历刘龙田（大易）乔山堂刻本重刻。刘氏乔山堂刻本，《中国古籍善本书目》未著录，《（改订）内阁文库汉籍分类目录》著录明刻本，《中国古籍总目》著录李时中增补本。和刻本内封镌“二刻”，当有初刻，故知建阳书坊曾多次刻印。

二刻
小兒痘疹
保赤全書
喬山堂梓行

保赤全書卷上

醫生　龔居中　增補

庠生　管　橓　編輯

醫生　吳文炳　較正

原痘第一

易曰天地絪縕萬物化醇男女構精萬物化生夫男女交搆無欲不行無火不動慾情肆慾而火毒遺於精血之間歲火流行相感而動故毒乘時而發若痘有稀稠由毒有淺深而吉凶生死亦于此乎判焉此爲不易之論也或謂小兒初生之時口含胎血咽下至於腎經以致此証謬矣

41. 医方大成论一卷

一册，日本京都大学附属图书馆藏

元孙允贤撰

日本元和二年（1616）关吉右卫门刻本。

每半叶十行，行十八字；四周双边，黑口，双鱼尾。

孙允贤《医方大成》十卷，首论病候，次选医方，共分七十二门，收录医方二千余，元、明两代建阳多次刊刻。该本仅存医论，七十二门总成一卷，题曰《医方大成论》，盖系日人萃取论说以为临证备要。据和刻本翻雕牌记，知其所据当为建阳郑氏宗文书堂旧刻。郑氏原本未见著录。日本以宗文书堂刻本为祖本翻刻重雕者，现存数十种版本，或以原刻本为底本，或以和刻本为底本，殊难一一判定所从出。本书选录六种，均有“宗文书堂新刊”牌记。

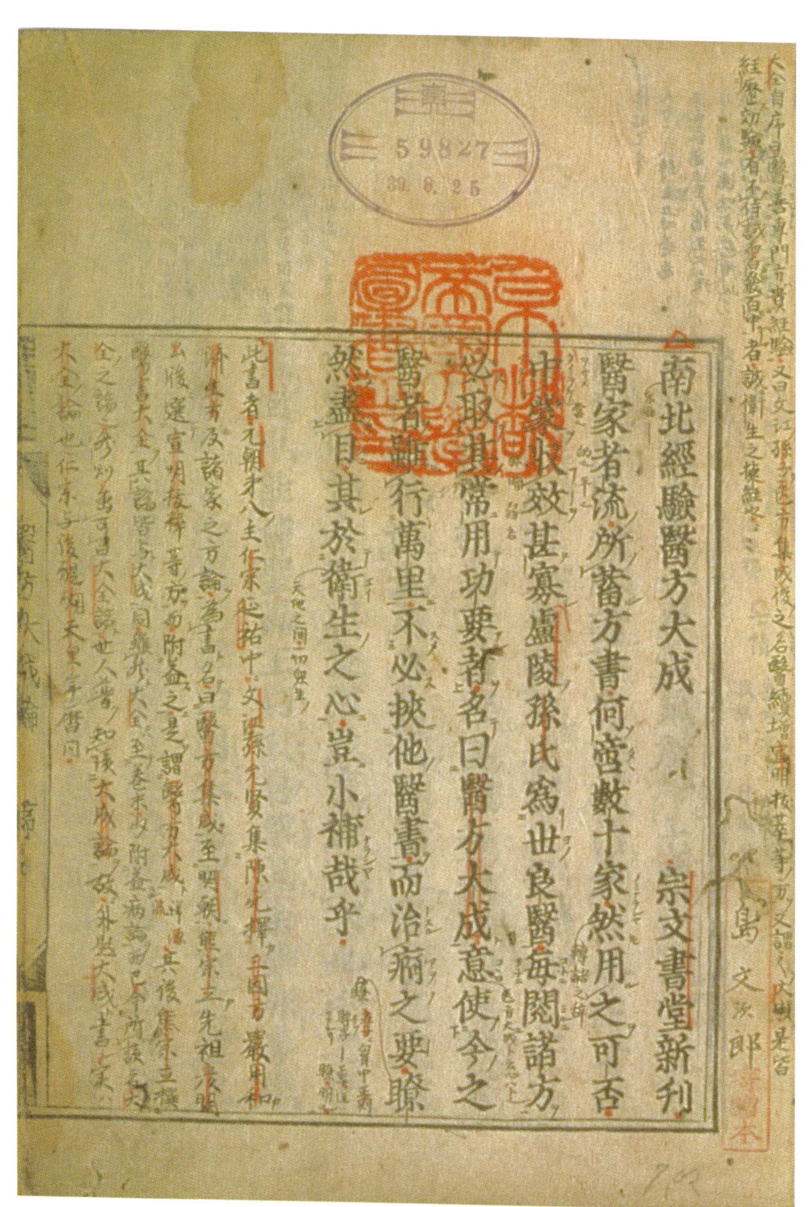
南北經驗醫方大成
宗文書堂新刊
醫家者流所蓄方書何啻數十家然用之可否
十常取效甚寡廬陵孫氏爲世良醫每閱諸方
必取其常用功要者名曰醫方大成意使今之
醫者論行萬里不必挾他醫書而治病之要瞭
然盡目其於衛生之心豈小補哉乎

醫方大成論

風

風為百病之長故諸方首論之岐伯所謂大法有四一曰偏枯半身不遂二曰風痱於身無痛四肢不收三曰風懿者奄忽不知人也四曰風痺者諸痺類風狀此特言其大槩而又有卒然而中者皆由氣體虛弱榮衛失調或喜怒憂思驚恐勞役以致真氣耗散腠理不密邪氣乘虛而入及其中也重則半身不遂口眼喎斜肌肉疼痛痰涎壅盛或癱瘓不仁舌強不語精神恍

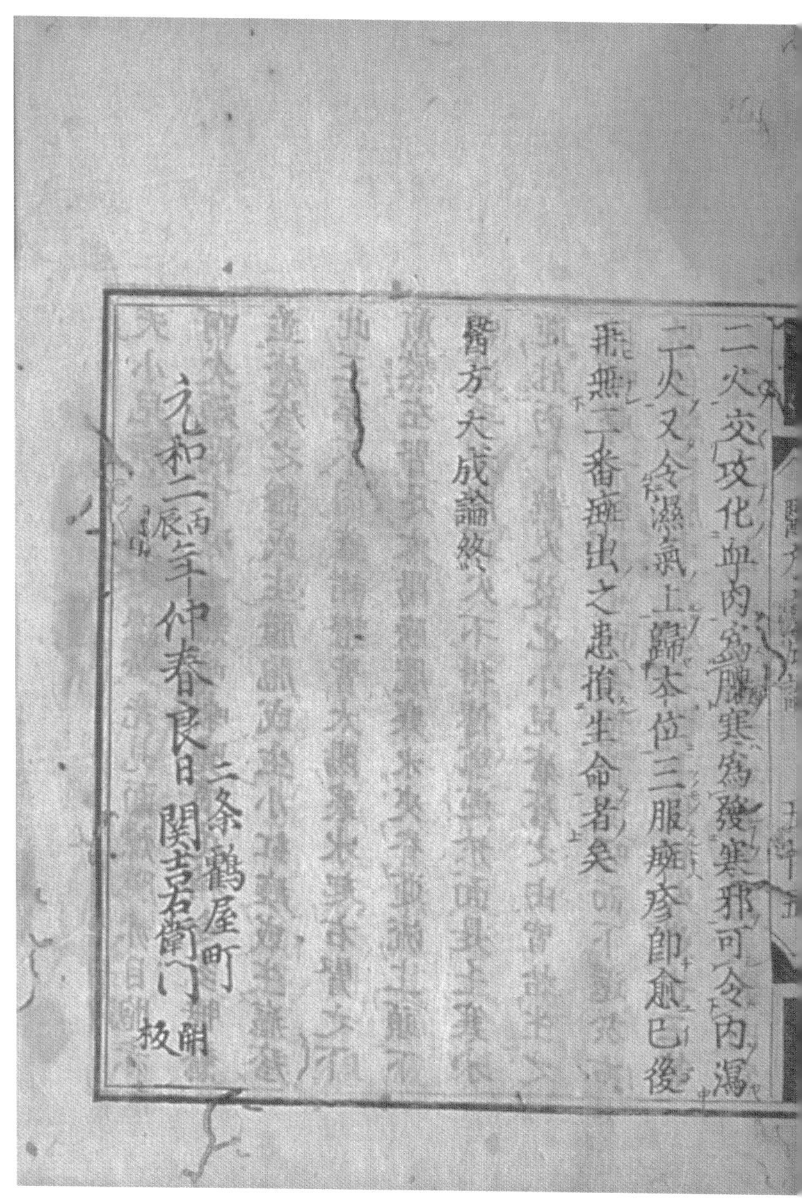

二火交攻化血内爲膿寒爲發寒邪可令内瀉
二火又令濕氣上歸本位三服瘢疹卽愈已後
永無二番瘢出之患損生命者矣

醫方大成論終

元和二丙辰年仲春良日　二条鶴屋町　關吉右衛門　開板

42. 医方大成论一卷

一册，日本京都大学附属图书馆藏

元孙允贤撰

日本宽永三年（1626）刻本。

每半叶十行，行十八字；四周单边，黑口，双鱼尾。

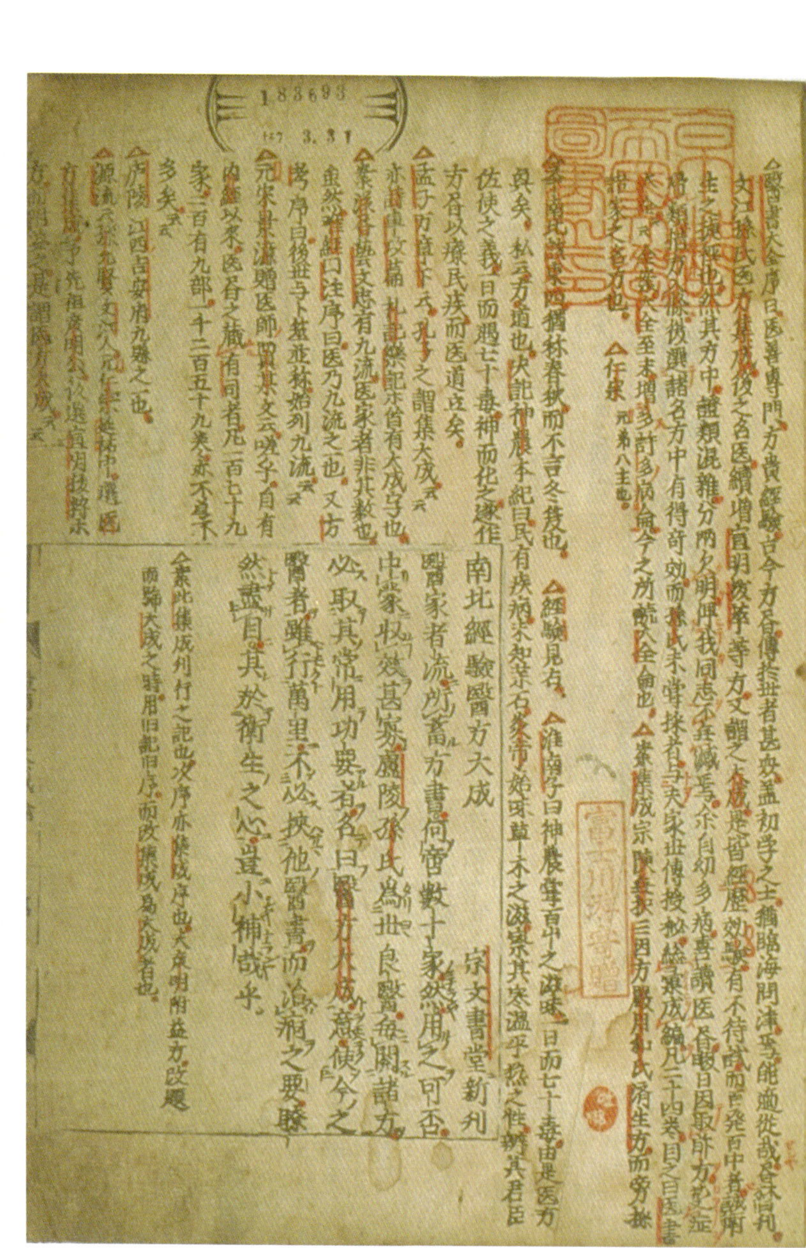

南北經驗醫方大成
宗文書堂新刊

皆是濕土生痰，痰生熱，熱生風也。故宗道出而論分三子主氣主火主濕之不同，而與昔人主風之不合，而立真中類中之目，岐爲二途。然三子未出之前，固從昔人而實以外邪治，愈者有之。故未又起乎其中暴仆、瘖瘂、昧僻、喎斜、癱瘓、不省人事、語澀不語、痰涎壅盛，其爲中風之候，不過此。无是者非中風也。夫外候已如此，而病因何如彼不同乎？於是積年歷試四方病此者，盡因風濕痰火挾虛而作，何嘗見其有真中類中之分哉？夫中風之病，蓋先傷內而後感外之候也。但有標本輕重之不同耳。古人合其證也，三子言其因也矣。

○醫說云：其肌肉偏小者，呼爲偏枯。云

○醫鑑云：凡病偏枯，必先仆倒，故內經連名稱爲擊仆偏枯也。後世迷失經旨，偏枯痱病之旨，一以中風名之，遂指偏枯爲枯細之枯，而非左癱右瘓之說，習俗之弊，至其如此也。殊不知仲景云：骨傷則痿，名曰枯。血痿緩不收，則筋骨氣肉無氣以生，脉道不利，手足不受水穀氣，故曰枯。非細之謂也。或積日累月，漸成細者，間有之，非可便指枯爲細也。

○[illegible]云：四肢痿廢，在內絡，皆屬于金，始合致而爲四風症，其說見溯洄。

○醫說云：東垣此說，其名乃血虛營衛空踈，邪氣乘虛而入，振前人所未發也。云

○內經云：邪氣不得其虛，不能獨傷人。云云

醫方大成論

風

凡論此風者，百病之長，至其變化乃爲他病也。注：長，先也，先百病而有之也。王冰云：[illegible]中風之病，古方諸方首以其爲人之大病也。

風爲百病之長，故諸方首論之。岐伯所謂大法有四：一曰偏枯，半身不遂；二曰風痱，於身無痛，四肢不收；三曰風懿，奄忽不知人也；四曰風痺，諸痺類風狀。此特言其大槩，而又有卒然而中者，皆由氣體虛弱，榮衛失調，或喜怒憂思驚恐勞役，以致真氣耗散，腠理不密，邪氣乘虛而入，及其中也，重則半身不遂，口眼喎斜，肌肉疼痛，痰涎壅盛，或癱瘓不仁，舌強不語，精神恍

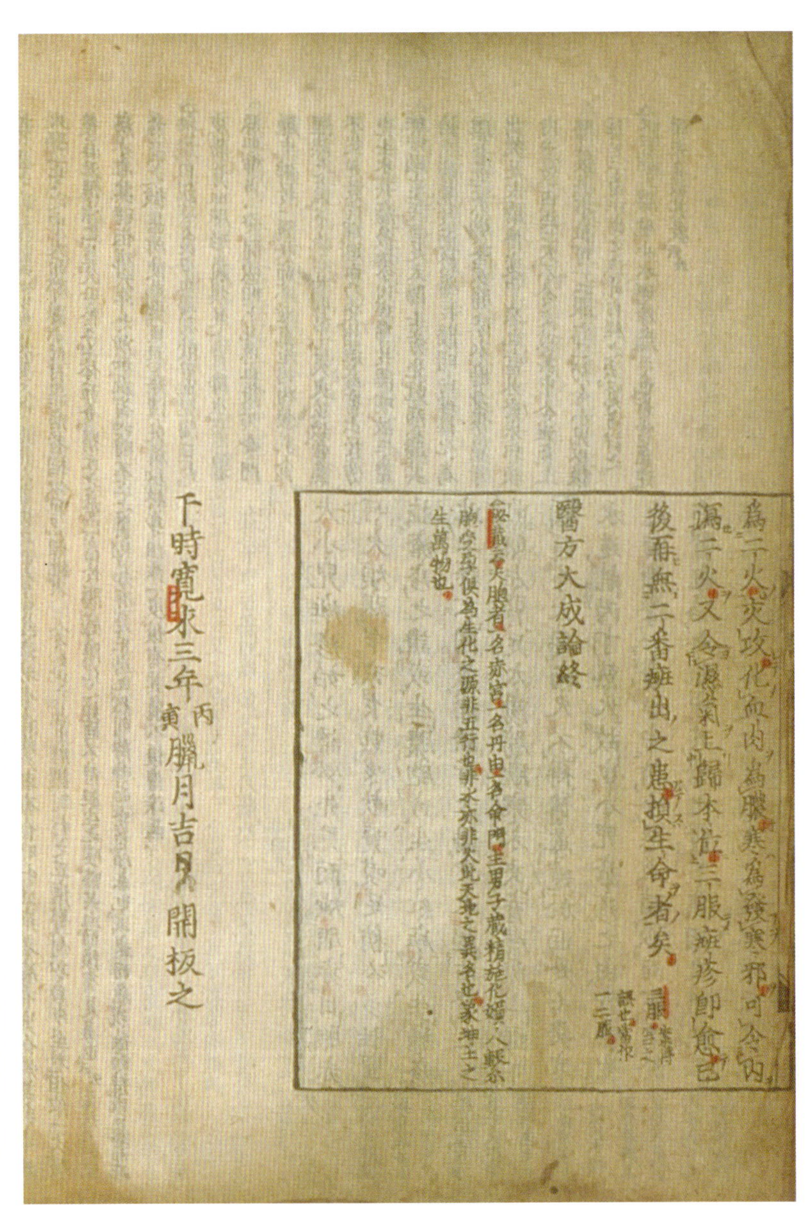

爲二火炎攻化血肉為膿寒爲發寒邪可令内陷二火又令退氣上歸本宫三膿瘢疹即愈已後再無二番瘢出之患損生命者矣

醫方大成論終

命門脉經云右腎者名赤宫一名丹田一名命門主男子藏精施化婦人繫胞孕俱為生化之源非五行也非水亦非火此天地之異名也象神主之生萬物也

于時寬永三年丙寅臘月吉日開板之

43. 医方大成论一卷

一册，日本国立国会图书馆藏

元孙允贤撰

日本宽永六年（1629）丸屋市兵卫刻本。

每半叶十行，行十八字；四周双边，白口，无鱼尾。

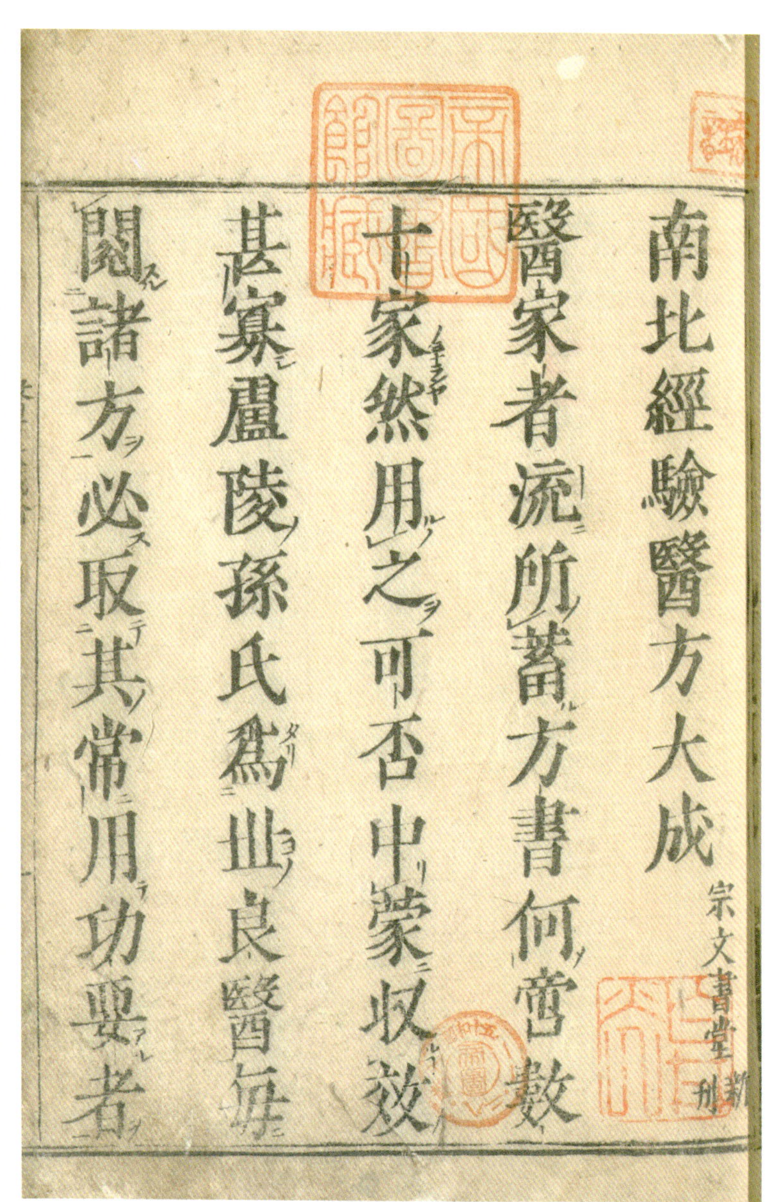

南北經驗醫方大成

宗文書堂新刊

醫家者流所蓄方書何啻數十家然用之可否中蒙收效甚寡盧陵孫氏爲世良醫每閱諸方必取其常用功要者

醫方大成論

風　一

風爲百病之長故諸方首論之岐伯所謂大法有四一曰偏枯半身不遂二曰風痱於身無痛四肢不收三曰風懿者奄忽不知人也四曰風痺者諸痺類風狀此特言其大槩而又有卒然而中者皆由氣體虛弱榮衛失調或喜怒憂思驚恐勞役以致眞氣耗散腠理不密邪氣乘虛而入及其中也重則半身不遂口眼喎斜肌肉疼痛痰涎壅盛或癱瘓不仁舌強不語精神恍惚

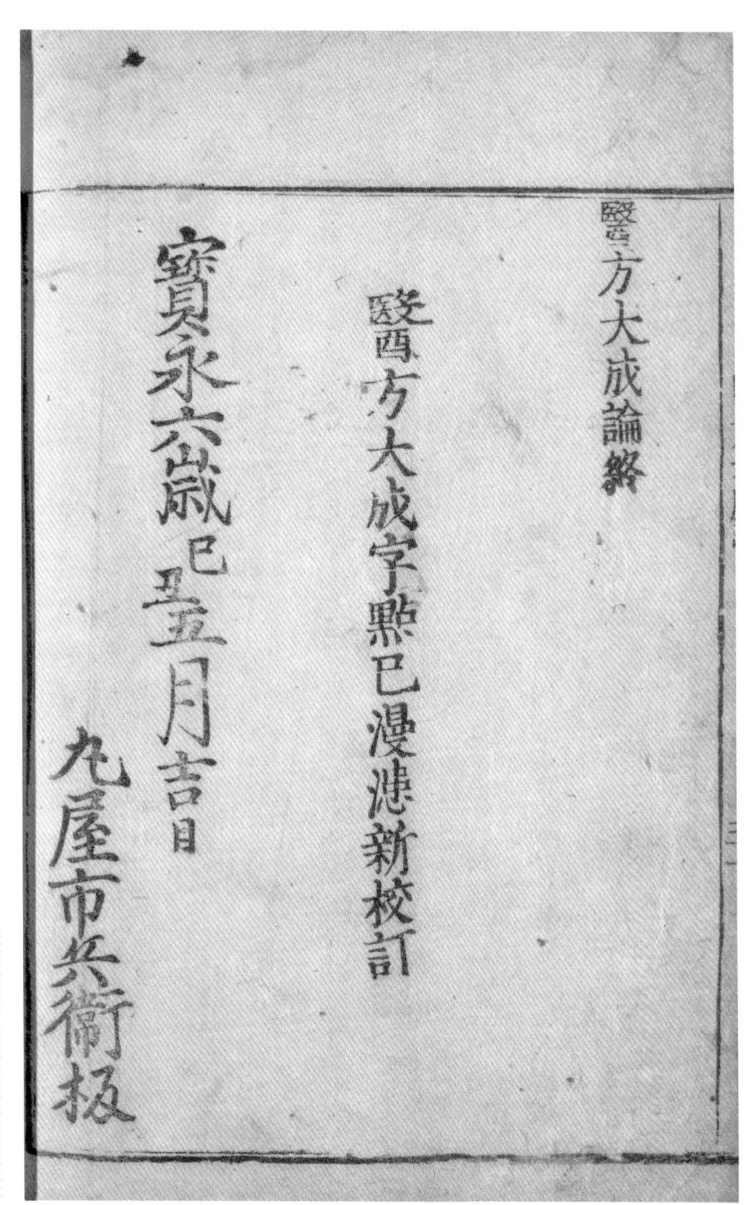
醫方大成論終
醫方大成字點已漫漶新校訂
寶永六歲己丑五月吉日
九屋市兵衛板

44. 医方大成论一卷

一册，日本国立公文书馆藏

元孙允贤撰

日本宽永二十年（1643）泽田庄左卫门刻本。

每半叶十一行，行二十字；四周双边，黑口，双鱼尾。

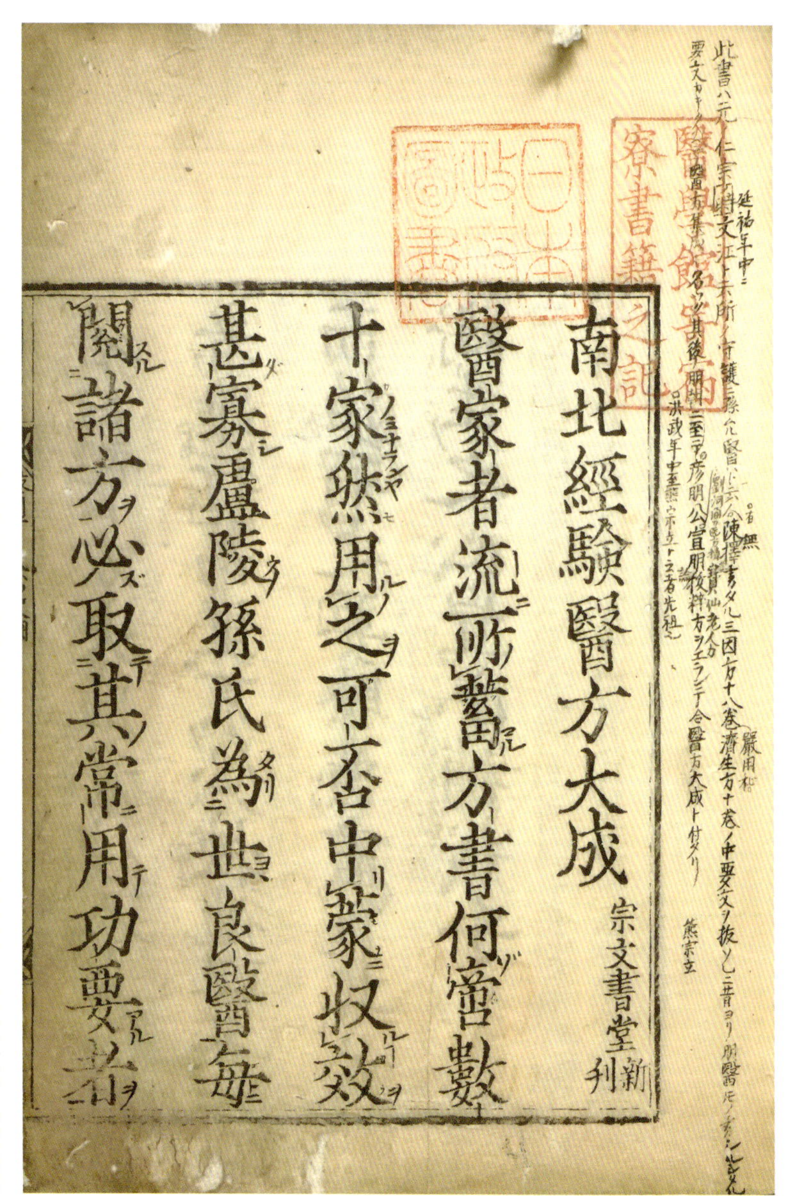

醫方大成論

風一

風為百病之長。故諸方首論之。岐伯所謂大法有四。一曰偏枯。半身不遂。二曰風痱。於身無痛。四肢不收。三曰風懿者。奄忽不知人也。四曰風痹者。諸痹類風狀。此特言其大槩。而又有卒然而中者。皆由氣體虛弱。榮衛失調。或喜怒憂思驚恐勞役。以致真氣耗散。腠理不密。邪氣乘虛而入。及其中也。則半身不遂。口眼喎斜。肌肉疼痛。痰涎壅盛。或癱瘓不仁。舌強不語。精神恍惚。驚惕恐怖。治療之法。當詳其脉證。推其所感之源。若中於肝者。人迎與左關上脉。浮而弦。面

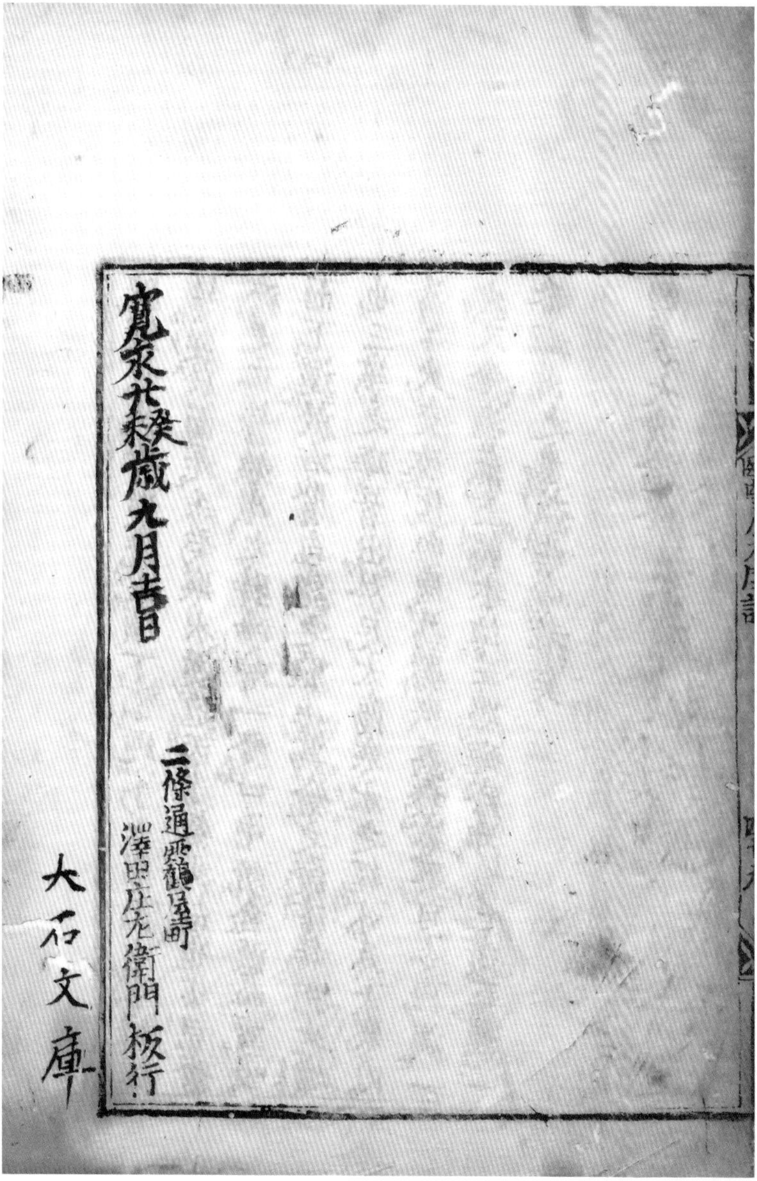
寛永廿癸未歳九月吉日
二條通靏屋町
澤田庄左衛門板行
大石文庫

45. 医方大成论一卷

一册，日本京都大学附属图书馆藏

元孙允贤撰

日本天和二年（1682）刻本。

每半叶十行，行二十字；四周单边，白口，单鱼尾。

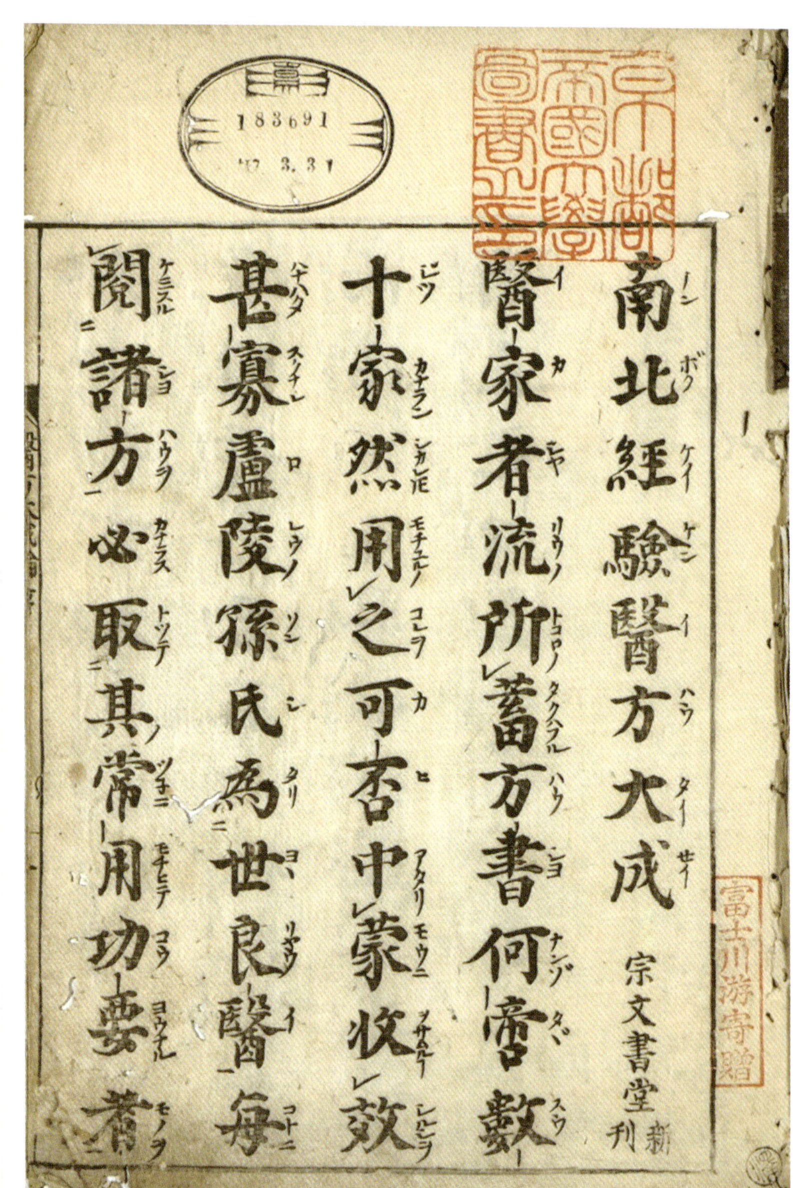

南北經驗醫方大成　宗文書堂刊　新

醫家者流所蓄方書何啻數十家然用之可否中蒙收效甚寡盧陵孫氏爲世良醫每閲諸方必取其常用功要者

醫方大成論 一

風

風為百病之長。故諸方首論之。岐伯所謂大法有四。
一曰偏枯半身不遂。二曰風痱於身無痛四肢不收。
三曰風懿者奄忽不知人也四曰風痹者諸痹類風
狀。此特言其大槩而又有卒然而中者皆由氣體虛
弱。榮衛失調或喜怒憂思驚恐勞役。以致真氣耗散。
腠理不密邪氣乘虛而入。及其中也重則半身不遂。
口眼喎斜。肌肉疼痛。痰涎壅盛或癱瘓不仁舌強不
語。精神恍惚驚惕恐怖。治療之法。當詳其脉證推其

胱寒水。夾脊逆流上頭下額逆手太陽丙火不得傳
導遊於面是壬癸寒水逆尅丙丁熱火故也小兒瘡疹
之由皆始生之時啼聲一發口中所含惡血隨吸而
下還於右腎包絡之胞中其瘡之發下焦相火熾也
三等之瘡皆出於足太陽寒水之經外為太寒内為
二火交攻化血肉為膿寒為發寒邪可令内瀉二火
又令濕氣上歸本位三服瘡疹即愈已後再無二番
瘡出之患損生命者矣

醫方大成論終　天和二年壬戌九月吉日

46. 医方大成论一卷

一册，日本早稻田大学图书馆藏

元孙允贤撰

日本享保七年（1722）万屋清兵卫刻本。

每半叶十行，行二十字；四周单边，白口，无鱼尾。

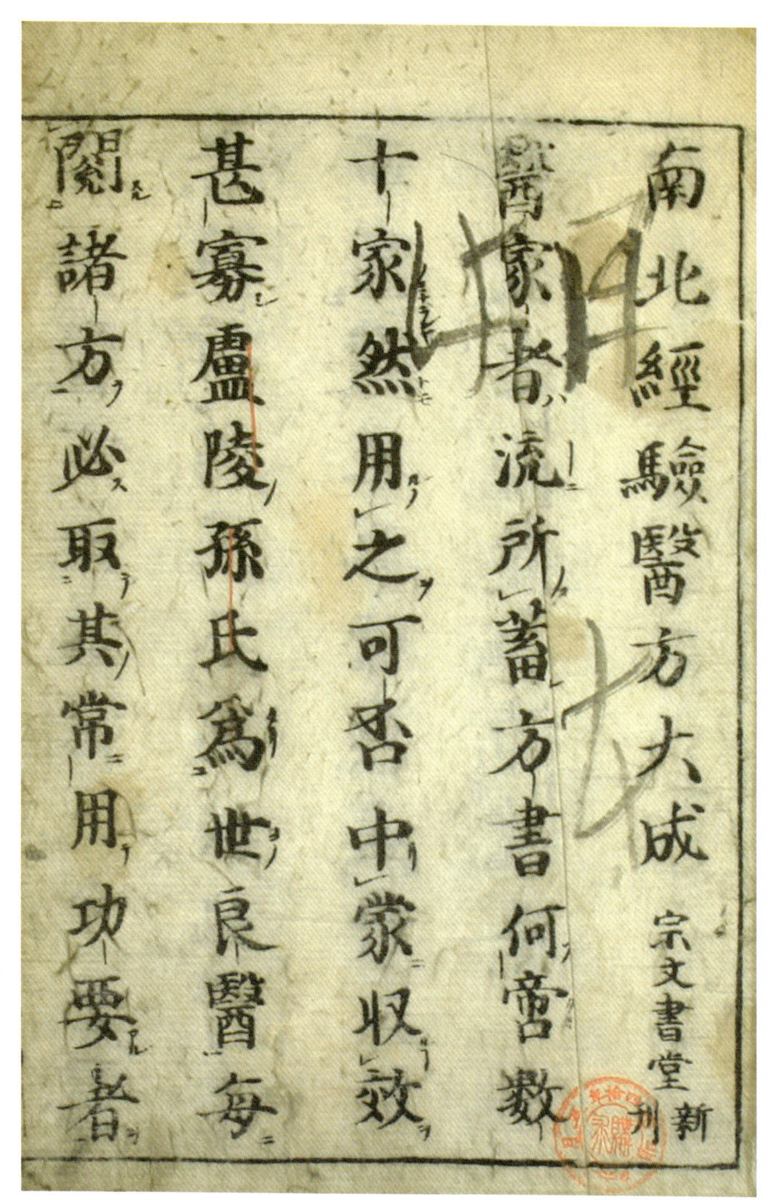

南北經驗醫方大成

宗文書堂新刊

醫家者流所蓄方書何啻數十家然用之可否中常收效甚寡盧陵孫氏爲世良醫每閲諸方必取其常用功要者

醫方大成論

風 一

風爲百病之長故諸方首論之岐伯所謂大法有四一曰偏枯半身不遂二曰風痱於身無痛四肢不收三曰風懿者奄忽不知人也四曰風痺者諸痺類風狀此特言其大槩而又有卒然而中者皆由氣體虛弱榮衛失調或喜怒憂思驚恐勞役以致眞氣耗散腠理不密邪氣乘虛而入及其中也重則半身不遂口眼喎斜肌肉疼痛痰涎壅盛或癱瘓不仁舌強不語精神恍惚驚惕恐怖治療之法當詳其脉證推

胱寒水夾脊逆流上頭下額逆手太陽丙火不得傳
導逆於面是壬寒水逆苑丙丁熱火故也小兒瘡疹
之由皆始生之時啼聲一發口中所含惡血隨吸而
下還於右腎包絡之胞中其瘡之發下焦相火熾也
三等之瘫皆出於足太陽寒水之經外爲太寒内爲
二火交攻化血肉爲膿寒爲發寒邪可令内瀉二火
又於濕氣上歸本位二三服瘫疹即愈已後再無一番
瘫出之患損生命者矣

[illegible][illegible]大成論終

享保七壬寅歲八月吉日　日本橋南一町目　万屋清兵衛

47. 新锓丹溪先生医书纂要六卷

二册，日本国立公文书馆藏

元朱震亨撰，明卢和注

日本承应二年（1653）谷冈七左卫门刻本。

每半叶十行，行二十二字，小字双行同；四周双边，白口，双鱼尾。

据明万历二十九年（1601）刘龙田乔山堂刻本重刻。刘龙田乔山堂原刻本，中国国家图书馆、日本大阪府立图书馆等藏。每半叶十一行，行二十五字，小字双行同；四周双边，白口，双鱼尾。首题《新锓丹溪先生医书纂要心法》。和刻本首卷卷端未镌“心法”二字，所据或为别本。又，书后牌记系抄配，朱笔标识“费本”二字。

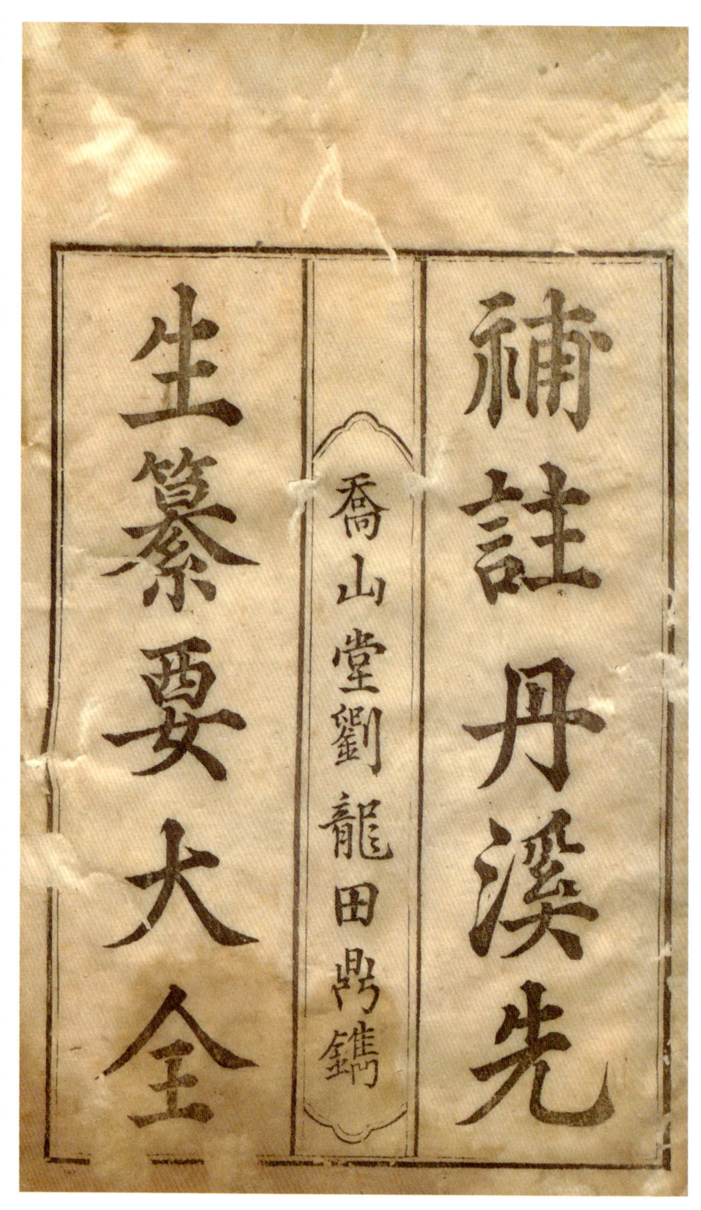
補註丹溪先
喬山堂劉龍田梓
生纂要大全

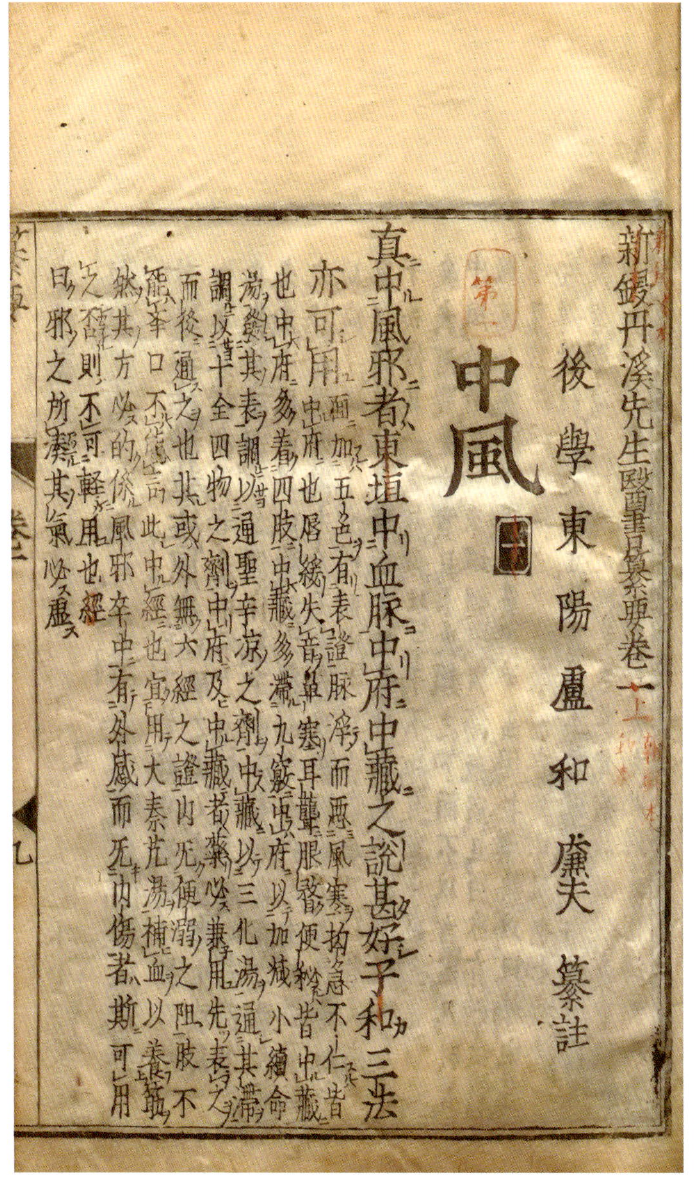

新鋟丹溪先生醫書纂要卷一上

後學東陽盧和廉夫纂註

中風 一

真中風邪者東垣中血脉中府中藏之説甚好子和三法亦可用面加五色有表證脉浮而惡風寒拘急不仁皆中府也唇緩失音鼻塞耳聾眼瞀便秘皆中藏也中府多着四肢中藏多滯九竅中府以加減小續命湯發其表調以通聖辛涼之劑中藏以三化湯通其滯調以十全四物之劑中府及中藏者藥必兼用先表之而後通之也其或外無六經之證內無便溺之阻肢不能舉口不能言此中經也宜用大秦艽湯補血以養筋然其方必的係風邪卒中有外感而無內傷者斯可用之若否則不可輕用也經曰邪之所湊其氣必虛

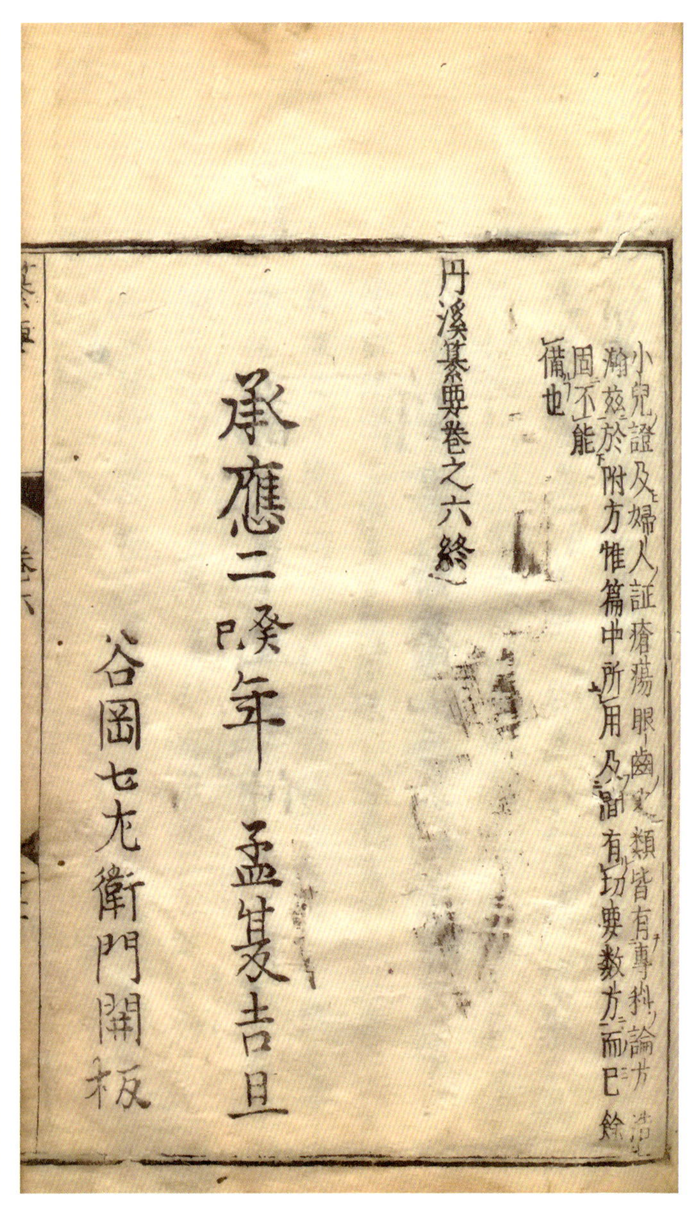
小兒證及婦人証瘡瘍眼齒之類皆有專科論方浩瀚茲於附方惟篇中所用及間有切要數方而已餘固不能備也
丹溪纂要卷之六終
承應二癸巳年孟夏吉旦
谷岡七左衛門開板

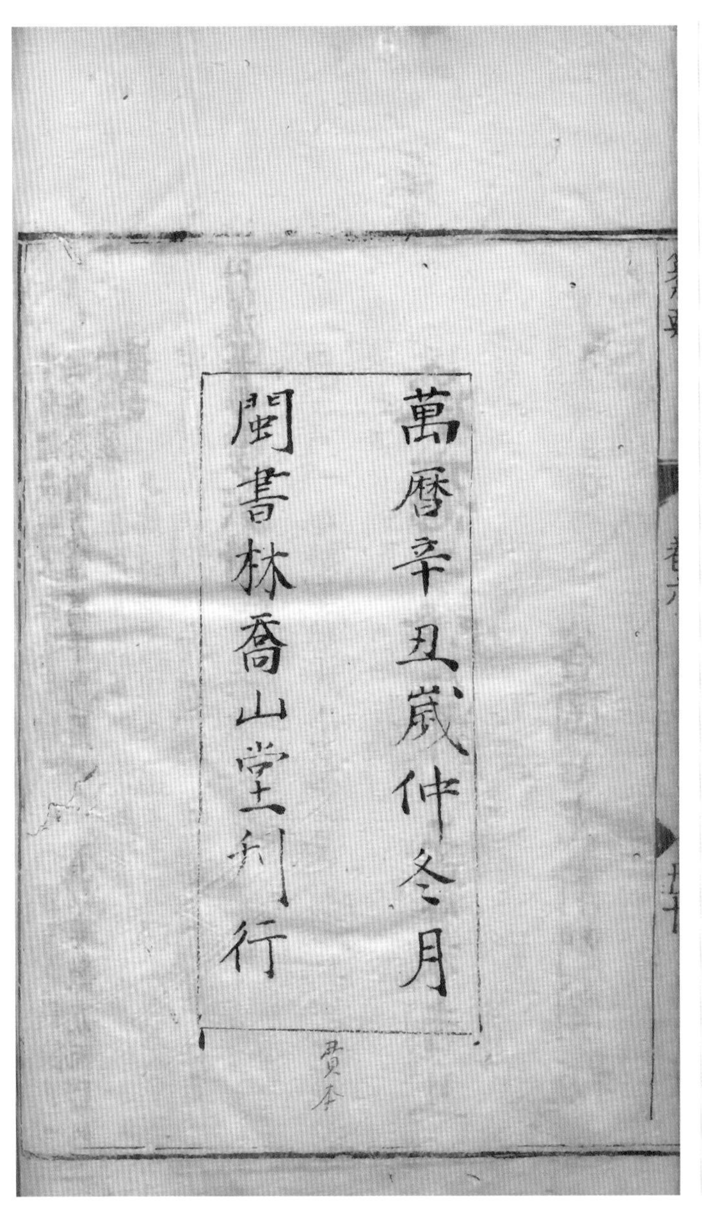
萬曆辛丑歲仲冬月
閩書林喬山堂刊行

48. 新编名方类证医书大全二十四卷

九册，日本国立国会图书馆藏

明熊宗立编

日本大永八年（1528）泉南阿佐井野宗瑞刻本。

每半叶十三行，行二十四字，小字双行同；左右双边，黑口，双鱼尾。

据明成化三年（1467）建阳熊氏种德堂刻本重刻。熊氏种德堂刻本，中国中医科学院图书馆藏。和刻本行款版式俱与熊氏原本同，唯将正文药方中剂量、品种与《和剂方》《外科精要》《拔萃方》《袖珍方》不合者，据以改正，书后另作《辩误》七则予以说明。

成化三年丁亥
熊氏種德堂刋

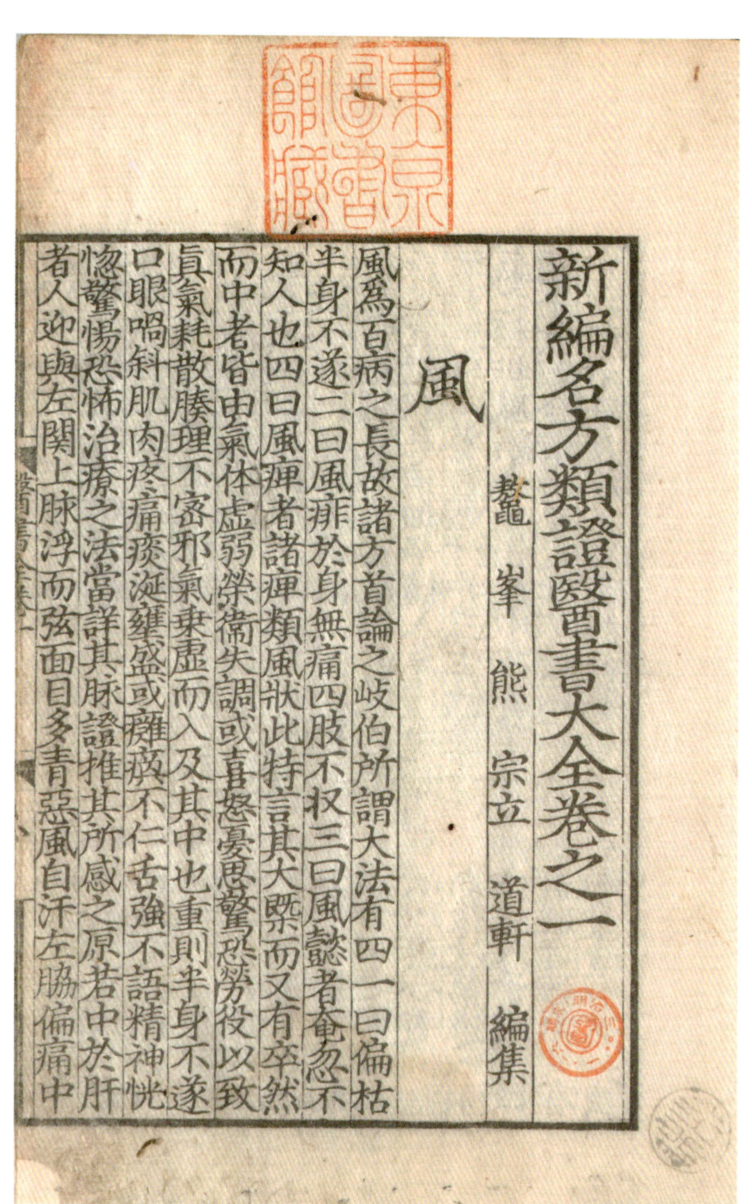

新編名方類證醫書大全卷之一

鼇峯熊宗立道軒編集

風

風爲百病之長故諸方首論之岐伯所謂大法有四一曰偏枯半身不遂二曰風痱於身無痛四肢不收三曰風懿者奄忽不知人也四曰風痺者諸痺類風狀此特言其大槩而又有卒然而中者皆由氣体虚弱榮衛失調或喜怒憂思驚恐勞役以致眞氣耗散腠理不密邪氣乗虚而入及其中也重則半身不遂口眼喎斜肌肉疼痛痰涎壅盛或癱瘓不仁舌強不語精神恍惚驚惕恐怖治療之法當詳其脉證推其所感之原若中於肝者人迎與左關上脉浮而弦面目多青惡風自汗左脇偏痛中

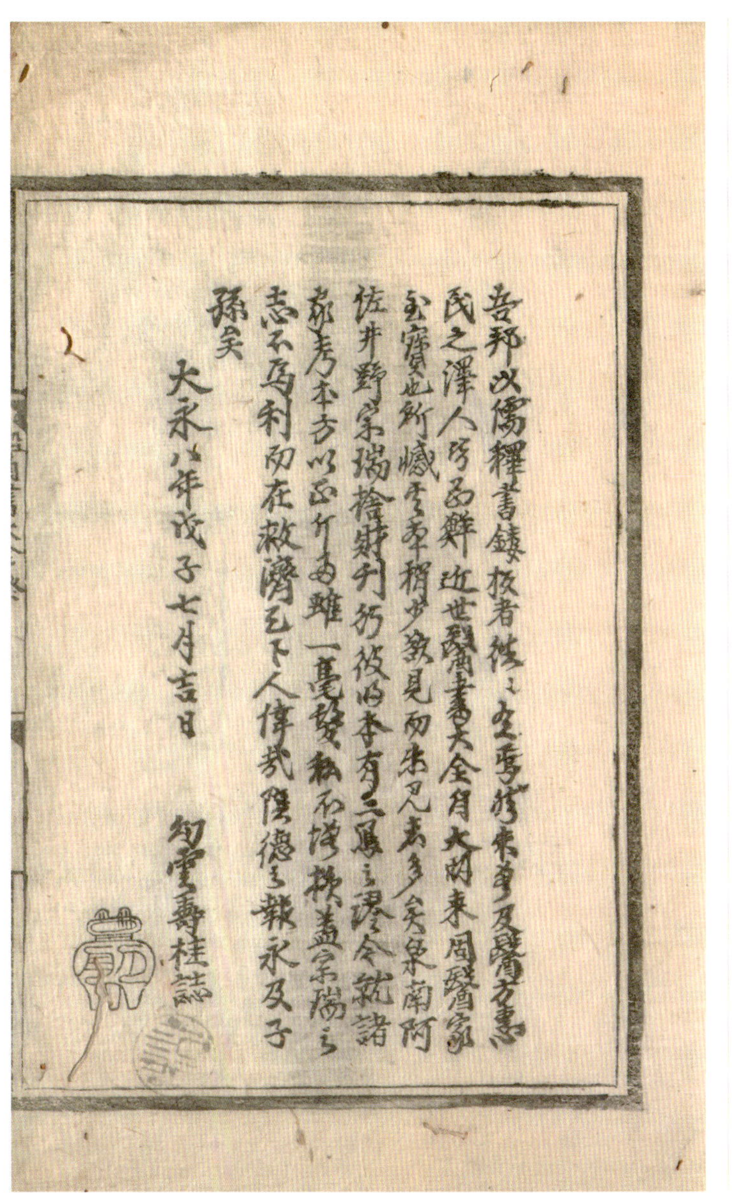
吾邦以儒釋書鏤板者往々有焉未嘗及醫方書惠民之澤人所不鮮近世醫書大全自大明来固醫家至寶也所藏者本稍少數見而未見之者多矣泉南阿佐井野宗瑞捨財刊行彼此本有三寫之誤令就諸家考本方以正之雖一毫髮私不僭換蓋宗瑞之志不爲利而在救濟天下人偉哉陰德之報永及子孫矣

大永八年戊子七月吉日

幻雲壽桂誌

49. 奇效医述二卷

一册，日本早稻田大学图书馆藏

明聂尚恒撰

日本万治四年（1661）京都田原仁左卫门刻本。

每半叶九行，行二十一字，小字双行同；四周单边，白口，无鱼尾。

据明万历福建按察司程达刻、书林余象斗印本重刻。原本未见著录。和刻本内封所署之“福建按察司程爷”，当即程达。程氏于万历间任福建提刑按察使。又以内封镌“合刻《奇效医述》《活幼心法》”，知原刻有二书。

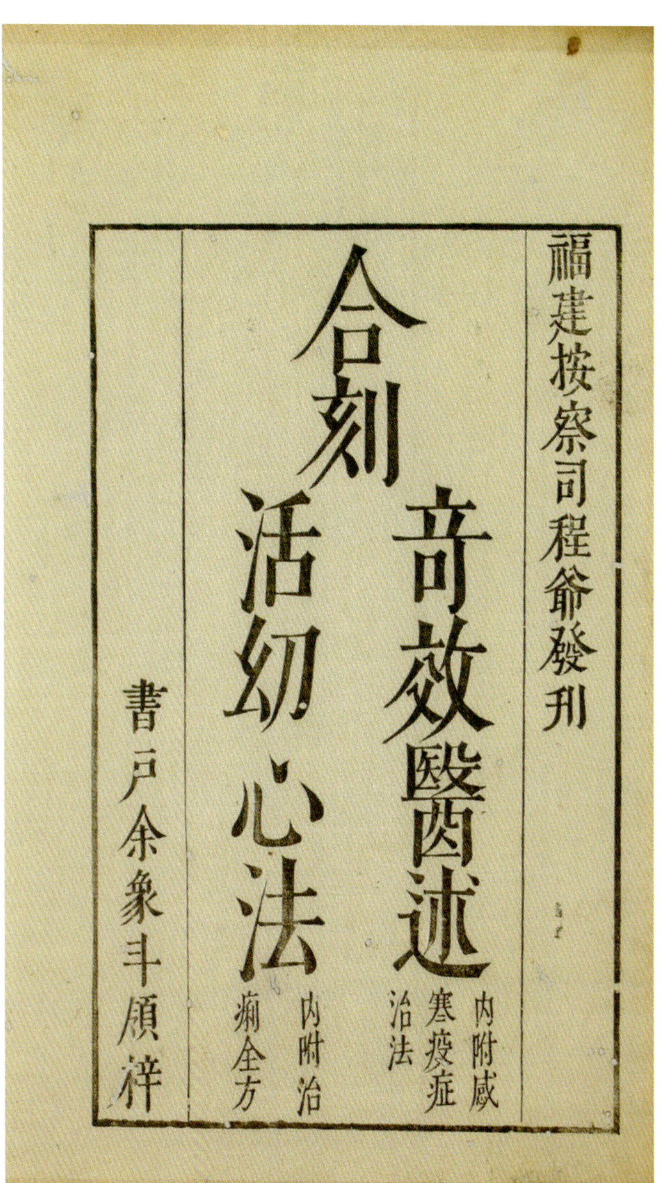

福建按察司程爺發刊

合刻

奇效醫述

內附感寒疫症治法

活幼心法

內附治痢全方

書戶余象斗傾梓

痰氣成痞

奇效醫述卷一

清江父吾聶尚恒　著

(一)治婦人痰氣成痞得效述醫案

予適劉氏妹寡氣怯弱性情沉鬱年三十得一病晚間發熱天明復止飲食少進煩燥不安肉削骨露諸醫用藥不效先大人憂之迎歸調治診其脉歇至心甚危之然因其煩燥發熱煩用芩蓮梔栢等凉劑雖不見效亦不覺寒凉以爲藥對症而病不瘳脉又停歇此不治之症也予竊疑其用藥過於寒凉恐多服致傷胃氣則無生機矣因詳察細問其晚間發熱從何處起妹云右脇

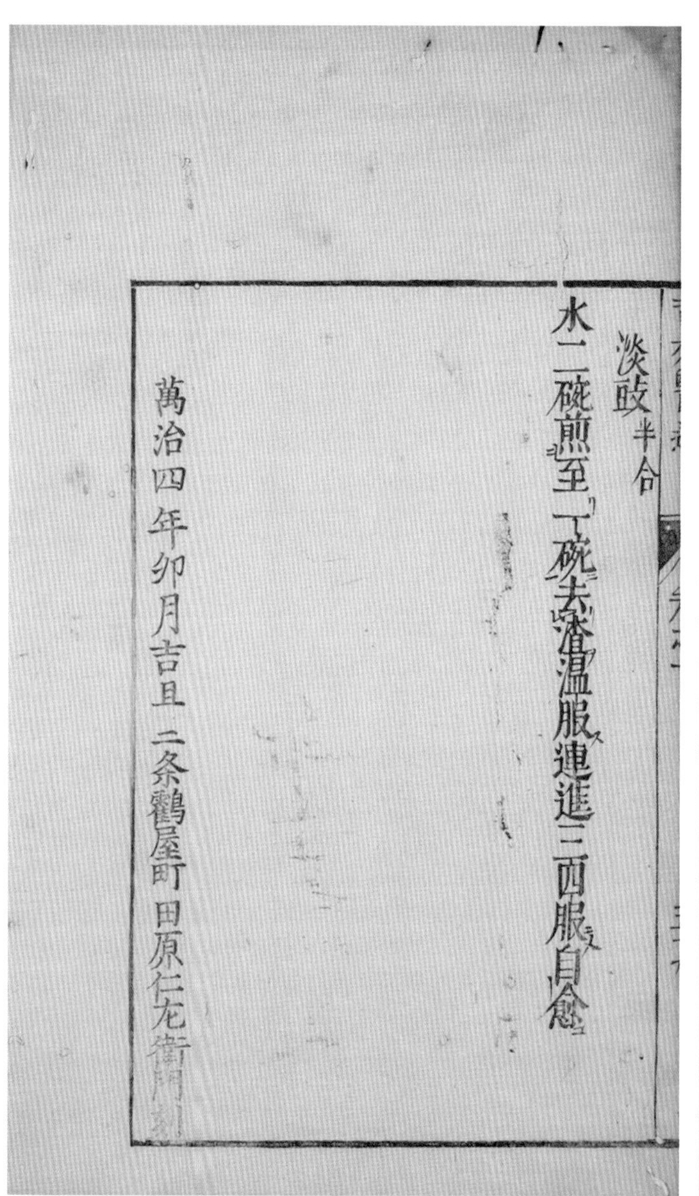

淡豉半合

水二碗煎至一碗去滓温服連進二四服自愈

萬治四年卯月吉旦　二条鶴屋町　田原仁左衛門刻

50. 天经或问二卷首一卷末一卷

一册，日本庆应义塾大学图书馆藏

清游艺撰，日本西川正休训点

日本享保十五年（1730）江府书林嵩山房小林新兵卫刻本。

每半叶十行，行二十字，小字双行同；左右双边，白口，无鱼尾。

据清初建阳余明刻本重刻。余氏原刻本，北京大学图书馆藏。和刻本后附《大略天学名目钞》一卷，西川正休撰。

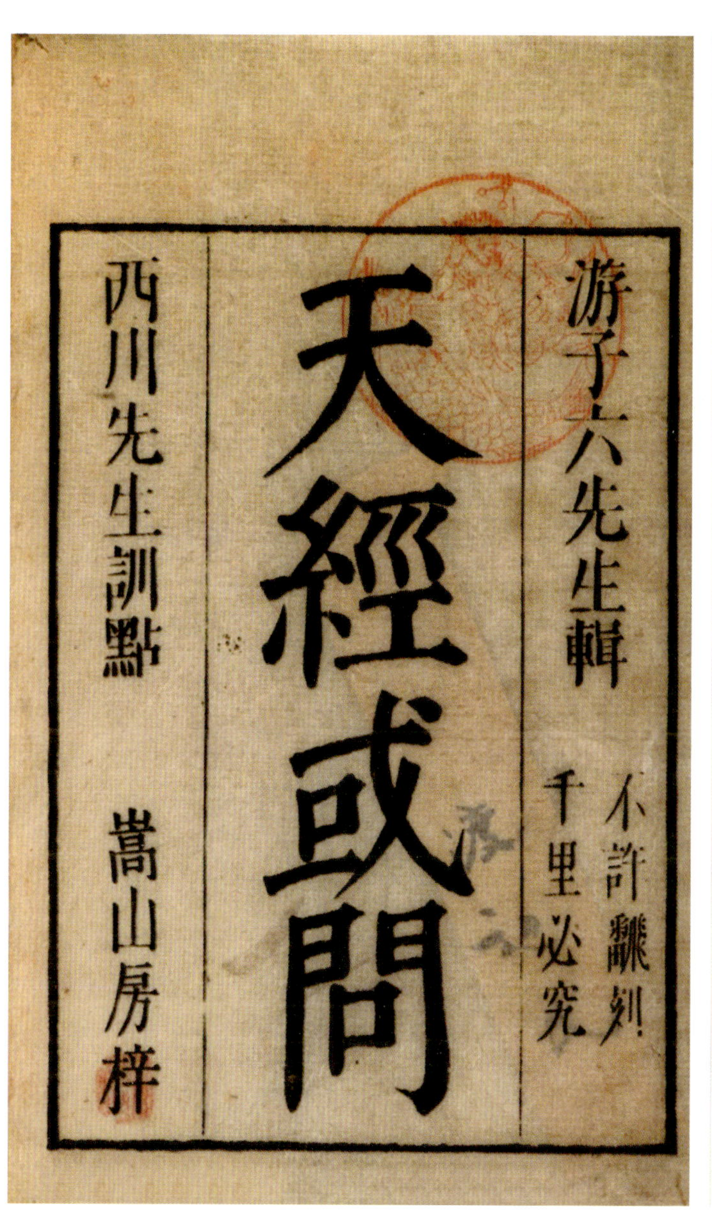

游子六先生輯

不許翻刻
千里必究

天經或問

西川先生訓點

嵩山房梓

天經或問天

日本崎陽　西川正休訓點

皖桐方密之先生鑒定　閩中游　藝子六氏輯答

潭水余　明汝正氏繡梓

天地之原

問萬物之原出于天地天地之原古今無道者蒙莊云六合之內論而不議六合之外存而不論是知而不言乎抑果有未知乎

曰古今謂天地之始鴻洞溕昧未可臆譚與其揣摩啓疑不若緘縢存信噫是亦未溕思也已夫天之有

天經或問天　松葉軒

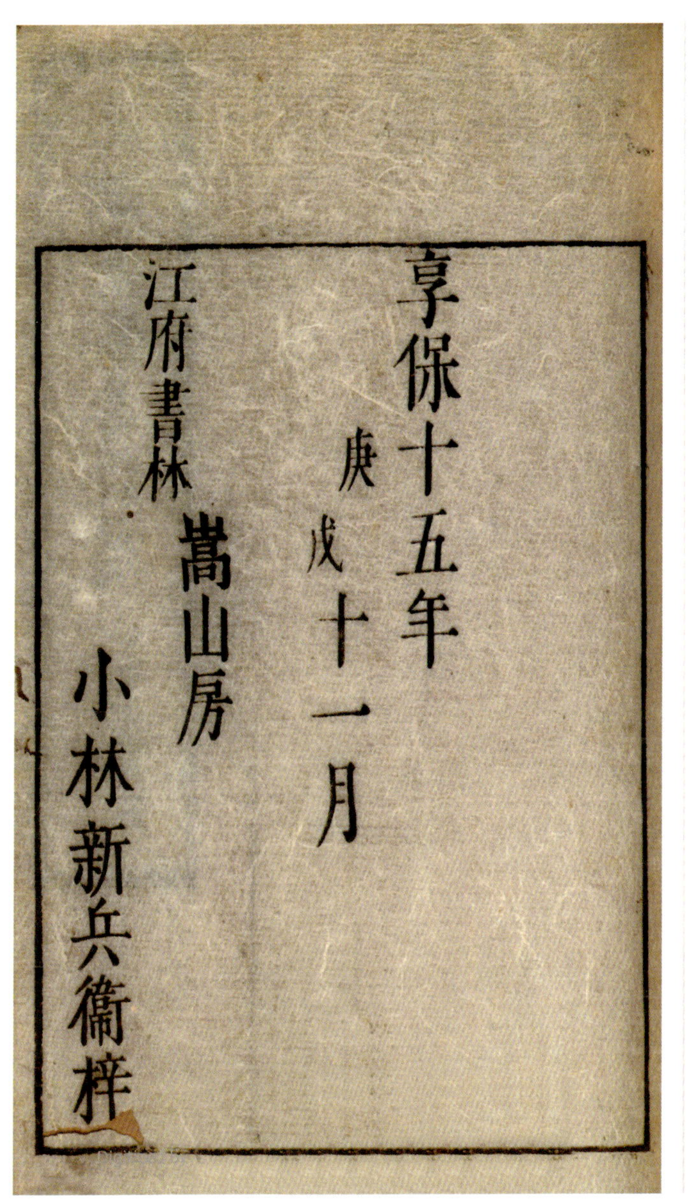
享保十五年庚戌十一月

江府書林　嵩山房

小林新兵衛梓

51. 颜氏家训二卷

一册，日本国立公文书馆藏

北齐颜之推撰

日本宽文二年（1662）京都村田庄五郎刻本。

每半叶十行，行二十字；四周单边，白口，无鱼尾。

据明嘉靖间（1522—1566）建宁府通判罗春刻本重刻。原本未见著录。检《（康熙）建宁府志》卷十八职官志，罗春任建宁府通判在明嘉靖间，原本当刻于此时。时建阳县为建宁府属邑，府、县各级官员多委托书坊刻书，此即其中一种。又，罗振玉《大云书库藏书题识》卷三著录"《颜氏家训》二卷（明闽中官本）"一种，"上卷有'建宁府同知绩溪程伯祥刊'，下卷有'建宁府通判庐陵罗春刊'款"，且"此本无序跋，不知刻于明代何时"。程伯祥任建宁府同知同在嘉靖间，当亦刻于此时。又，明万历三年（1575），颜慎刻《颜氏家训》二卷，上下卷端题署同《大云书库藏书题识》所著录者。而日本重刻本上下卷均署"建宁府通判庐陵罗春刊"，不及程伯祥。万历本十行十九字，和刻本十行二十字，行款不同，所据底本或异。

顔氏家訓卷上

北齊黄門侍郎顔　之推　撰

建寧府通判廬陵　羅春　刊

序致篇一

夫聖賢之書教人誠孝愼言檢迹立身揚名亦已備矣魏晉以來所著諸子理重事複遞相模斆猶屋下架屋牀上施牀耳吾今所以復爲此者非敢軌物範世也業以整齊門内提撕子孫夫同言而信信其所親同命而行行其所服禁童子之暴謔則師友之誡不如傅婢之指揮止凡人之鬭鬩則堯舜之道不如

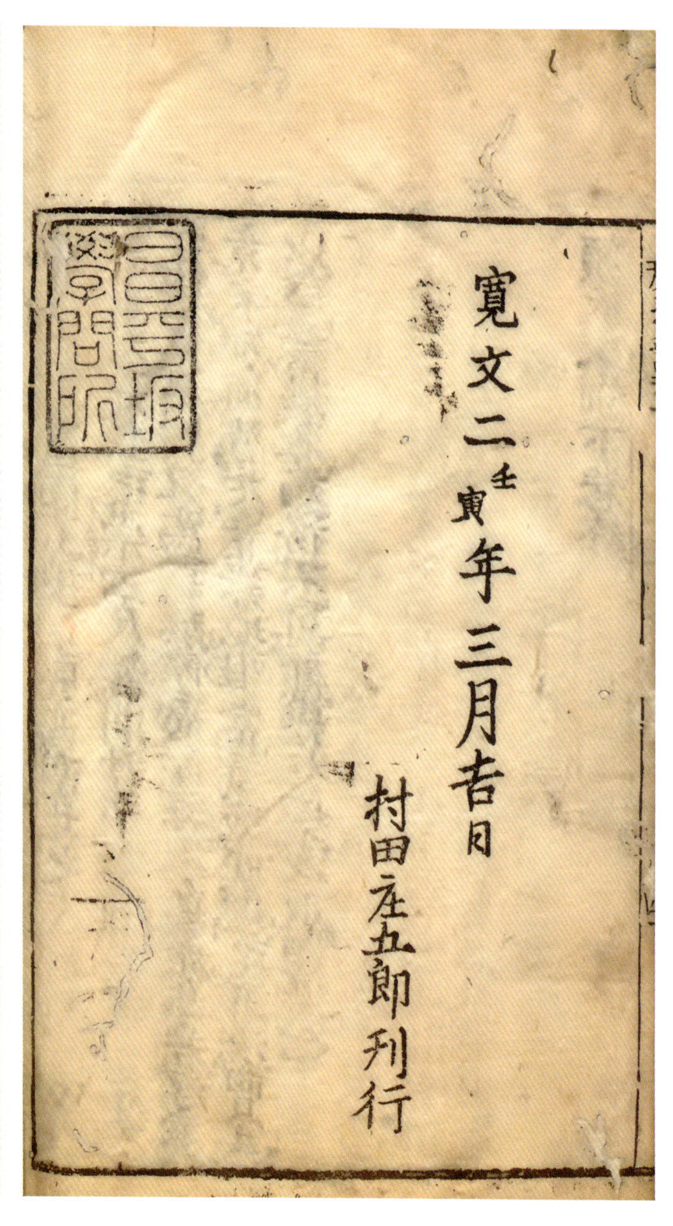
寛文二壬寅年三月吉日
村田庄五郎刊行

52. 新雕皇朝类苑七十八卷首一卷

十五册，日本国立国会图书馆藏

宋江少虞编

日本元和七年（1621）铜活字印本。

每半叶十三行，行二十字，小字双行同；四周双边，黑口，双鱼尾。

当据宋绍兴二十三年（1153）麻沙书坊刻本重刊。宋绍兴麻沙书坊刻本已佚。是书一名《皇朝事实类苑》，分卷六十三，今存明、清多种抄本，原刻本未见。

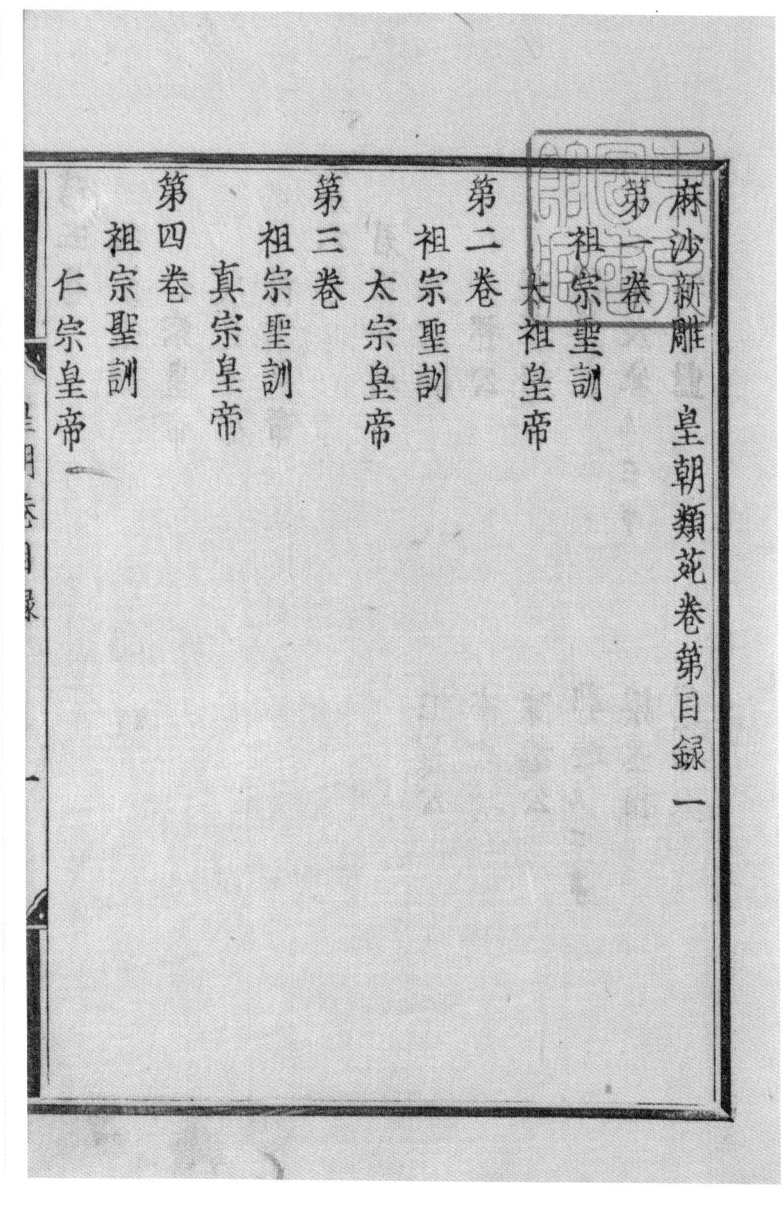

麻沙新雕　皇朝類苑卷第目録一
第一卷
祖宗聖訓
太祖皇帝
第二卷
祖宗聖訓
太宗皇帝
第三卷
祖宗聖訓
真宗皇帝
第四卷
祖宗聖訓
仁宗皇帝

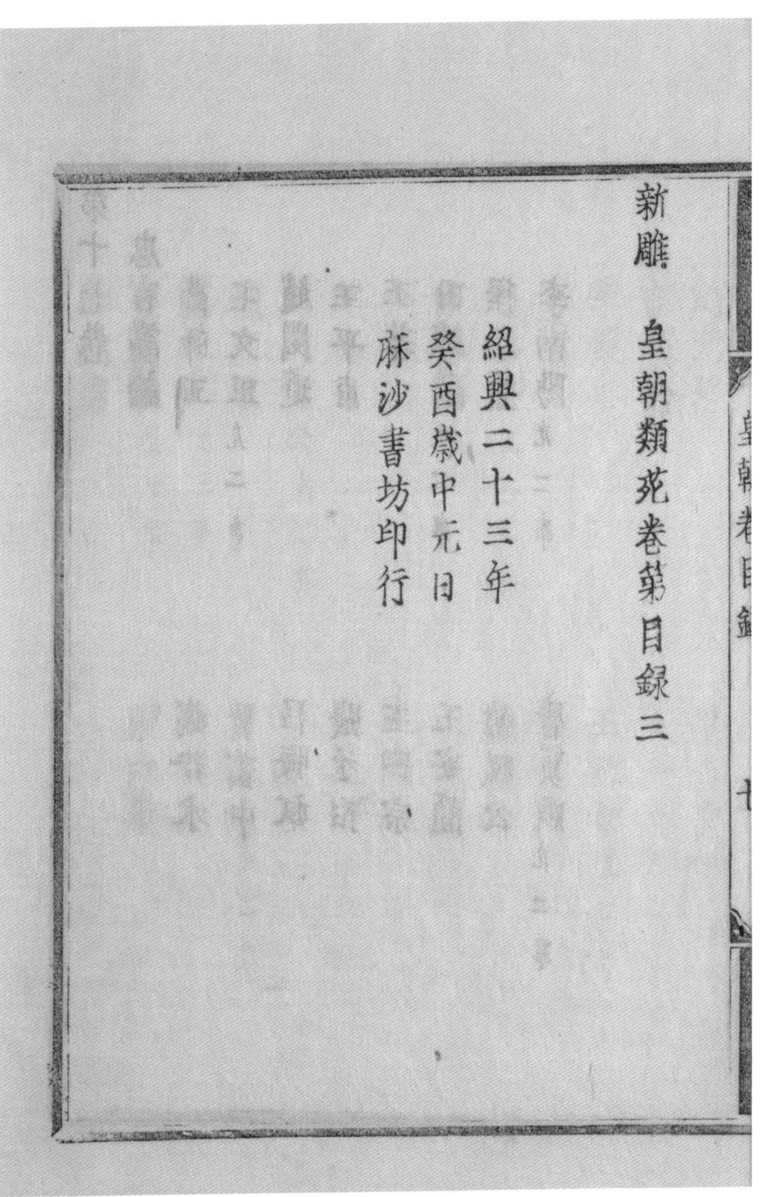

新雕皇朝類苑卷第目録三

紹興二十三年

癸酉歲中元日

麻沙書坊印行

新雕皇朝類苑卷第一

祖宗聖訓

太祖

太祖聖性至仁雖用兵亦戒殺戮親征太原道經潞州麻衣和尚院躬禱於佛前曰此行止以弔伐爲意誓不殺一人開寶中遣將平金陵親召曹彬潘美戒之曰城陷之日慎無殺戮設若困鬬則李煜一門不可加害故彬於江南得王師弔伐之體由
聖訓丁寧也

初梁太祖因宣武府第修之爲建昌宮晉改命曰太寧宮周世宗復加營繕猶未盡如王者之制
太祖始命改營之一如洛陽宮之制既成
太祖坐正殿令洞開諸門直望之謂左右曰此如我

宸眷惟深慚縮臣某不勝蒙恩

遇故奉謝其萬一蹊非臣敢

所書

元和七年重光作噩六月晦日

前南禪臣僧瑞保謹書

53. 新镌古今帝王创制原始一卷

一册，陈氏思益斋藏

明谢绍芳辑，明余震编

日本正保三年（1646）刻后印本。

每半叶九行，行二十字，小字双行同；四周双边，白口，无鱼尾。

当据明末建阳余氏刻本重刻。余氏原刻本未见著录。该书校订者为明末建阳著名刻书家余应虬，与纂辑者谢绍芳为姻亲，故编次者余震署“外甥”云云。

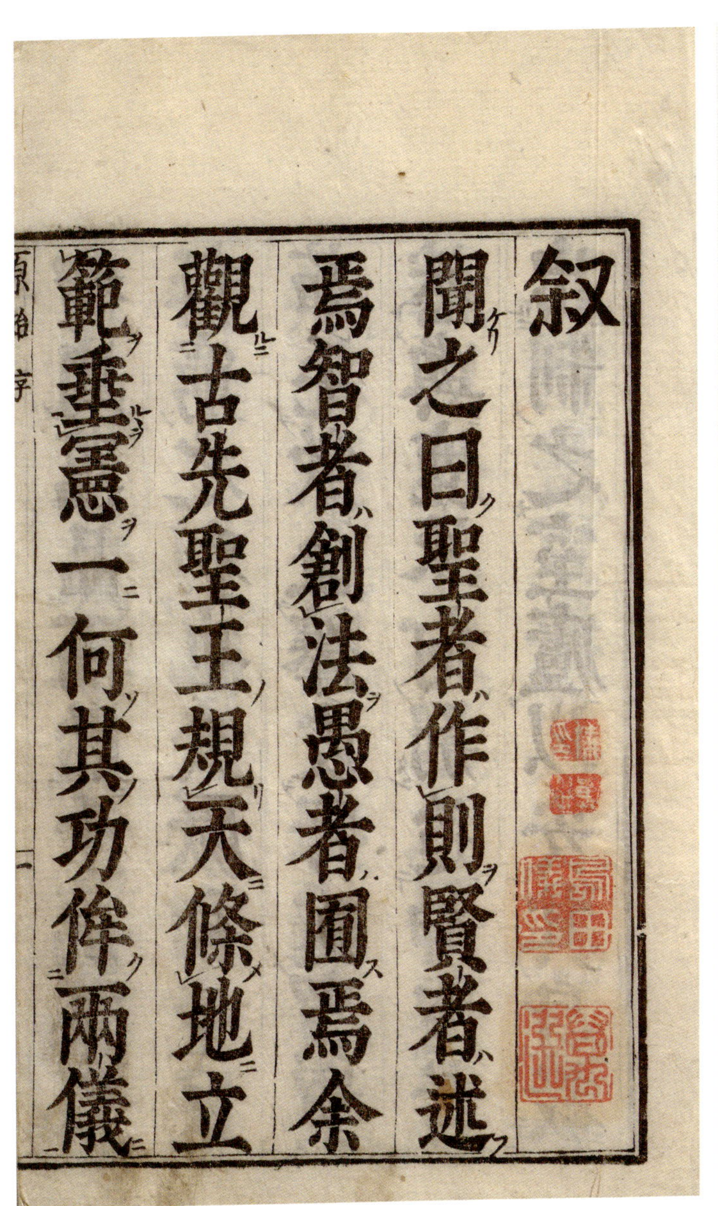

叙

聞之曰聖者作則賢者述焉智者創法愚者囿焉余觀古先聖王規天條地立範垂憲一何其功侔兩儀

原始 序 一

新鐫古今帝王創制原始

閩西繇　緒紉謝紹芳　纂輯

莆陽　任寰陳國樞　仝訂

潭陽　猶龍余應虬

刈孫雨辰余震　編次

天皇氏　天覆物也皇大君也氏姓也天皇氏者取天開于子之義

制干支　十干以定歲甲乙丙丁之類十二支以定時子丑寅卯之類　此歲時之始

地皇氏　地能承載萬物取地闢于丑之義

定三辰　立朔望以三十日爲一月以十二月爲一歲　此朔望之始

54. 鼎镌漱石山房汇编注释士民便观云笺柬四卷

一册，日本庆应义塾大学图书馆藏

明陈翊九汇编，日本荔斋默默子训点

日本宽文十一年（1671）刻今井五兵卫房明印本。

每半叶十行，行十八字，小字双行同；上栏十一行，行十字。四周单边，白口，无鱼尾。

据明末建阳刻杨氏四知馆印本重刻。富沙为古建州别称，建阳书坊堂号中常见，如元代有“富沙碧湾吴氏德新书堂”，明代有“富沙刘荣吾”“富沙刘兴我”等。该书建阳原刻本未见著录，杨氏印本今存，美国哈佛大学哈佛燕京图书馆有藏。和刻本行款与杨氏印本同，唯版式稍异。是书另有题“辛亥宽文仲冬日，（四条通御幸町角）皇都上坂勘兵卫梓行”者，实同版而刷印在后。又有日本天明八年（1788）重修印本，见后。

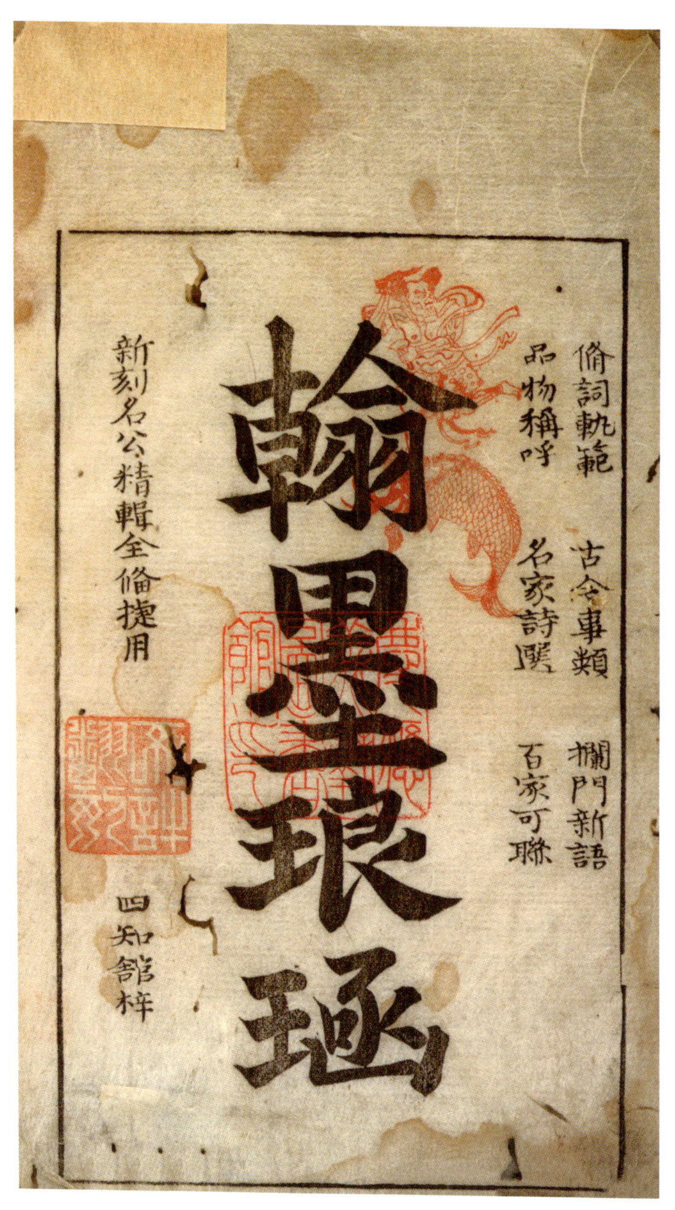

倚詞軌範
品物稱呼
古今事類
名家詩選
攔門新語
百家可聯

翰墨琅函

新刻名公精輯全備捷用

四知館梓

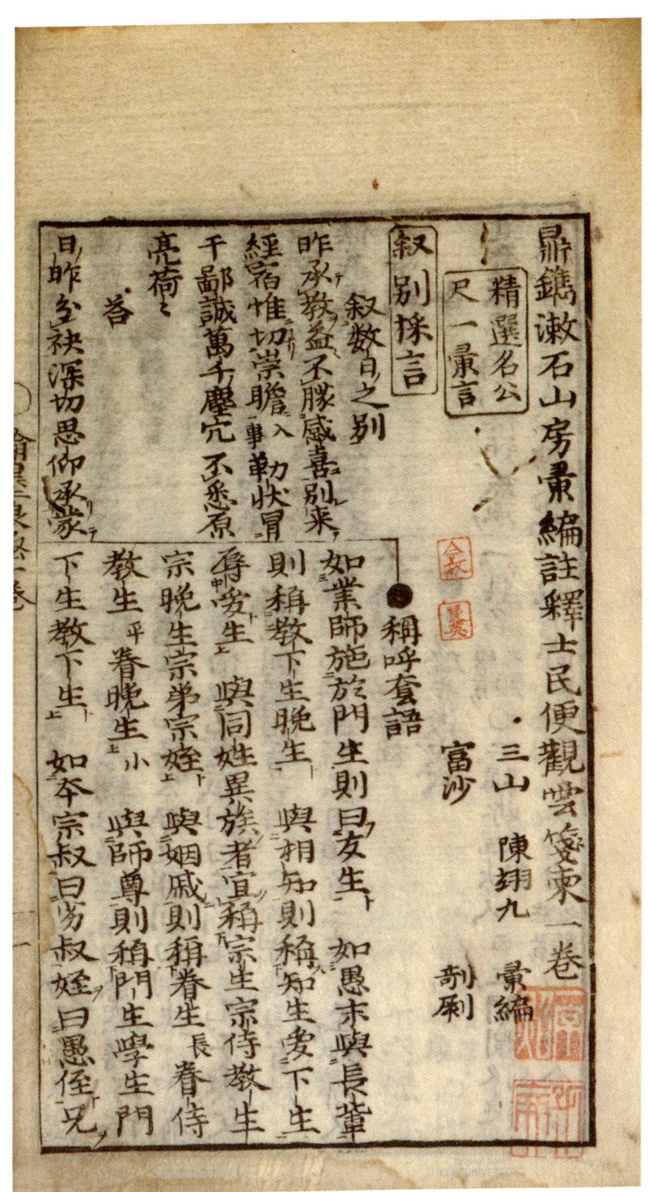

鼎鐫漱石山房彙編註釋士民便觀雲箋柬一卷

精選名公尺一彙言

三山　陳翊九　彙編

富沙　　　　　劕刷

叙别採言

叙数日之别

昨承教益不勝感喜别来經宿惟切崇瞻入事勒狀冒干鄙誠萬千塵冗不悉原亮荷荷　首

日昨分袂深切思仰承教

稱呼套語

如業師施於門生則曰友生　如愚末與長輩則稱教下生晩生　與相知則稱知生愛下生辱愛生　與同姓異族者宜稱宗生宗侍教生宗晩生宗弟宗姪　與姻戚則稱眷生眷侍教生眷晩生　與師尊則稱門生學生門下生教下生　如本宗叔曰劣叔姪曰愚侄兄

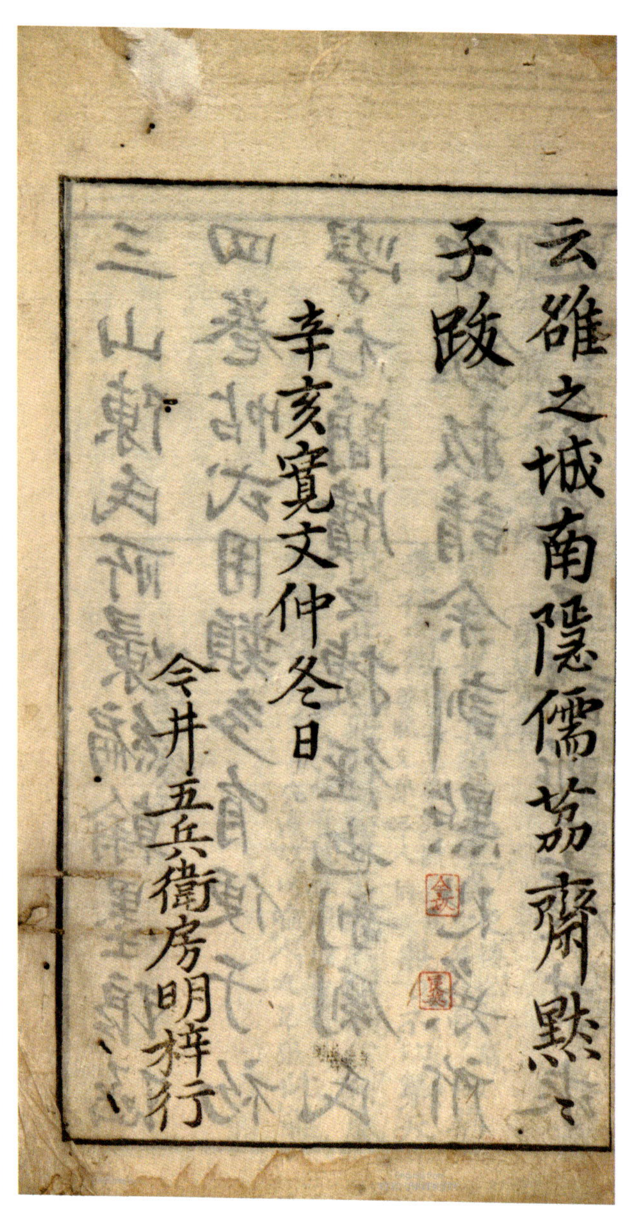

云雒之城南隱儒茘齋默〻子跋

辛亥寬文仲冬日

今井五兵衛房明梓行

55. 鼎镌潄石山房汇编注释士民便观云笺柬四卷

二册，日本国立国会图书馆藏

明陈翊九汇编，日本荔斋默默子训点

日本宽文十一年（1671）刻天明八年（1788）大阪崇高堂河内屋八兵卫等重修印本。

每半叶十行，行十八字，小字双行同；上栏十一行，行十字。四周单边，白口，无鱼尾。

日本宽文十一年，日人尝据明末建阳刻杨氏四知馆印本重刻是书，已见前。该本断版处略有新增，正文一二处片假名偶有增减，当系重修刷印。

三山陳氏所輯翰墨琅函帖式用類尤便初學今觀清客於崎陽作書牘者皆備此書檢索脩詞帖式等蓋其以便捷也近有龢此書為小刻之國字書公布以惠來學者然國字之為書必害講學茍玩之者其學竟不成豈可不慎乎初學欲裁尺牘以此書為準則足亦以資講學因今訂脩改舊名附以啓二云

尺牘通

全部 弍策

大阪書房 崇高堂

鼎鐫漱石山房彙編註釋士民便觀雲箋柬一卷

三山　陳翊九　彙編

富沙　剞劂

精選名公尺一彙言

叙別條言

叙数日之別

昨承教益不勝感喜別來經宿惟切崇瞻入事勒状冒干鄙誠萬千塵冗不悉原亮荷々

旹

日昨分袂深切思仰承教

稱呼套語

如業師施於門生則曰友生　如愚末與長輩則稱数下生晚生　與相知則稱知生侍下生尊愛生　與同姓異族者宜稱宗生宗侍教生宗晚生宗弟宗姪　與姻戚則稱眷生長　眷侍教生平　眷晚生小　與師尊則稱門生學生門下生教下生　如本宗叔曰劣叔姪曰愚侄兄

云雒之城南隱儒茄齋默ゝ子跋

天明八歳戊申十一月

心齋橋通南久寳寺町

河内屋八兵衛

大阪書林

同　甚兵衛

56. 京本音释注解书言故事大全十二卷

四册，刘氏冷求斋藏

明胡继宗撰，明陈玩直解，明李廷机校

日本正保三年（1646）伊吹权兵卫刻本。

每半叶十一行，行二十二字，小字双行同；四周单边，白口，单鱼尾。

据明万历郑世豪宗文书舍刻本重刻。郑氏宗文书舍原刻本，现存明万历十九年（1591）及二十八年（1600）二种，行款版式同。每半叶十一行，行二十二字，小字双行同；四周双边，白口，双鱼尾。卷终各有牌记，分别为："万历辛卯年孟冬月/书林郑氏云竹绣梓"，"万历庚子年孟冬月/书林郑氏云竹绣梓"。万历二十八年本吴怀保跋后又有"鳌龙"牌记，和刻本据以翻雕，而未刻各卷前全相图一叶二幅及卷终牌记。

○燈火類　○拾遺類

所謂書言故者何也書以記事言以録事萬世之不磨者也坊間故事廣多而書言亦出其右萬理悉備衆義兼該詞清而暢麗理明而温潤小學者賴之以開聰大學者資之以助詞是書所刻亦云既多然魯魚亥豕之弊俱不能免茲集也本堂懇請翰林九我李公再四校正辨註分類明白庶無一句之差一字之訛不惟便初學之見而士大夫開卷亦足以警策矣收書君子當於末序認之以鰲頭獨占庶知玉石之有辨也

龍飛萬曆辛卯歲季冬月越二日吉閩建書林雲竹鄭子傑謹白

京本音釋註解書言故事大全目録 終

京本音釋註解書言故事大全卷之一　子集

廬陵　胡繼宗　集
安成　陳玩直　解
晋江　李廷機　校
書林　鄭世豪　梓

○人君類

君者。長也。為衆人之長。故謂人君。又曰。大君者。天地之宗子。

皇帝 古者伏羲音希氏。大昊伏羲氏。風姓。神農炎帝神農氏。姜姓。黃帝。公孫姓。又曰姬姓。名軒轅。以道治以道似有道也。夫道字廣大。天下所共由日用常行之道。父慈子孝。君合臣恭。夫和妻柔。兄友弟順。以及舉動之間。莫不合法。是則所謂道也。治者不待作為。而天下自平。所謂治也。蓋聖人生而知之。日用之道。非學而能。而有自然之性。故天下之人。亦以效之。未嘗用力而教。故稱皇。皇大也。道配天之大也。今常言三皇。即伏羲神農黃帝。能廣大其道。故稱皇。下文又云。三皇是也。少音紹昊

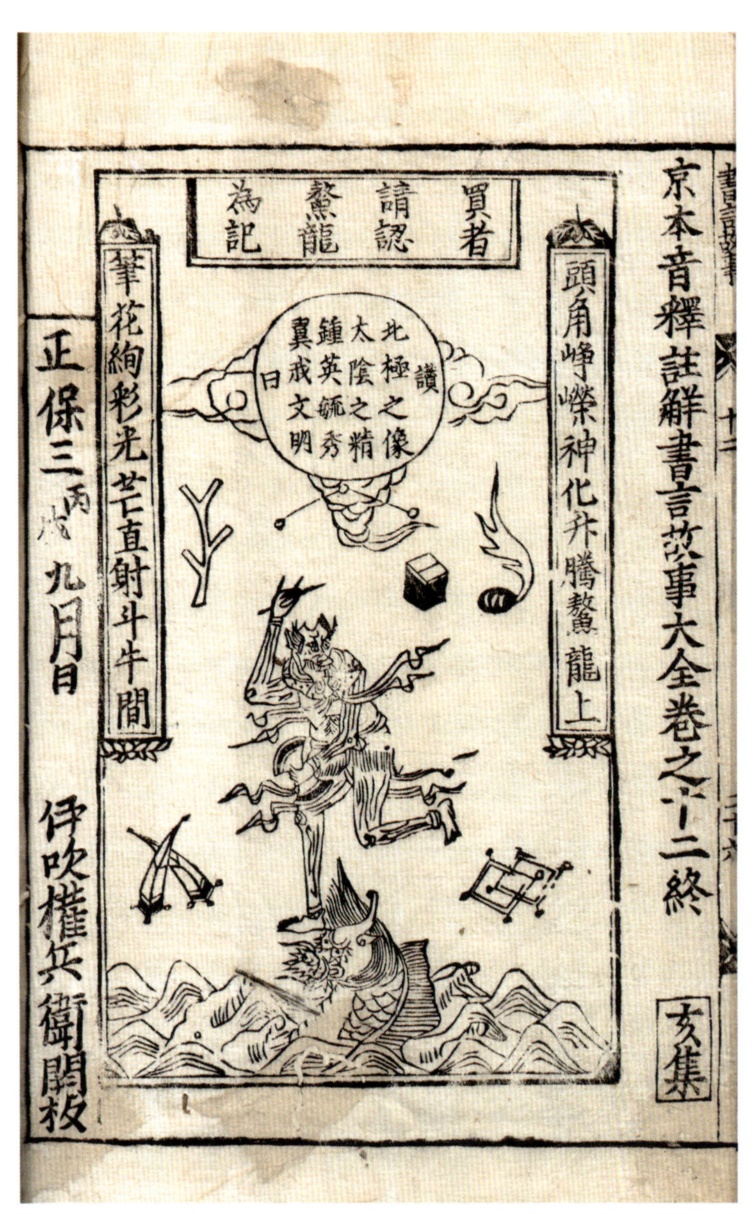
京本音釋註解書言故事大全卷之十二終
亥集
買者請認鰲龍為記
頭角崢嶸神化升騰鰲龍上
筆花絢彩光芒直射斗牛間
讚
北極之像
太陰之精
鍾英毓秀
真武文明日
正保三丙戌九月日
伊吹權兵衛開板

57. 新锓郑翰林类校注释金璧故事十二卷

五册，日本国立公文书馆藏

明郑以伟辑

日本江户初刻本。

每半叶九行，行二十二字，小字双行同；四周双边，黑口，双鱼尾。

据明万历黄正慈（直斋）集义堂刻本重刻。黄正慈集义堂原刻本未见著录。黄氏又刻《新锓增补万锦书言故事大全》八卷，日本东京大学东洋文化研究所藏。

萬曆　歲冬月
集義堂直斋刋行

鄭翰林藏板

類校金璧故事

故事云者古人之成跡寔後學之凖則也本堂珍重校梓自與坊間諸本大懸絕矣書賈君子請詳諸集義堂黄直斋識

新鍥鄭翰林類校註釋金璧故事卷之一

會魁　如蓮　鄭以偉　閱輯

秇林　直斋　黄正慈　梓行

春來欲寄梅花信

晉陸凱仕北魏爲正平守号良史與范曄相善折梅作詩寄之曄仕北宋爲秘書郎折梅逢驛使去聲驛使遞命之使凱因逢北使折梅寄與曄寄與隴頭人范謂曄也江南無所有凱言江南無有他物聊贈一枝春言略贈一枝梅信也時凱在江南言寄梅花之時曄在長安也長安即今陝西

池草又生靈運夢

58. 新锲类解官样日记故事大全七卷

五册，日本国立国会图书馆藏

明□□编，明张瑞图校

日本宽文九年（1669）中尾市郎兵卫刻本。

每半叶十一行，行十六字，小字双行同；四周单边，下黑口，单鱼尾。

据明万历元年（1573）刘龙田刻忠恕堂詹敬菊印本重刻。刘龙田原刻本及忠恕堂詹敬菊印本，均未见著录。

日記
忠恕堂詹敬菊梓
故事

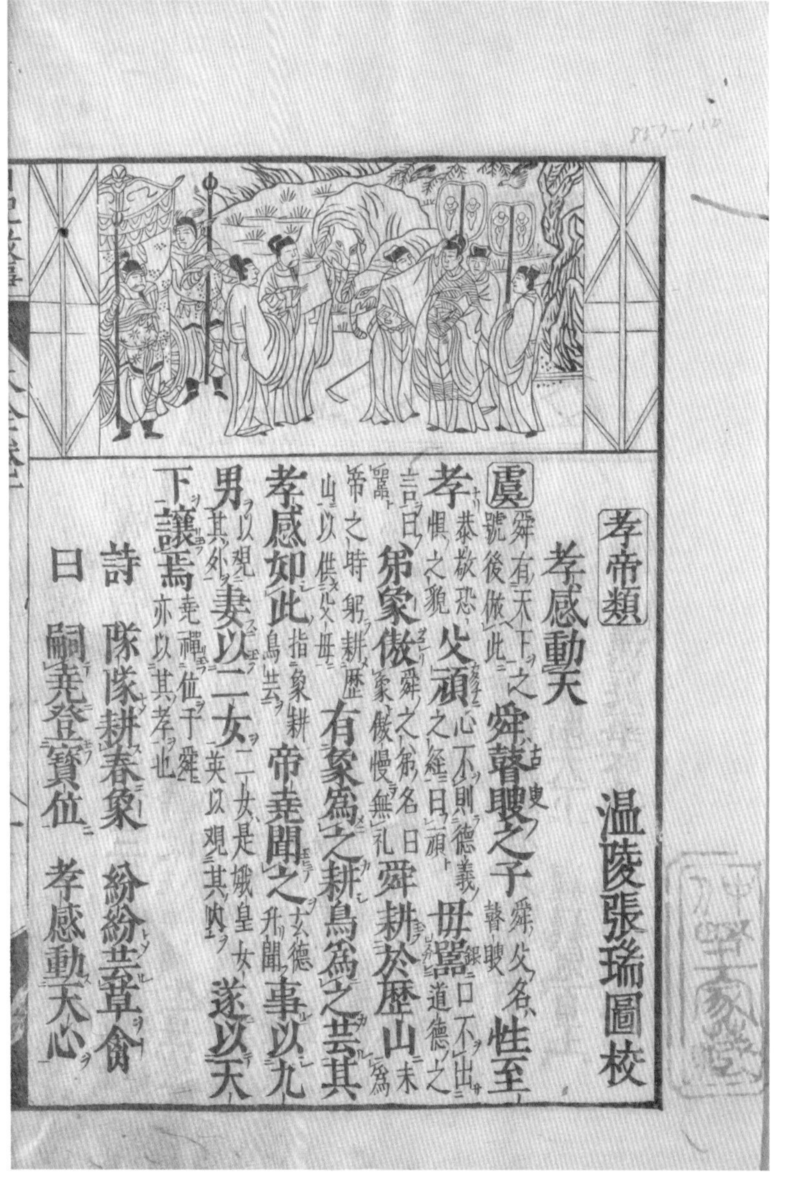

温陵張瑞圖校

孝帝類

孝感動天

虞舜有天下之號後倣此舜瞽瞍之子舜父名瞽瞍性至孝恭敬恐懼之貌父頑心不則德義之經曰頑母嚚口不出道德之言曰嚚弟象傲舜之弟名曰象傲慢無礼舜耕於歷山未爲帝之時躬耕歷山以供父母有象爲之耕鳥爲之芸其孝感如此指象耕鳥芸帝堯聞之玄德升聞事以九男以觀其外妻以二女二女是娥皇女英以觀其內遂以天下讓焉堯禪位于舜亦以其孝也

詩曰

隊隊耕春象　紛紛芸草禽
嗣堯登寶位　孝感動天心

新鍥類解官様日記故事大全卷二

温陵張瑞圖校

書林劉龍田梓

生知類

○七月展書

唐白居易字樂天下邽人生七月能展書指之無二字雖百試不差其聰明出於天性如此後登貞元十四年進士貞元德宗年號官至刑部尚書少年有高資又加學文之功故其成就者不小也

聞名古今無根紆金者歌舞筵中過一生

新鍥類解官樣日記故事大全卷七終

皇明萬曆新歲

劉龍田精梓行

寛文九己酉歲

初春吉辰日

中尾市郎兵衛板行

新锲类解官样日记故事大全七卷

59. 重刻杨状元汇选艺林伐山故事四卷

五册，日本庆应义塾大学图书馆藏

明黄克兴撰

日本正德六年（1716）文泉堂、弘章轩、积善堂刻本。

每半叶九行，行二十字，小字双行同；四周双边，白口，无鱼尾。

据明万历建阳书坊熊珊（龙峰）刻本重刻。明万历忠正堂熊龙峰刻本《新锲杨状元汇选艺林伐山》四卷，九行二十字，白口，四周双边，河北大学图书馆藏。和刻本行款版式与之相同，然题名稍异，所据底本或为现存熊氏原本改题重印者，似“新锲”在前，“重刻”在后。

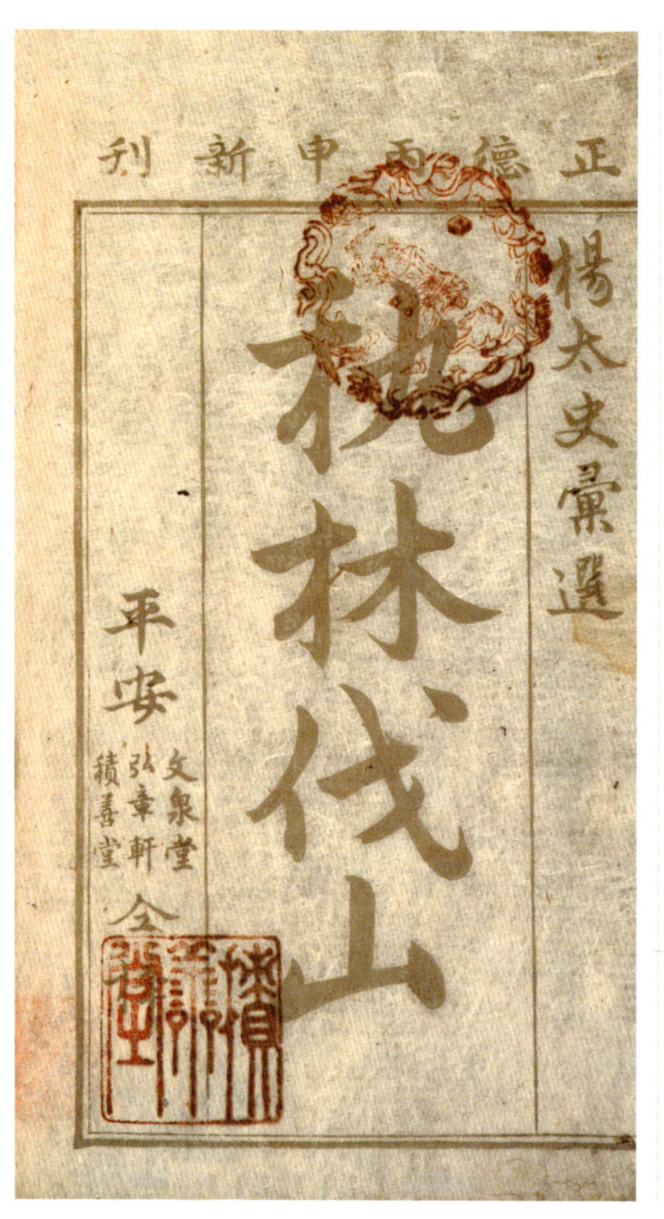

正德丙申新刊

楊太史彙選

艺林伐山

平安 文泉堂 弘章軒 積善堂 仝

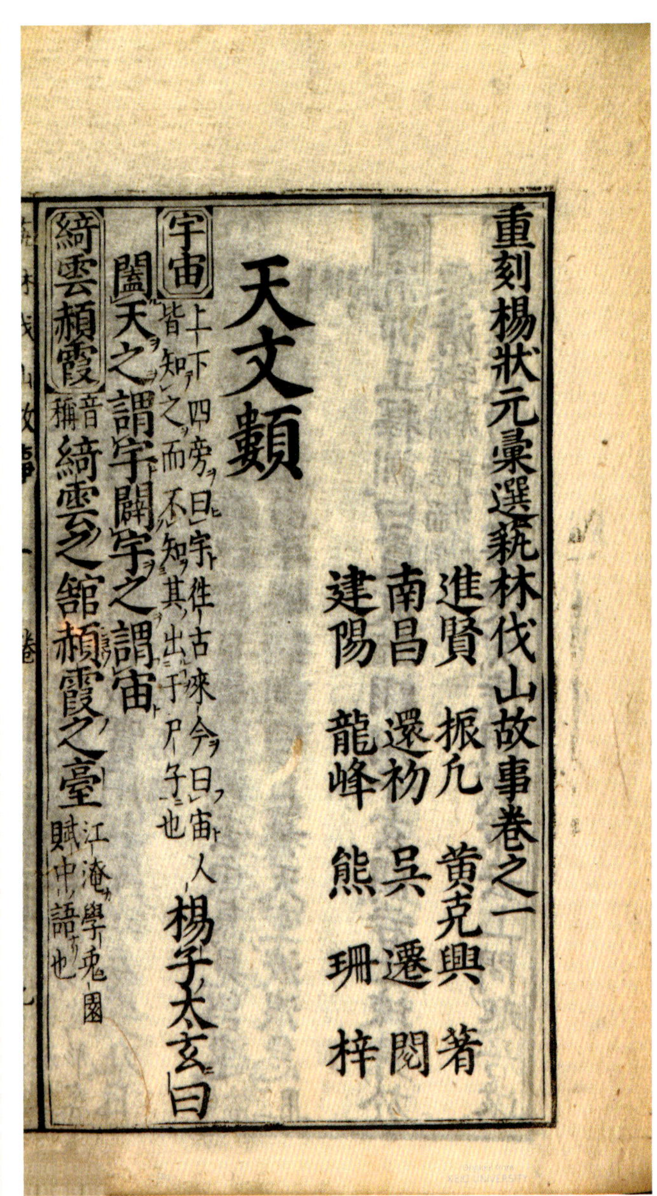
重刻楊狀元彙選䕺林伐山故事卷之一

進賢 振凡 黄克興 著

南昌 還初 呉遷 閲

建陽 龍峰 熊珊 梓

天文類

宇宙

上下四旁曰宇，往古來今曰宙。人皆知之，而不知其出于尸子也。

楊子太玄曰：闔天之謂宇，闢宇之謂宙。

綺雲赬霞

音稱：綺雲之館，赬霞之臺。江淹學兎園賦中語也。

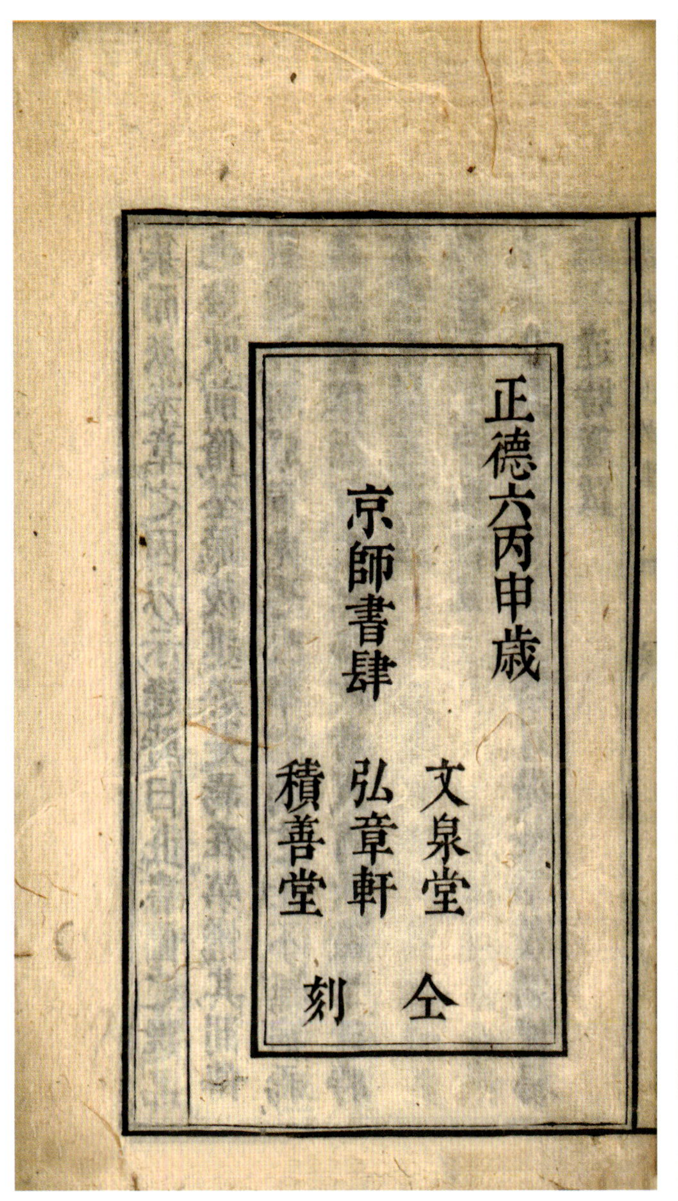

正德六丙申歲

京師書肆

文泉堂

弘章軒

積善堂

仝　刻

60. 增广事吟料诗韵集大成二卷

二册，日本国立公文书馆藏

宋胡继宗辑

日本南北朝时代刊本。

每半叶十四行，字不等；左右双边，黑口，双鱼尾。

据明洪武七年（1374）宗文堂刻本翻刻。宗文堂是建阳郑氏书坊堂号，又称宗文书堂。郑氏宗文堂原刻本未见著录。

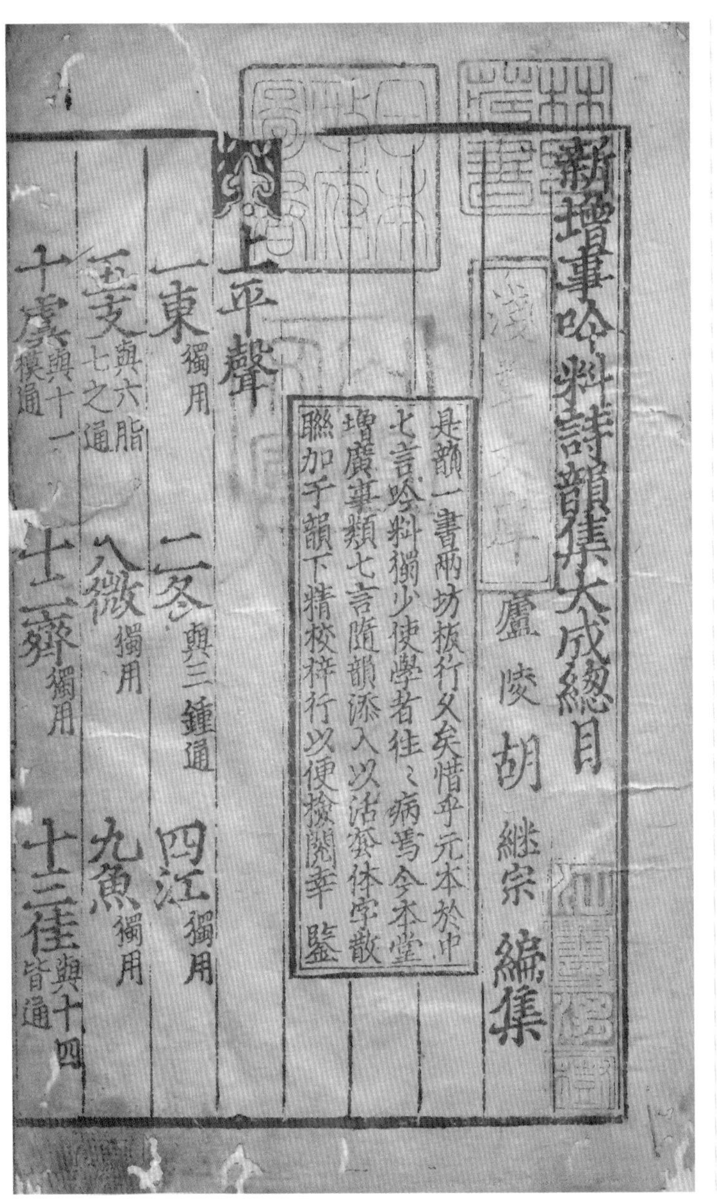

新增事吟料詩韻集大成總目

廬陵　胡繼宗　編集

是韻一書兩坊板行久矣惜乎元本於中七言吟料獨少使學者往〻病焉今本堂增廣事類七言隨韻添入以活套体字散聯加于韻下精校梓行以便檢閱幸　鑒

上平聲

一東　獨用　　二冬　與三鍾通　　四江　獨用

五支　與六脂七之通　　八微　獨用　　九魚　獨用

十虞　與十一模通　　十二齊　獨用　　十三佳　與十四皆通

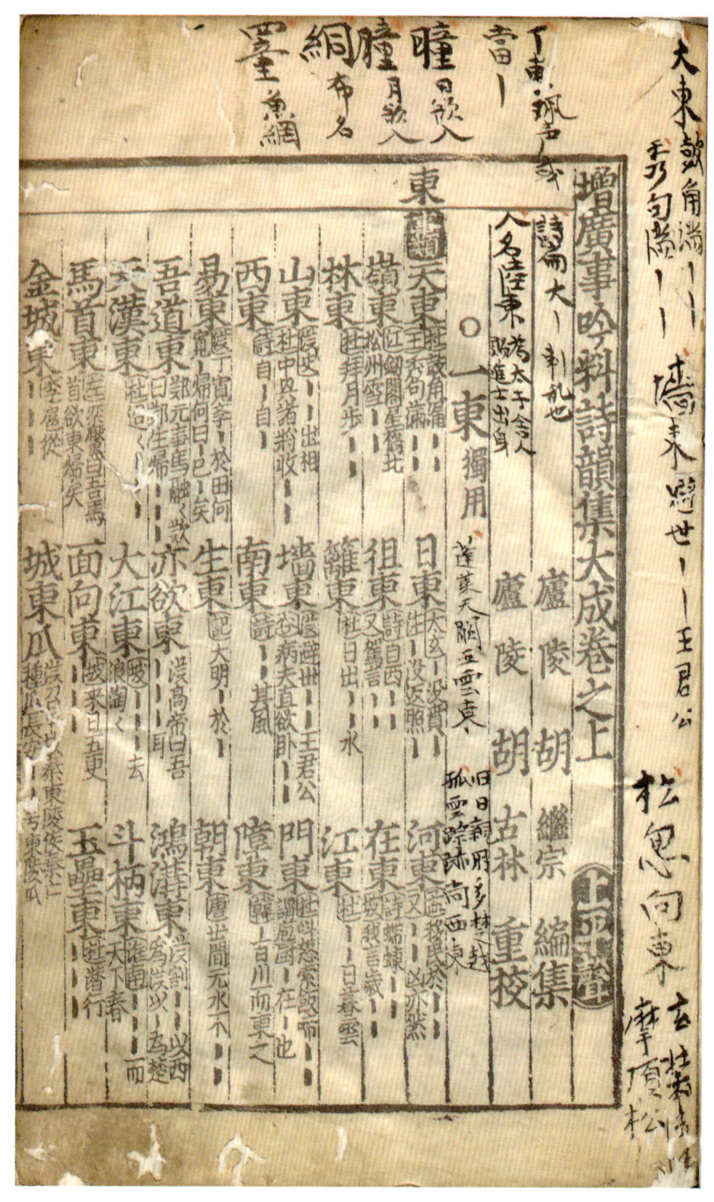

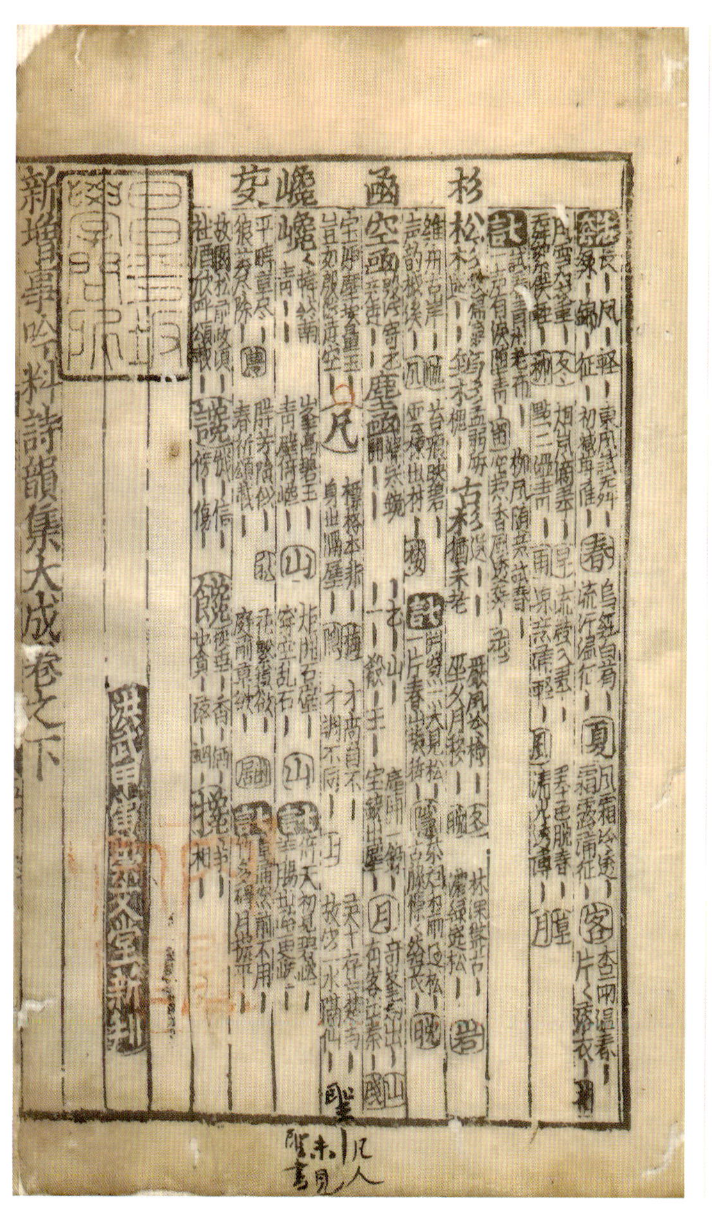

61. 联新事备诗学大成三十卷

九册，日本国立公文书馆藏

元林桢辑

日本南北朝刊本。

每半叶十三行，小字双行二十五字；四周双边，细黑口，双鱼尾。

据元至正十五年（1355）翠岩精舍刻本翻刻。翠岩精舍是建阳书坊刘氏堂号，元、明两代均有刻书。是书元至正翠岩精舍刻本，未见著录（有误明本为元本者）。刘氏翠岩精舍明正统九年（1444）刻景泰三年（1452）重修本，浙江图书馆藏。和刻本行款与之相同。

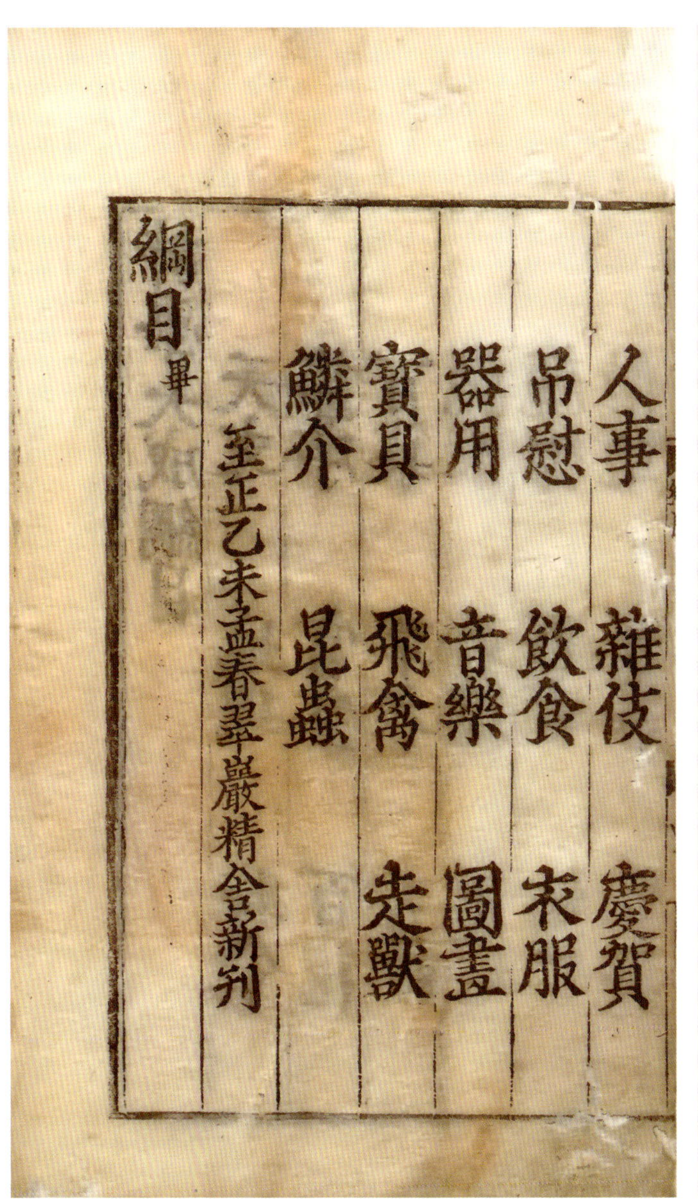

至正乙未孟春翠巖精舍新刊

綱目畢

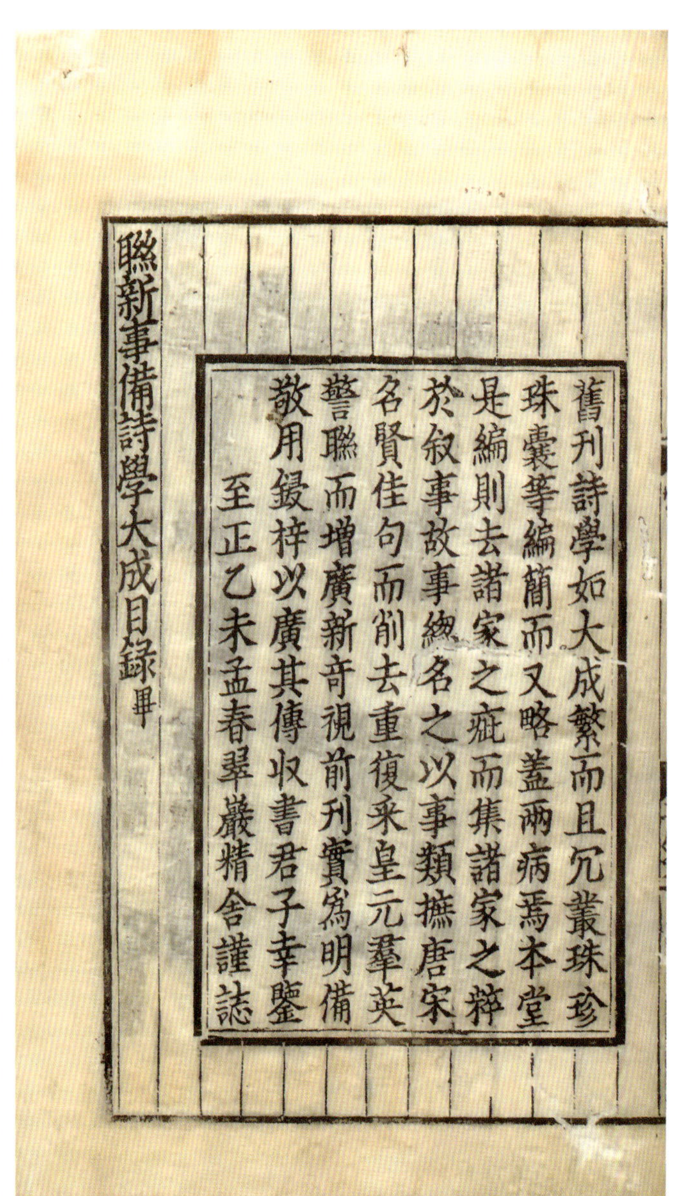
舊刊詩學如大成繁而且冗叢珠珍
珠囊等編簡而又略蓋兩病焉本堂
是編則去諸家之疵而集諸家之粹
於叙事故事總名之以事類摭唐宋
名賢佳句而削去重復采皇元羣英
警聯而增廣新奇視前刊實爲明備
敬用鋟梓以廣其傳收書君子幸鑒
至正乙未孟春翠巖精舍謹誌

聯新事備詩學大成目錄畢

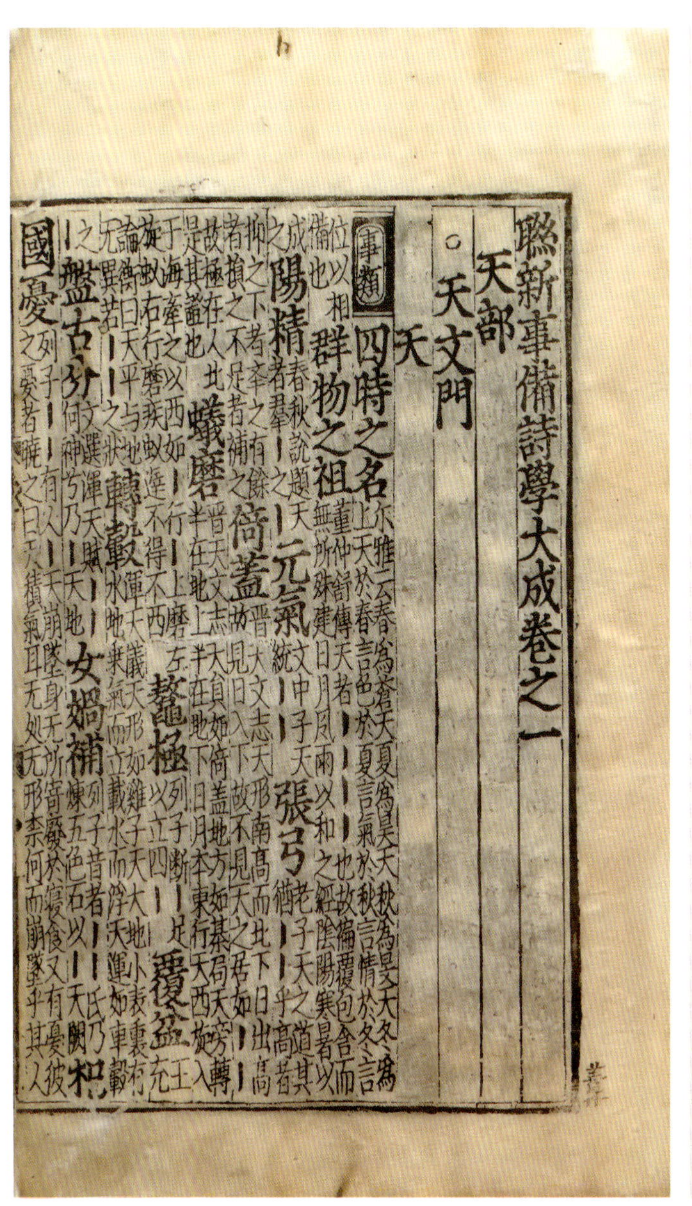

联新事备诗学大成三十卷

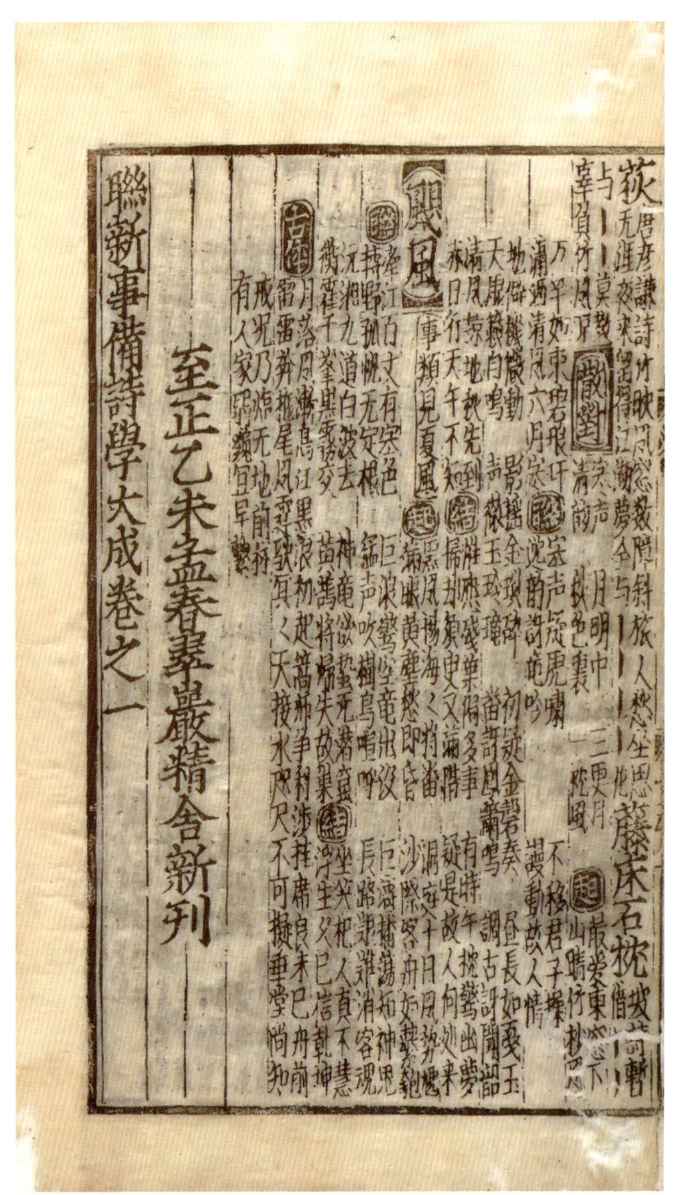

颶風

事類見夏風

至正乙未孟春翠巖精舍新刊

聯新事備詩學大成卷之一

62. 春窗联偶巧对便蒙类编二卷

二册，美国哈佛大学哈佛燕京图书馆藏

明曾梅轩编

日本宽永十三年（1636）京都田原仁左卫门刻本。

每半叶六行，字不等；四周双边，黑口，双鱼尾。

据明嘉靖二十一年（1542）张氏新贤书堂刻本重刻。张氏新贤书堂原刻本未见著录。新贤书堂，一作新贤堂，是明代建阳著名书坊堂号。嘉靖间书坊主张闽岳，曾刻《周易本义》《书集传》《礼记集注》《春秋胡传》《新刊四明先生高明大字续资治通鉴节要》《新刊性理大全七十卷》等。

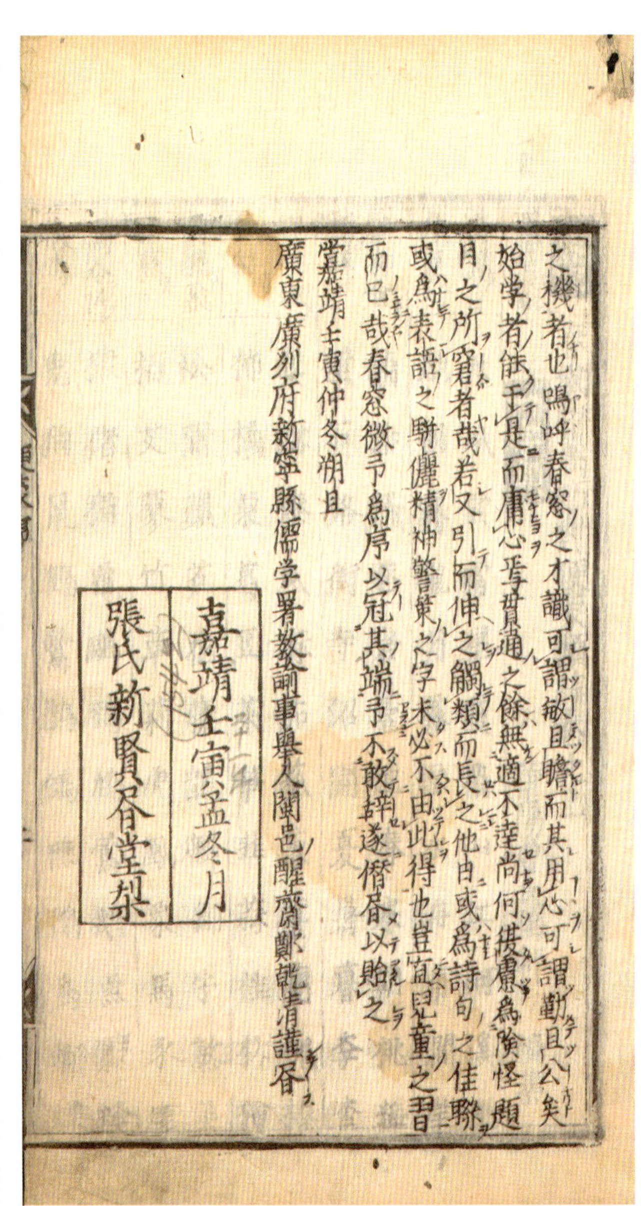

便蒙 春窗聯偶巧對便蒙類編卷之上

一字類 莆陽曾氏梅軒 編集

羅星拱北 斂數月升東 禁柳含烟綠 宮桃映日紅 雨晴飛社燕 鴈冷叫秋鳴

天風雲雷星霞霜山江河溪堤
地雨霧電月露雪水海浦澗岸
墻沙橋巷岩臺池春寒朝桃梅
壁石路街寺沼園夏暑暮李杏
梨柑榛瓜麻茄菰葱薑蘭槐椿
柿橘栗葛豆菜筍韭蒜桂柳榆
松蒲蘋芦花藤龍麟獅牛獒羊
栢艾蓼竹草莉虎鳳象馬豕鹿
猿猪猫龜鷗鵝鳩鶯鵲魚蝦蜂
兔狗鼠鶴鷺鵲鴿燕鴨鳥蟹蝶

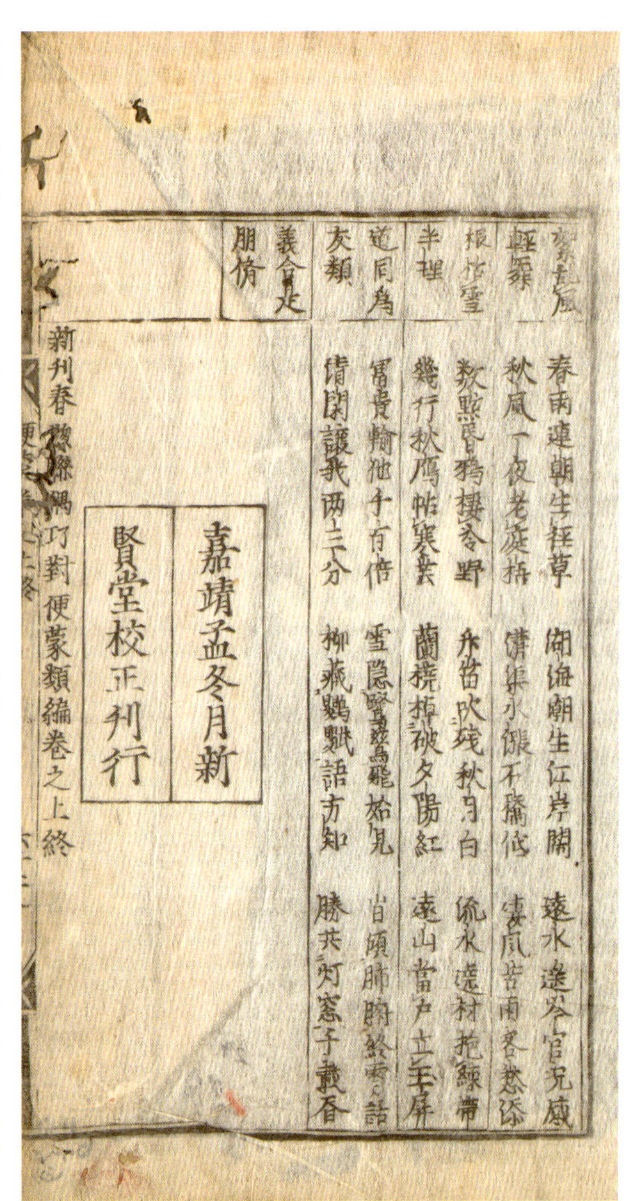
嘉靖孟冬月新
賢堂校正刊行
新刊春聯類編卷之上終

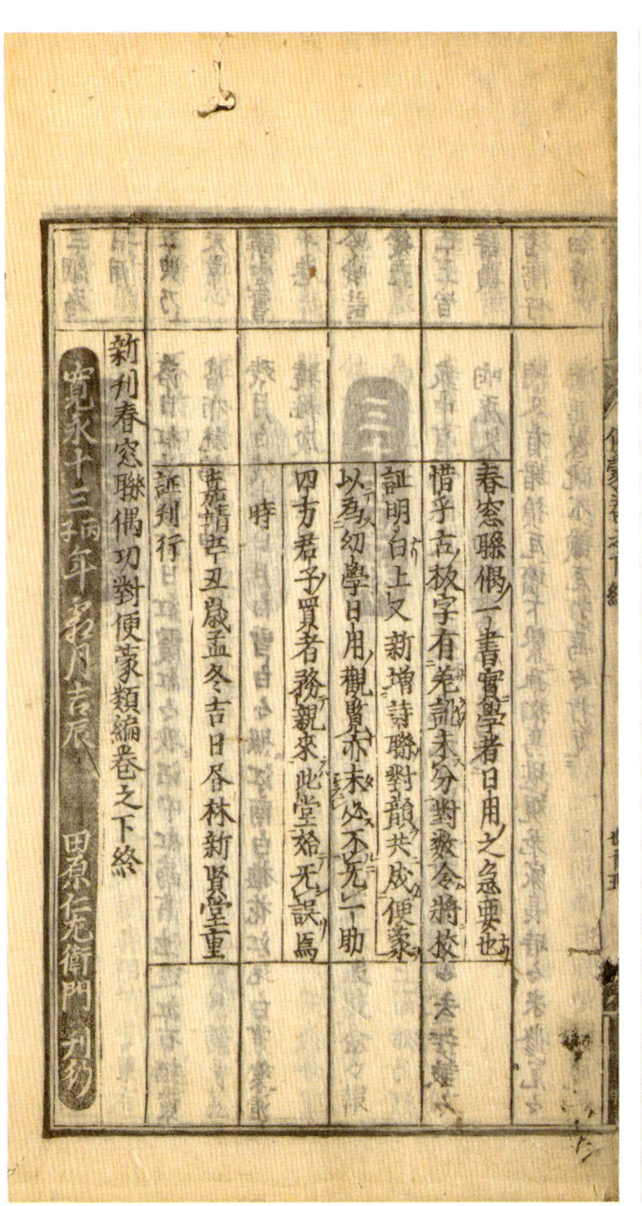

春窓聯偶一書實學者日用之急要也
惜乎古板字有差訛未分對類今將校
証明白上又新增詩聯對韻共成便蒙
以為幼學日用觀覽亦未必不无一助
四方君子買者務親來此堂始无誤焉
時
嘉靖丁丑歲孟冬吉日啓林新賢堂重
証刊行

新刊春窓聯偶巧對便蒙類編卷之下終

寛永十三丙子年孟月吉辰　田原仁左衛門刊行

63. 剪灯余话五卷

一册，日本国立公文书馆藏

明李昌祺撰

日本元和至宽永间（*1615—1643*）古活字印本（卷三第十一叶起配朝鲜刊本）。

每半叶十三行，行二十字，小字双行同；四周双边，黑口，双鱼尾。

当据明建本翻制。所见卷端题“上杭县知县盱江张光启校刊，建阳县县丞何景春同校绣行”者，均为建本，如成化二十三年（1487）书林双桂堂本（牌记作“重刊”）、正德六年（1511）杨氏清江堂本；而仅题“翰林院庶吉士文江刘子钦订定”或“新安黄正位订定”者，均非建本。该本或据张光启、何景春初刻本翻制，亦有可能以朝鲜本为底本。

剪燈餘話卷之一

廣西左布政使廬陵李昌祺編撰
翰林院庶吉士文江劉子欽訂定
上杭縣知縣盱江張光啓校刋
建陽縣縣丞何景春同校綉行

長安夜行録

洪武初湯公銘之與文公原吉俱以老成練達學問淵源政事文章推重當代未幾而秦邸之國湯公拜右輔文公拜左輔隨從以行時天下大平人物繁庶關中又漢唐故都遺跡俱在二公導翊之暇惟從容於詩酒中臨眺於山川訪古尋幽未嘗相舍一日文公謂湯公曰漢代諸陵盡在於此吾徒幸無案牘之勞旦有休退之日登高能賦此其時乎府僚洛陽巫

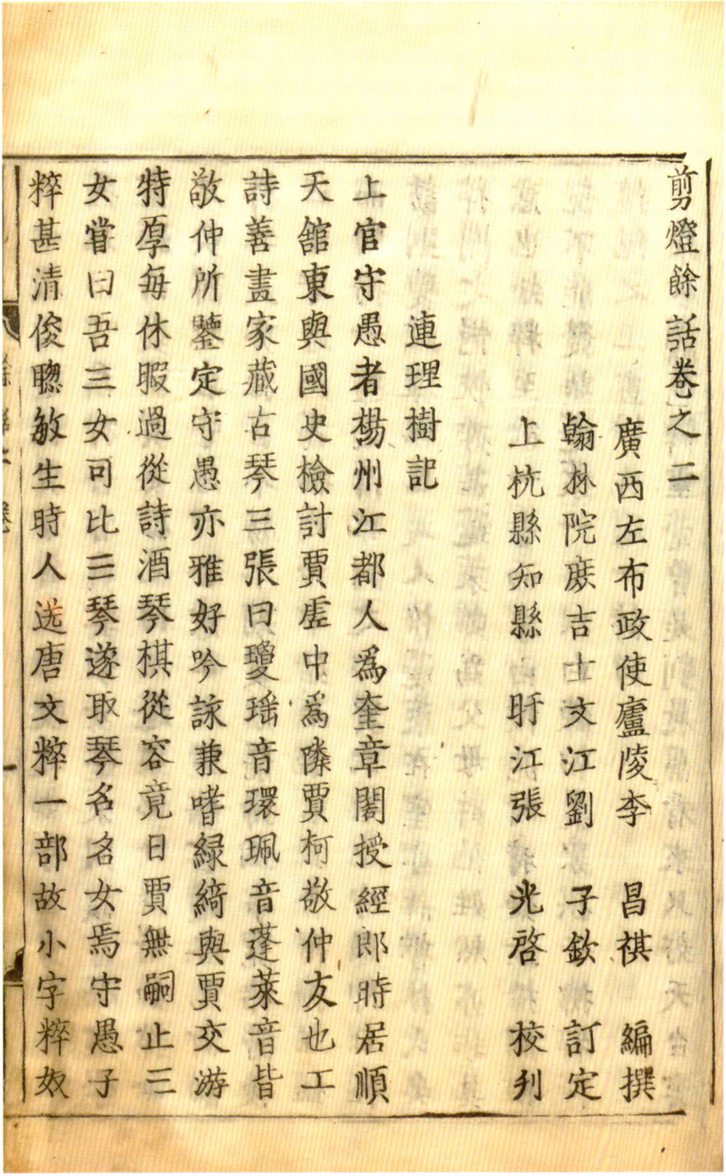
剪燈餘話卷之二
廣西左布政使廬陵李 昌祺 編撰
翰林院庶吉士文江劉 子欽 訂定
上杭縣知縣盱江張 光啓 校刊
連理樹記
上官守愚者楊州江都人爲奎章閣授經郎時居順天館東與國史檢討賈虛中爲隣賈柯敬仲友也工詩善畫家藏古琴三張曰瓊瑶音環珮音蓬萊音皆敬仲所鑒定守愚亦雅好吟詠兼嗜綠綺與賈交游特厚每休暇過從詩酒琴棋從容竟日賈無嗣止三女甞曰吾三女可比三琴遂取琴名名女焉守愚子粹甚清俊聰敏生時人送唐文粹一部故小字粹奴

64. 集千家注分类杜工部诗二十五卷年谱一卷

十册，日本国立国会图书馆藏

唐杜甫撰，宋徐居仁编次，宋黄鹤补注
《年谱》宋黄鹤补撰

日本永和二年（1376）观喜刻本。

每半叶十二行，行二十字，小字双行二十六字；四周双边或左右双边，黑口，双鱼尾。

据元皇庆元年（1312）建安余氏勤有堂刻本翻刻。余氏勤有堂原刻本，南京图书馆、成都杜甫草堂、台北“故宫博物院”、日本东洋文库等藏。和刻本行款与原刻本同，字体相近。书前传序碑铭后、诗门类后、目录后及卷终牌记，一一翻雕，几可乱真。

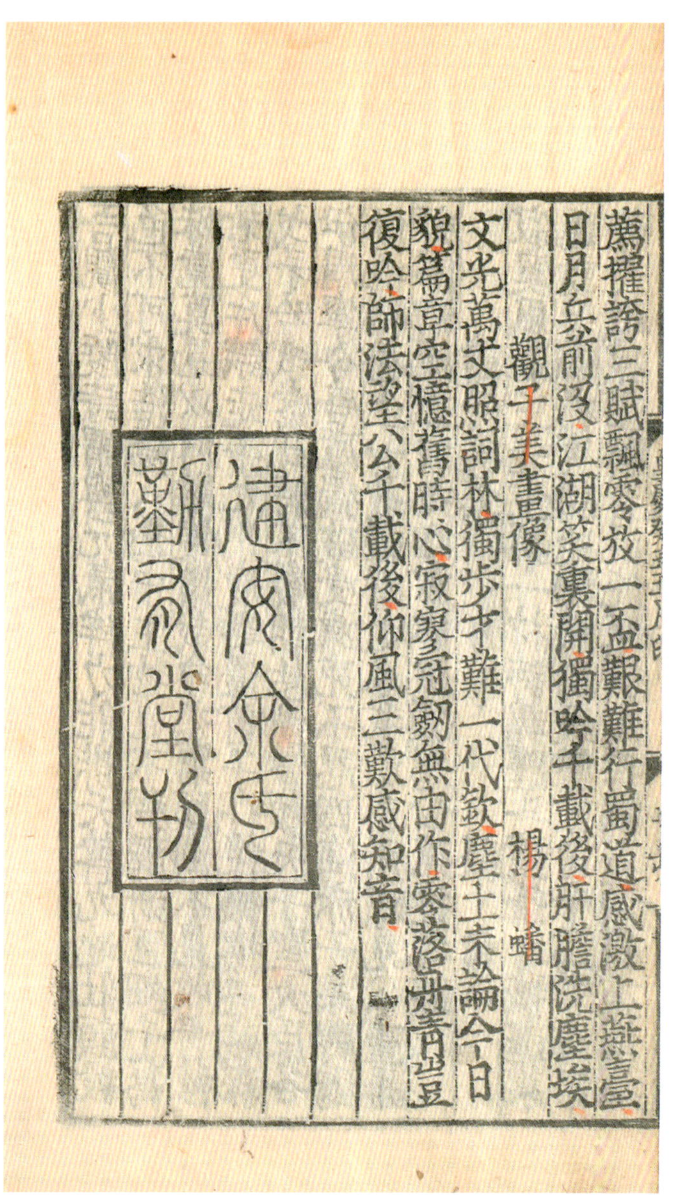

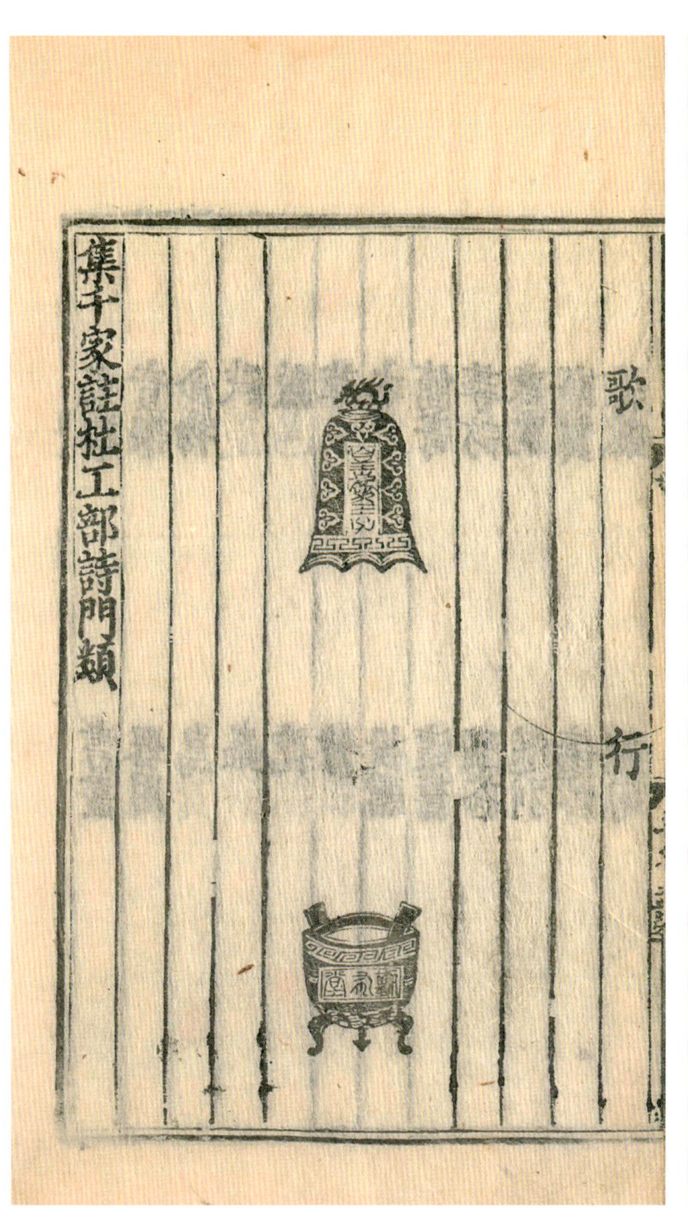

集千家註杜工部詩門類

歌

行

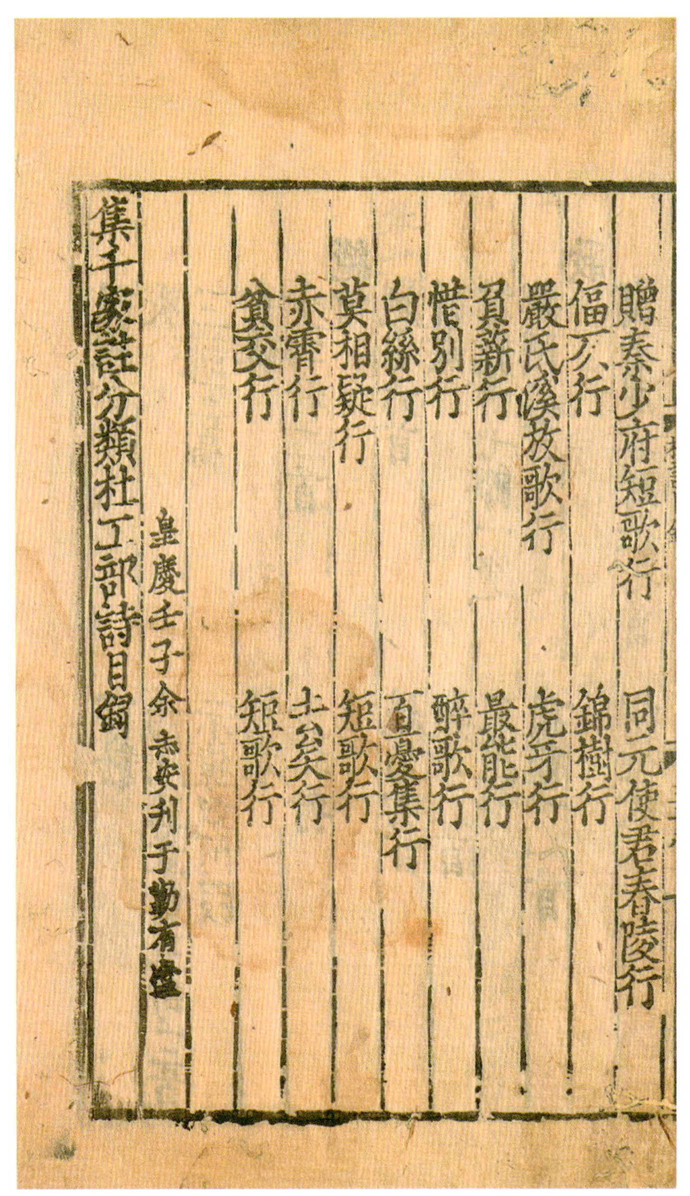
赠秦少府短歌行　同元使君舂陵行
偪仄行　锦树行
严氏溪放歌行　虎牙行
负薪行　最能行
惜别行　醉歌行
白丝行　百忧集行
莫相疑行　短歌行
赤霄行　去矣行
贫交行　短歌行
集千家注分类杜工部诗目录
皇庆壬子余志安刊于勤有堂

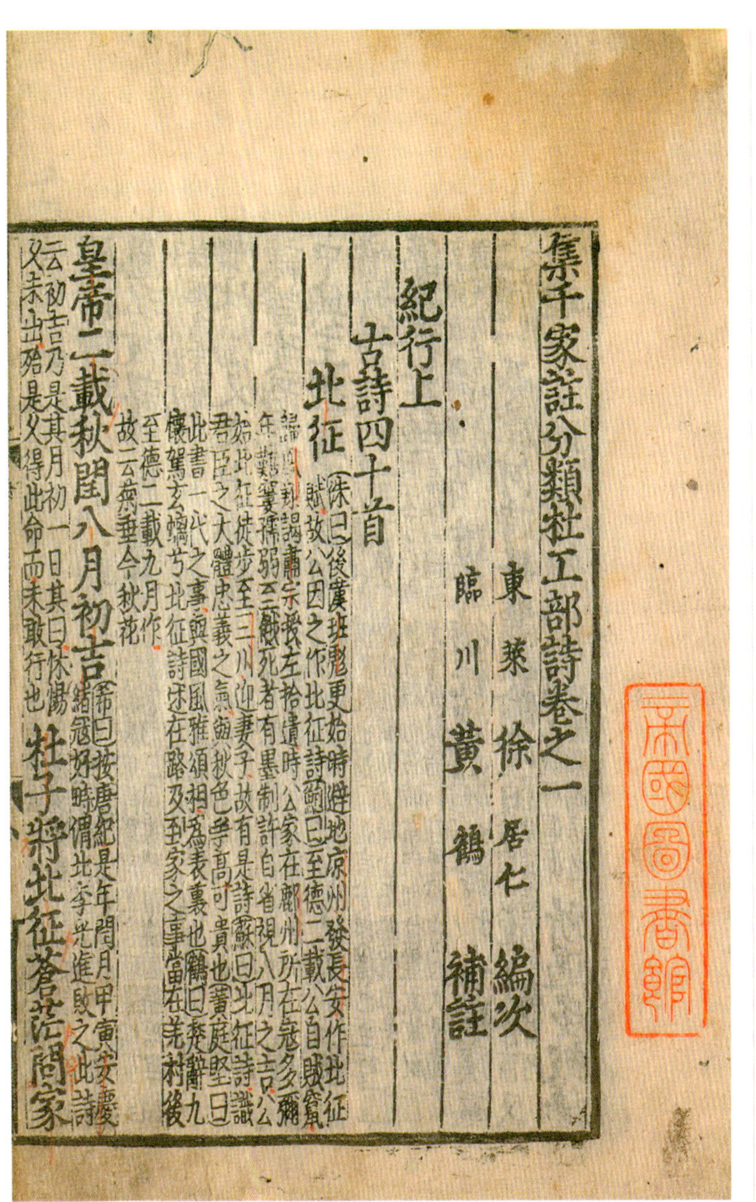

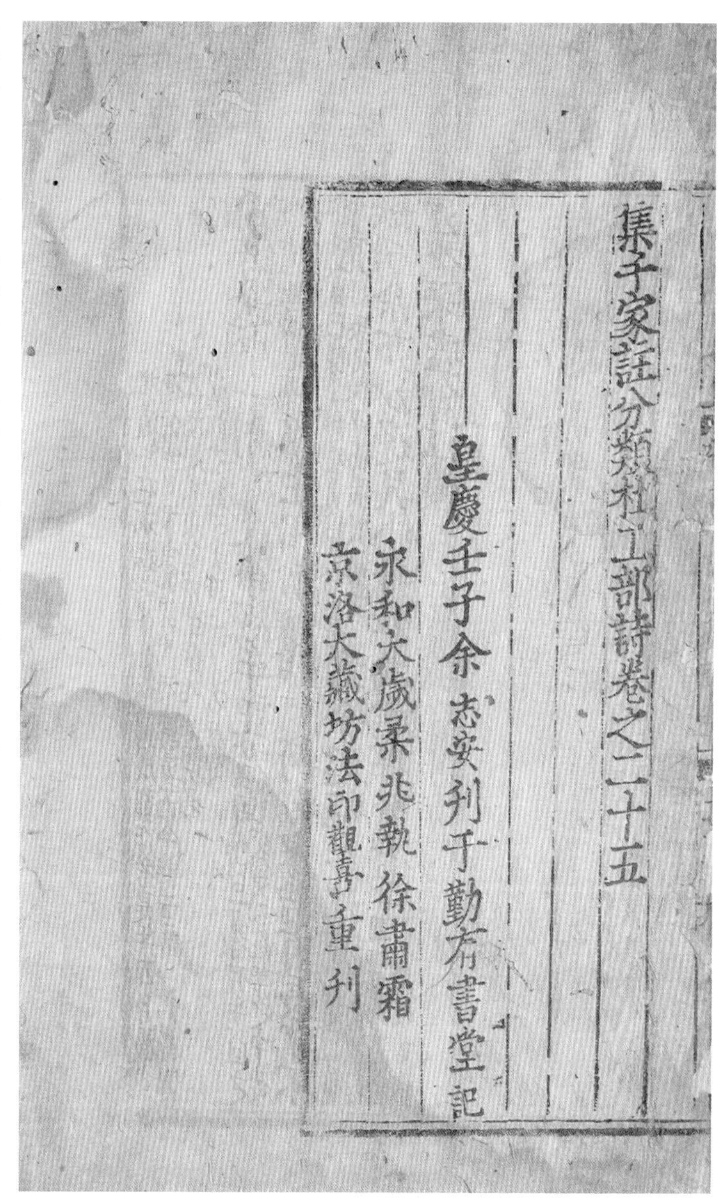
集千家註分類杜工部詩卷之二十五

皇慶壬子余志安刊于勤有書堂記

永和大歲柔兆執徐肅霜

京洛大藏坊法印觀喜重刊

65. 集千家注批点杜工部诗集二十卷文集二卷年谱一卷附录一卷

五册，日本国立公文书馆藏

唐杜甫撰，宋黄鹤补注，宋刘辰翁评点
《年谱》宋黄鹤补撰

日本南北朝刊本。

每半叶十四行，行二十四至二十六字不等，小字双行同；左右双边，黑口，双鱼尾。

据明洪武元年（1368）云衢会文堂刻本翻刻。云衢会文堂刻本，中国国家图书馆、天津图书馆、复旦大学图书馆、成都杜甫草堂、日本天理图书馆、京都大学附属图书馆等藏。和刻本行款与之皆同，字体相近。《目录》尾题前牌记亦依样翻雕。

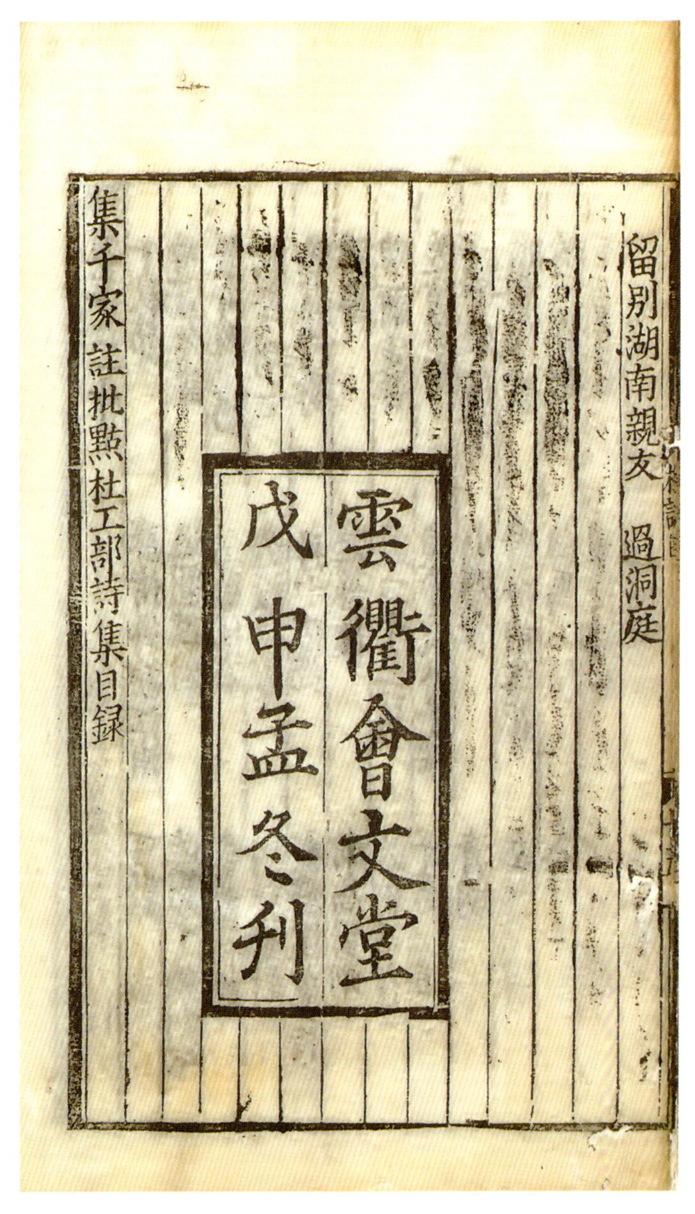
留別湖南親友　過洞庭
雲衢會文堂
戊申孟冬刊
集千家註批點杜工部詩集目録

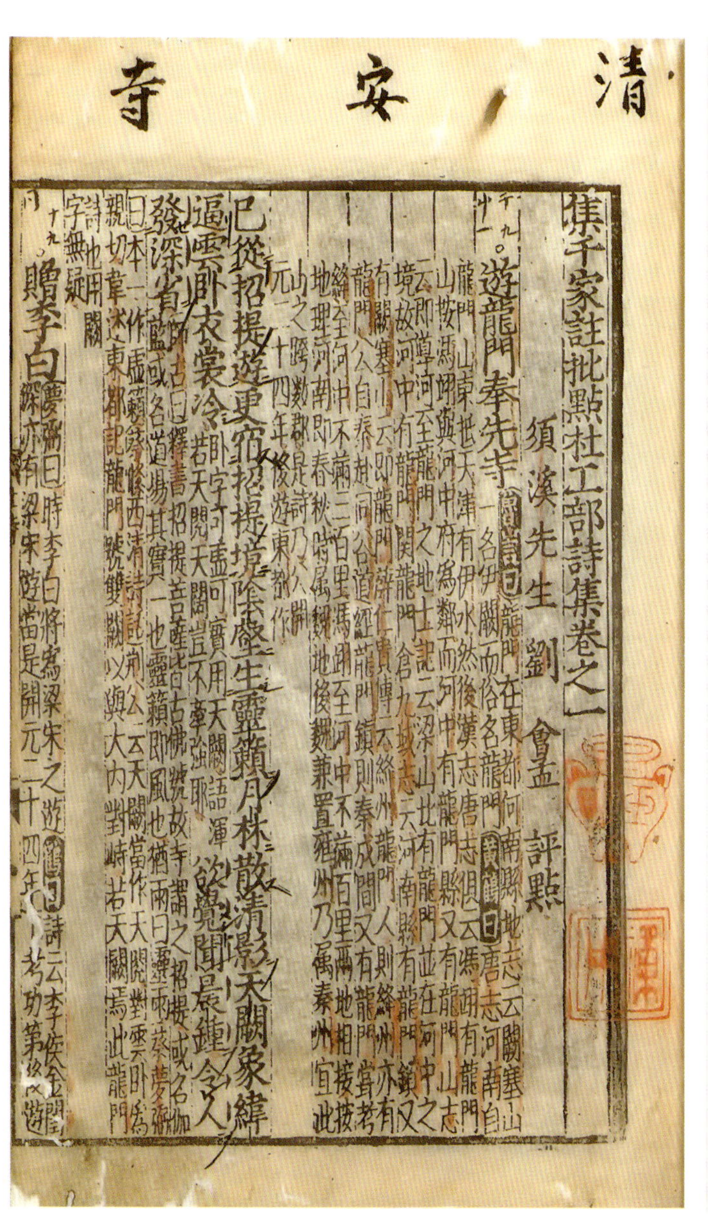

杜工部文集卷之一

天狗賦并序

年譜云按玄宗天寶六載詔天下有一藝者公應詔退下留京師是年十月上幸華清宮公因至獸坊作天狗賦又按長安東驪山有湯泉水浴可愈疾初秦始皇砌石起室漢武帝又加修飾唐正觀間建湯泉宮咸亨間改温泉宮天寶六載改華清宮又築羅城置百司及十宅每歲十月上巡幸焉

天寶中上冬幸華清宮甫因至獸坊怪天狗院列在諸獸院之上胡人云此其獸猛健無與比者甫壯而賦之尚恨其與凡獸相近

澹華清之莘莘漠漠而山殿戍削縹與天風崢乎迴薄上揚雲旓兮下列猛獸夫何天狗嶙峋兮氣獨神秀色似狻猊小如猨狖忽不樂雖萬夫不敢前兮非胡人焉能知其去就向若鐵柱欹而金鏁斷兮事未可救瞥流沙而歸月窟兮斯豈踰晝日食君之鮮肥兮性剛簡而清瘦敏於一擲威解兩鬬終無自私必不虛透甞觀乎副君暇豫奉命于畋則蚩尤之倫已腳渭戟涇提挈丘陵與南山周旋而慢圍者戮實禽有所穿伊鷹隼之不制兮呵犬豹以相纏蹙乾坤之翕習兮望麋鹿而飄然由是天狗捷來發自於左頓六軍之蒼黃兮劈萬

66. 翰林考正杜律五言赵注句解三卷

二册，日本早稻田大学图书馆藏

唐杜甫撰，元赵汸注

日本庆安四年（1651）中村市兵卫刻本。

每半叶九行，行十七字，小字双行同，四周双边，下黑口，双鱼尾。

据明万历三十年（1602）郑（世）豪宗文堂刻万历三十九年（1611）印本重刻。该书与《翰林考正杜律七言虞注大成》二卷，郑氏曾多次刻印。一为万历十六年（1588）刻本，中国国家图书馆藏赵《注》，江西省图书馆藏虞《注》。首题“建邑书林郑豪绣镌”。赵《注》卷终刻牌记“万历戊子年孟夏/月书林云竹绣梓”。每半叶九行，行二十字，小字双行同；四周双边，白口，双鱼尾。一为万历三十年刻本，日本国立公文书馆藏全帙，北京市文物局、成都杜甫草堂藏虞《注》。首题“建邑书林郑豪锓梓”。赵《注》卷终有牌记“万历壬寅岁季秋月/书林宗文堂云竹梓”，虞《注》有牌记“万历壬寅年孟冬月/书林郑氏云竹绣梓”。然书前序后又镌万历癸卯“建邑书林郑云竹新梓”等字样，盖为万历三十一年（1603）重印。每半叶十行，行二十一字，小字双行同；四周双边，白口，单鱼尾。和刻本内封镌“万历辛亥春月/郑云竹重新梓行”，而卷终牌记与万历三十年本同，乃知所据为万历三十九年重印本。

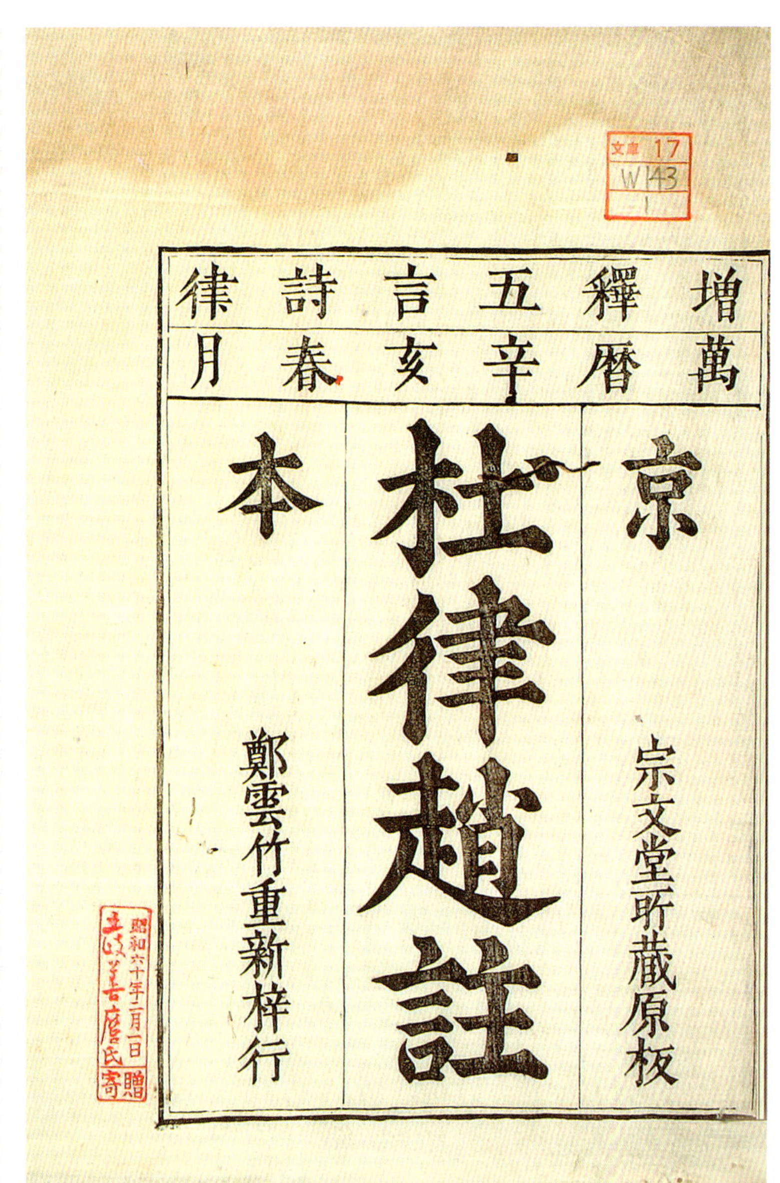

增釋五言詩律

萬曆辛亥春月

京 宗文堂所藏原板

杜律趙註

本 鄭雲竹重新梓行

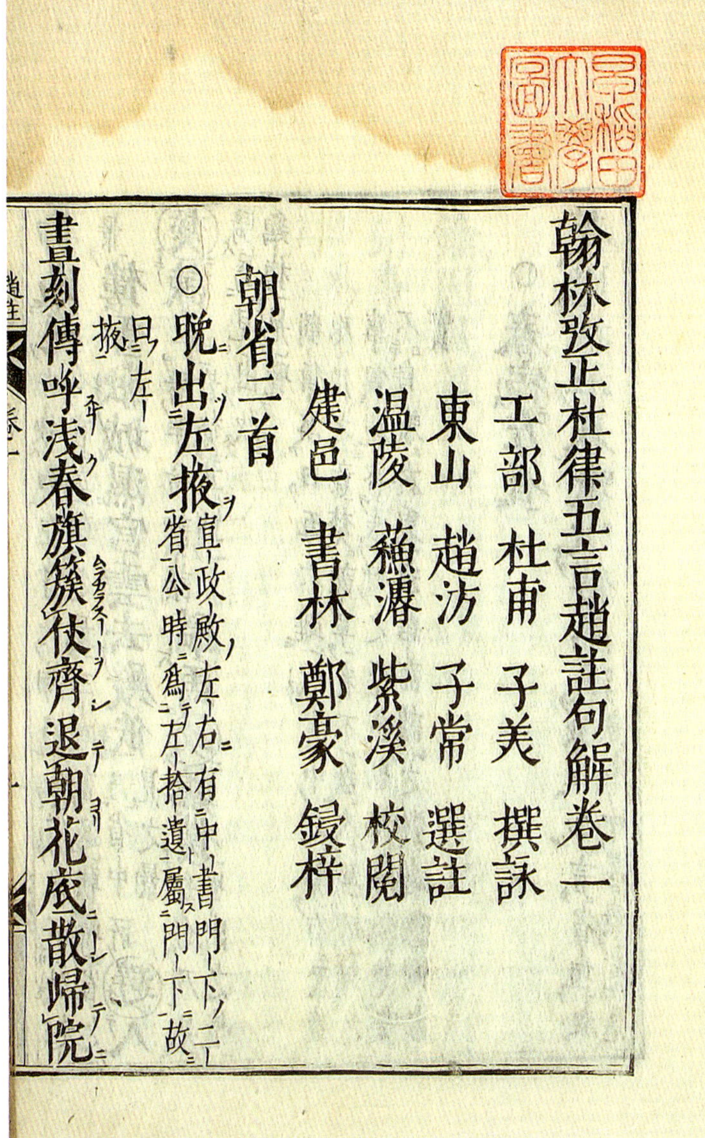

萬古凡馬空玉花却在御榻上榻上庭
前屹相向至尊含笑催賜金圉人太僕
皆惆悵弟子韓幹早入室亦能畫馬窮
殊相幹惟畫肉不畫骨忍使驊騮氣凋
喪將軍畫善蓋有神必逢佳士亦寫真
即今漂泊干戈際屢貌尋常行路人途
窮返遭俗眼白世上未有如公貧但看
古來盛名下終日坎壈纏其身

萬曆壬寅歲季秋月
書林宗文堂雲竹梓

翰林校正杜律五言詩選趙註句解卷三終

慶安四辛卯年陽復吉辰　中村市兵衛開板

67. 增刊校正王状元集注分类东坡先生诗二十五卷 东坡纪年录一卷

二十六册，日本国立公文书馆藏

宋苏轼撰，宋王十朋集注，宋刘辰翁批点
《东坡纪年录》宋傅藻撰

日本庆长间铜活字印本。

每半叶九行，行十五字，小字双行同；四周双边，黑口，双鱼尾。

是书虞氏务本堂刻本，或著录作宋本（《中国古籍善本书目》），或著录作元本（《中国古籍总目》）。书前校正姓氏尾题前有牌记云“建安虞平斋/务本堂刊”。据此翻制者有朝鲜铜活字印本、日本南北朝刊本。不详该本自虞氏原刻本抑或朝鲜本、日本古刊本翻出，唯牌记“斋”字已不存，知其祖本当为虞氏刻本之后印者。又有日本明历二年（1656）刻本，见后。

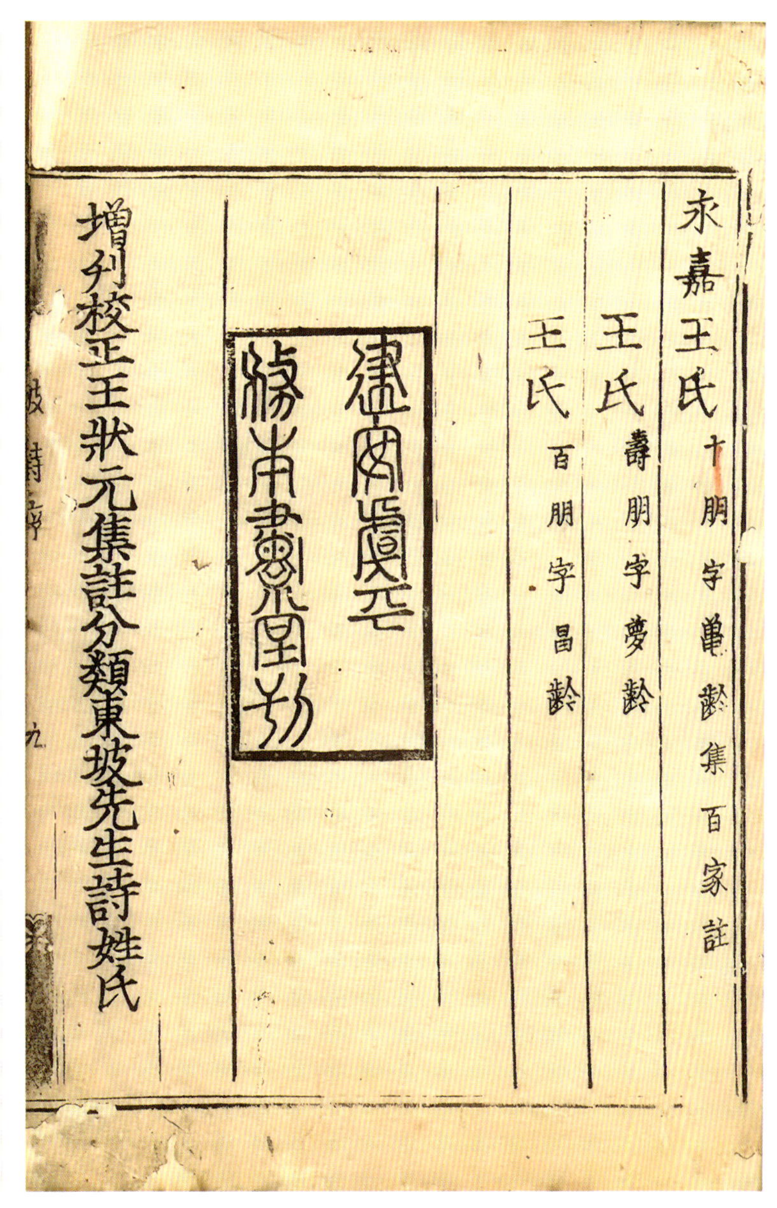
永嘉王氏十朋字龜齡集百家註

王氏壽朋字夢齡

王氏百朋字昌齡

建安虞氏

務本書堂刊

增刊校正王狀元集註分類東坡先生詩姓氏

增刊校正王狀元集註分類東坡先生詩卷之一

宋禮部尚書端明殿學士兼侍讀學士贈太師謚文忠公蘇軾

廬陵須溪劉辰翁批點

紀行　詩九十二首

壬寅二月有詔令郡吏分往屬縣減決囚禁自十三日受命出府至寶雞虢郿盩厔四縣既畢事因朝謁太平宫而宿於南溪溪堂遂並南山而西至樓觀

東坡紀年録

僊溪傅　藻編纂

公姓蘇諱軾字子瞻一字和仲眉州眉山縣人也蘇氏出高陽而蔓延於天下唐神龍初長史味道刺眉一子留眉〻有蘇氏自此始公高大父祐曾大父杲大父序三世皆不顯序三子曰澹曰渙曰洵〻字明允公父也澹渙皆以文學舉進士而渙至都官郎中序以渙官故

68. 增刊校正王状元集注分类东坡先生诗二十五卷东坡纪年录一卷

二十七册，日本国立公文书馆藏

宋苏轼撰，宋王十朋集注，宋刘辰翁批点
《东坡纪年录》宋傅藻撰

日本明历二年（1656）刻京都松柏堂林和泉掾印本。

每半叶九行，行十五字，小字双行同；四周双边，黑口，双鱼尾。

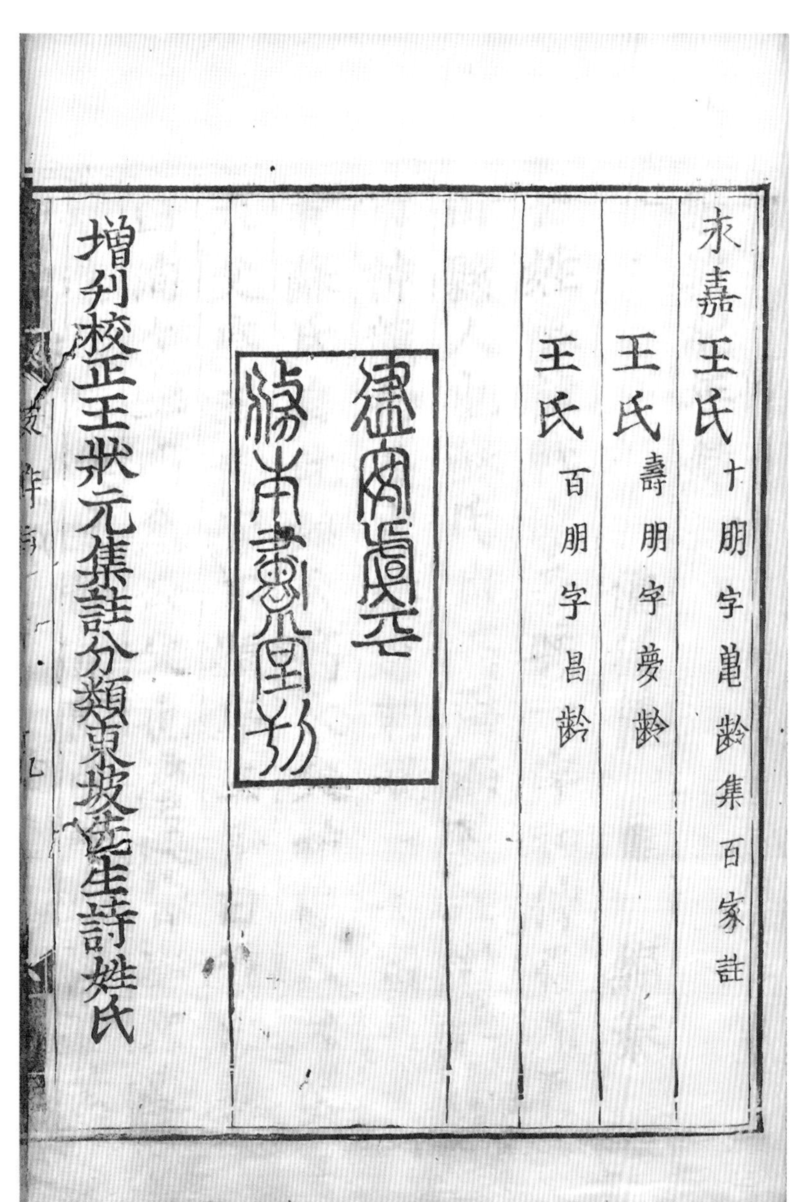
永嘉王氏十朋字亀齡集百家註
王氏壽朋字夢齡
王氏百朋字昌齡
建安虞氏平齋務本書堂刻
增刋校正王狀元集註分類東坡先生詩姓氏

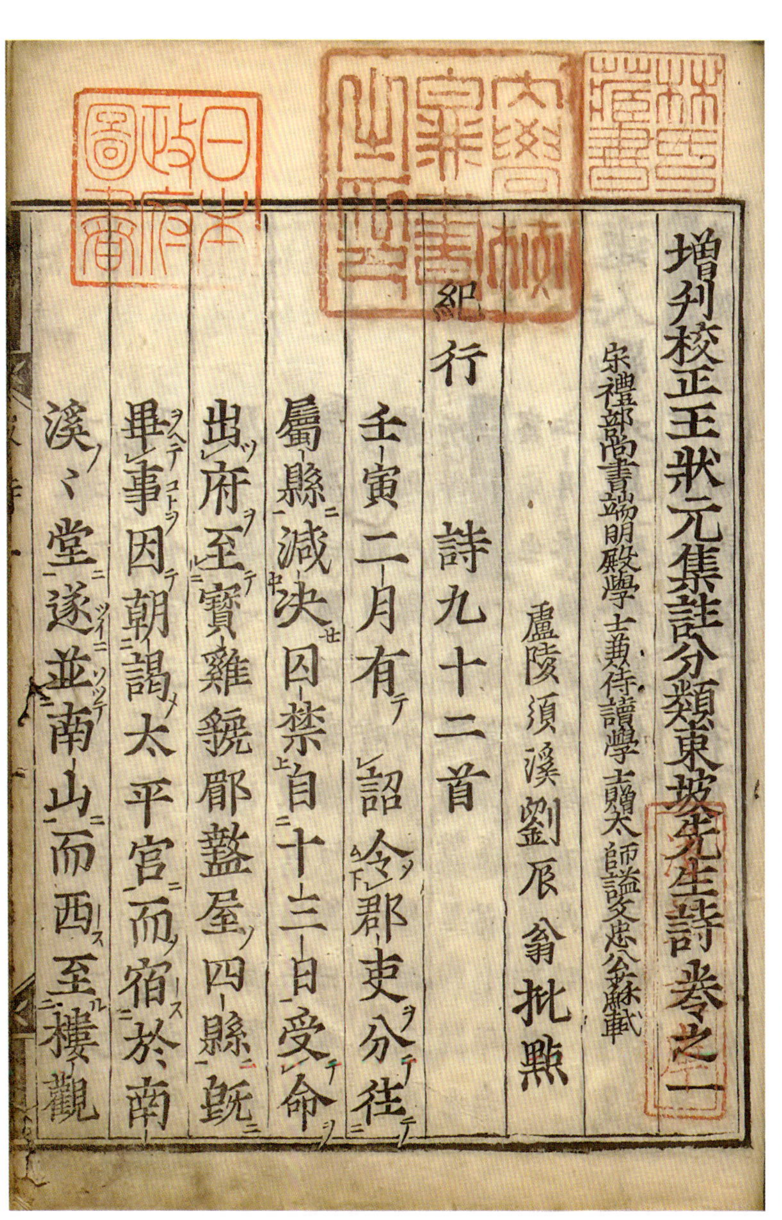
增刊校正王狀元集註分類東坡先生詩卷之一
宋禮部尚書端明殿學士兼侍讀學士贈太師謚文忠公蘇軾
廬陵須溪劉辰翁批點
紀行
詩九十二首
壬寅二月有詔令郡吏分往屬縣減決囚禁自十三日受命出府至寶雞虢郿盩厔四縣既畢事因朝謁太平宮而宿於南溪溪堂遂並南山而西至樓觀

東坡紀年録

僊溪傅　藻　編纂

公姓蘇諱軾字子瞻一字和仲眉州眉山縣人也蘇氏出高陽而蔓延於天下唐神龍初長史味道刺眉一子留眉〻有蘇氏自此始公高大父祐曾大父杲大父序三世皆不顯序三子曰澹曰渙曰洵々字明允公父也澹渙皆以文學舉進士而渙至都官郎中序以渙官故

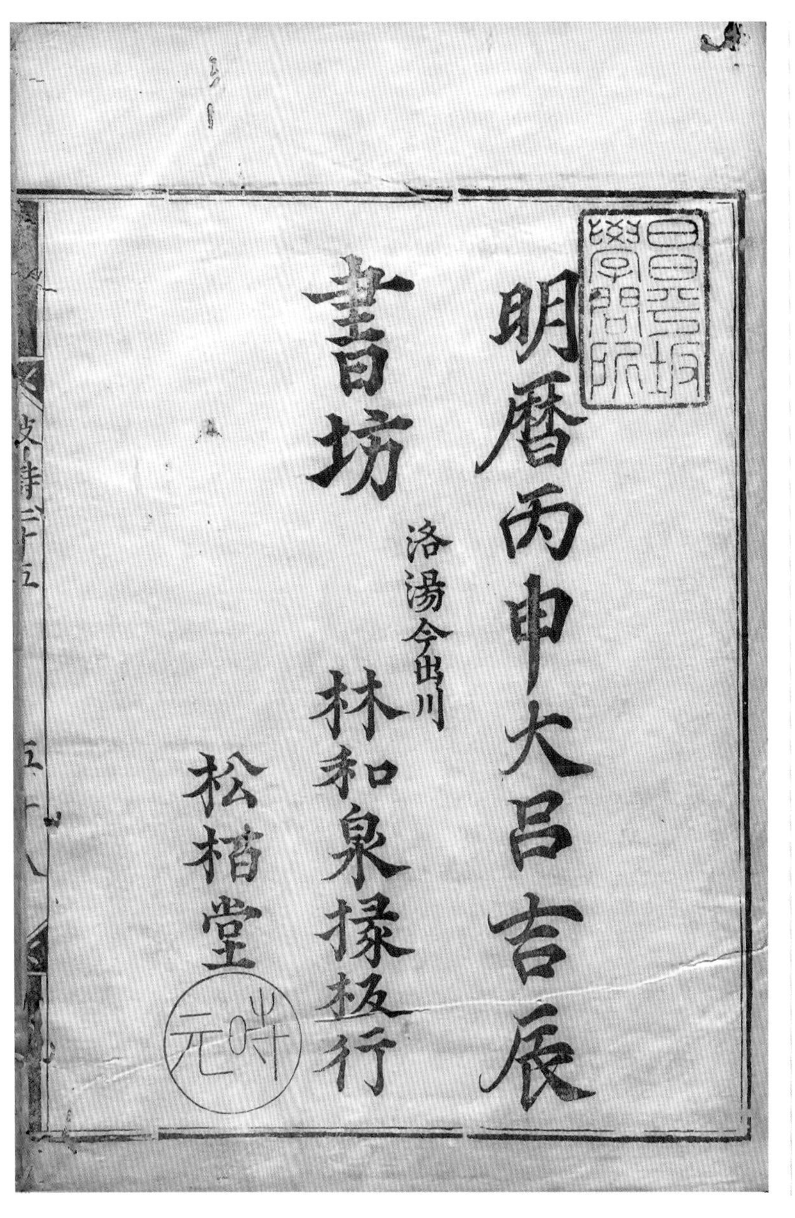

明曆丙申大呂吉辰

書坊

洛湯今出川

林和泉掾板行

松栢堂

增刊校正王状元集注分类东坡先生诗二十五卷东坡纪年录一卷

69. 新刻东坡禅喜集九卷

一册，日本国立国会图书馆藏

宋苏轼撰，明杨尔增校

日本元禄二年（1689）洛阳书肆中野伯元刻本。

每半叶十行，行二十字；四周单边，白口，无鱼尾。

据明万历间建阳书林熊玉屏刻本重刻。熊玉屏原刻本，中国国家图书馆、南京图书馆、日本国立公文书馆、大阪府立图书馆等藏。每半叶十行，行十八字；四周单边，白口，单鱼尾。

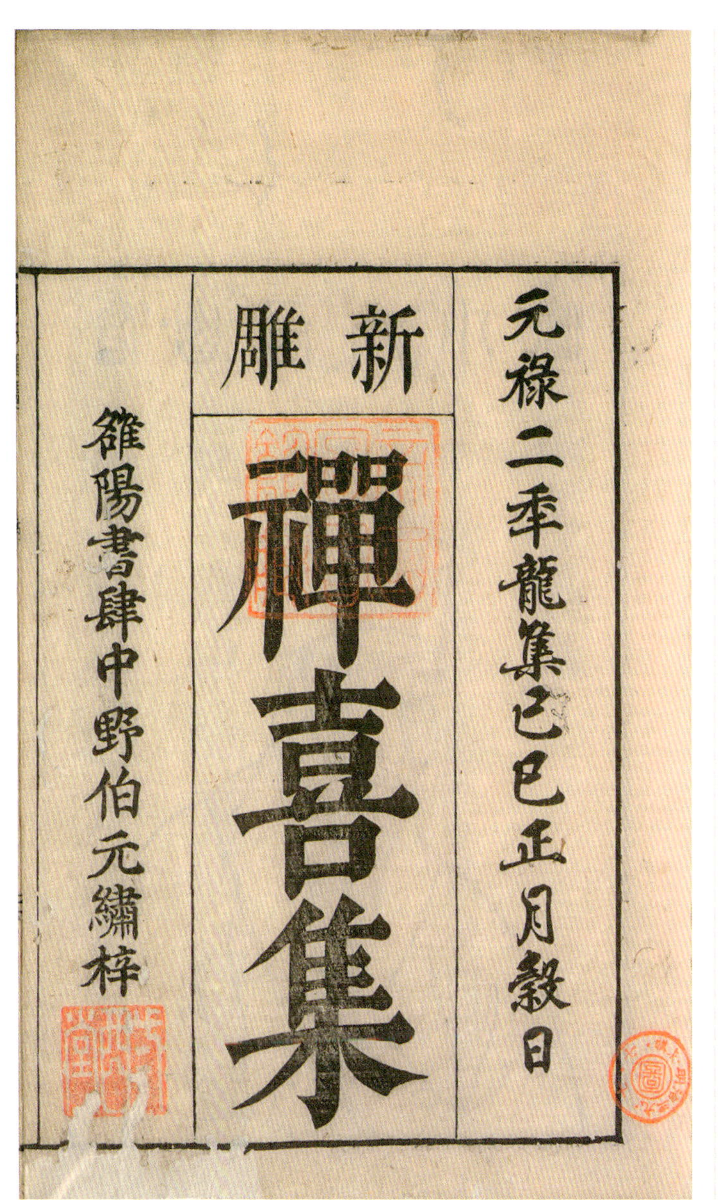

新刻東坡禪喜集卷之一

錢塘　楊爾曾聖魯校書

潭邑　書林熊玉屏繡梓

頌第一

○釋迦文佛頌并引

端明殿學士兼翰林侍讀蘇軾爲亡妻同安郡君王氏閏之請奉議郎李公麟敬畫釋迦文佛及十大弟子元祐八年十一月十一日設水陸道場供養軾拜手稽首而作頌曰

我願世尊足指按地三千大千淨瑠璃色其中衆生

東坡禪喜　卷之一　一

70. 赵子昂诗七卷

二册，日本国立国会图书馆藏

元赵孟頫撰

日本南北朝刊本。

每半叶十一行，行二十字，小字双行同；左右双边，黑口，双黑鱼尾。

据元后至元七年（1341）虞氏务本堂刻本翻刻。虞氏务本堂原刻本，中国国家图书馆、日本静嘉堂文库等藏。

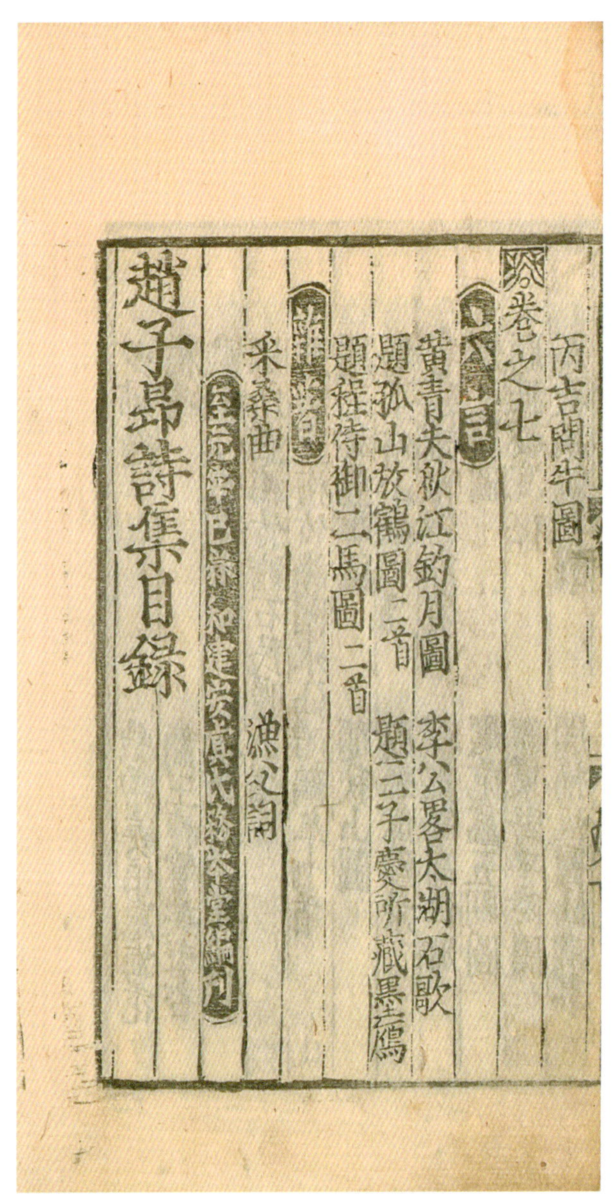

丙吉問牛圖

卷之七

[illegible]言

黃青夫秋江釣月圖　李公畧太湖石歌

題孤山放鶴圖二首　題王子慶所藏墨鴈

題程侍御二馬圖二首

絶句

采桑曲　漁父詞

至正元辛巳菊節建安虞氏務本堂編刊

趙子昂詩集目錄

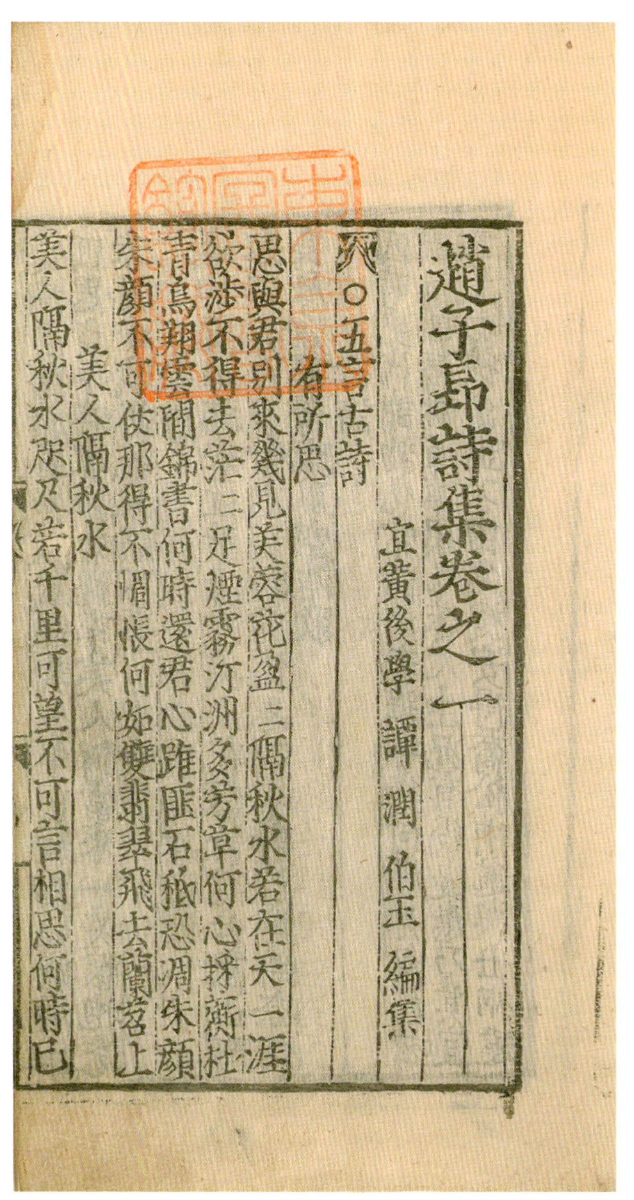

趙子昂詩集卷之一

宜黄後學　譚　潤　伯玉　編集

◦五言古詩

有所思

思與君別來幾見芙蓉花盈盈隔秋水若在天一涯
欲涉不得去茫茫足煙霧汀洲多芳草何心採蘅杜
青鳥翔雲間錦書何時還君心雖匪石秖恐凋朱顏
朱顏不可使那得不惆悵何如雙翡翠飛去蘭苕上

美人隔秋水

美人隔秋水咫尺若千里可望不可言相思何時已

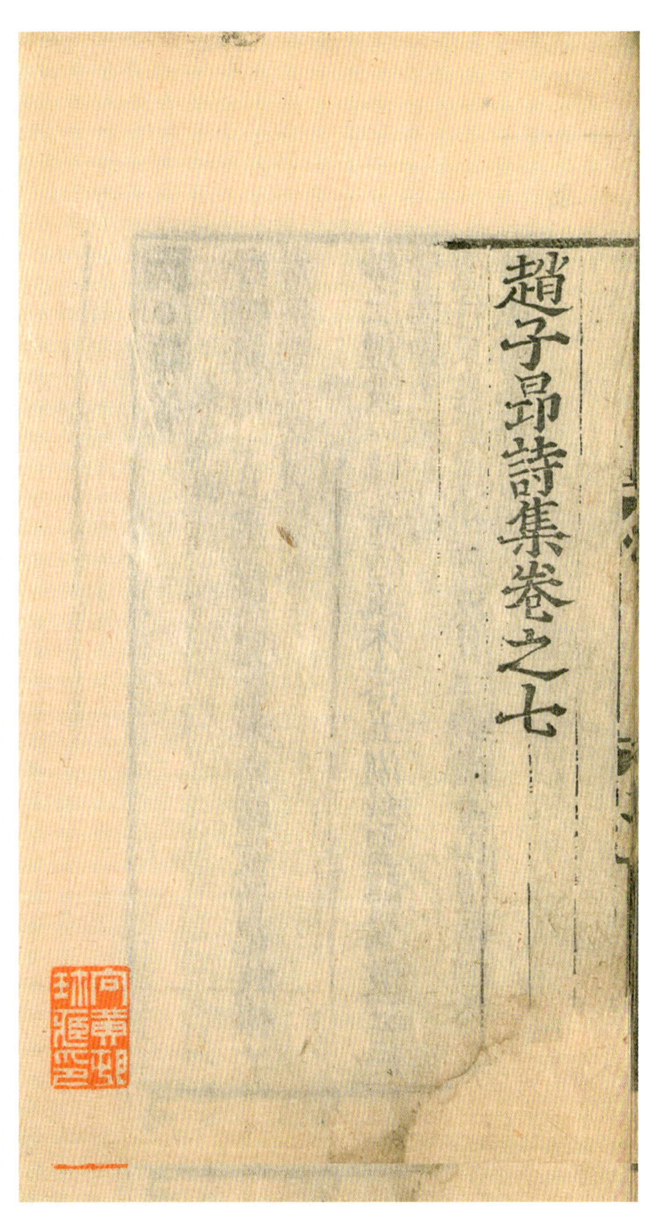
趙子昂詩集卷之七

71. 鼎镌注释解意悬镜千家诗二卷

一册，美国哈佛大学哈佛燕京图书馆藏

宋谢枋得辑，明陈生高注

日本正保三年（1646）治右卫门刻本。

每半叶九行，行十五字，小字双行同，上栏行七字；四周单边或双边，白口，无鱼尾。

据明潭阳杨氏刻本重刻。杨氏原刻本未见著录。和刻本卷端杨氏名讳省缺，盖所据乃建阳杨氏旧刻之后印本。卷上为七言绝句，凡八十三首；下卷为七言律诗，凡三十六首。

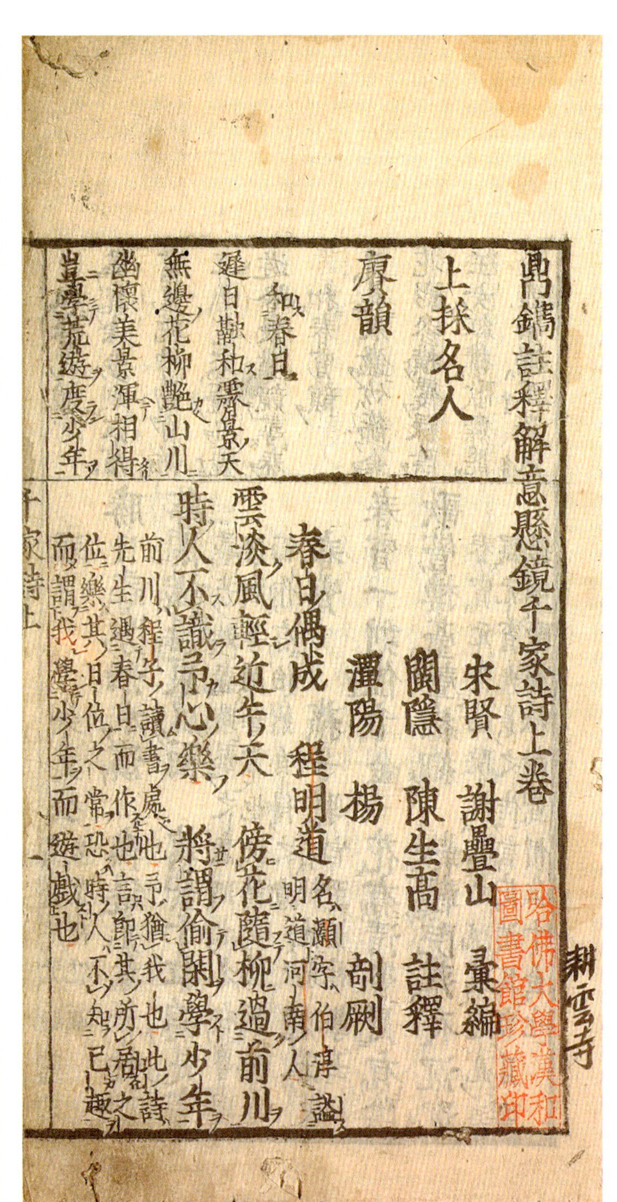

和時世

消條遁跡隱衡茅
兵亂時荒心益焦
食歎凡童嗟歲窘
禾畔田野葉無苗
牝氏百姓粮猶缺
十室三二家火不燒
安得清平官府遇
政行薄稅與征徭

時世行　杜荀鶴

夫因兵亂守蓬茅　麻苧裙衫鬢髮焦
桑柘廢來猶納稅　田園荒盡尚徵苗
時挑野菜和根煮　旋斫生柴帶葉燒
任是深山最深處　也應無計避征徭

桑柘二木名首言干戈騷攪則困乏蓬茅麻苧言衣之粗鬢髮焦言容顏憔悴之意次聯言身既貧困浸渭善雪桑柘既廢猶納賦稅田園既荒尚追粮粗野菜生柴極盡貧家光景難至遁跡深山尤難避官家也

懸鏡千家詩下卷終

正保三歲卯月吉日　治右衛門

72. 正续文章轨范百家评林注释十四卷

四册，日本国立国会图书馆藏

宋谢枋得辑，明李廷机评
（续）明邹守益辑，明焦竑评，明李廷机注

日本正德五年（1715）武村新兵卫等刻本。

每半叶十行，行二十字，小字双行同；上栏行四字。四周双边，白口，单鱼尾。

据明万历间陈德宗、熊冲宇刻汇印（合订）本重刻。据和刻本翻雕牌记及书前序可知，《正文章轨范百家评林注释》由陈德宗刻于万历三十四年（1606），《续文章轨范百家评林注释》原系熊冲宇刻于万历元年（1573）。正、续《文章轨范百家评林注释》，建阳书坊曾屡次刊印。今正编未见著录，续编尚存万历十九年（1591）三建书林乔山堂刻本、万历二十七年（1599）余绍崖自新斋刻本、万历三十四年陈氏存德堂刻本、万历四十三年（1615）余完初怡庆堂刻本等。该本所据之熊冲宇刻续编，亦未见著录。

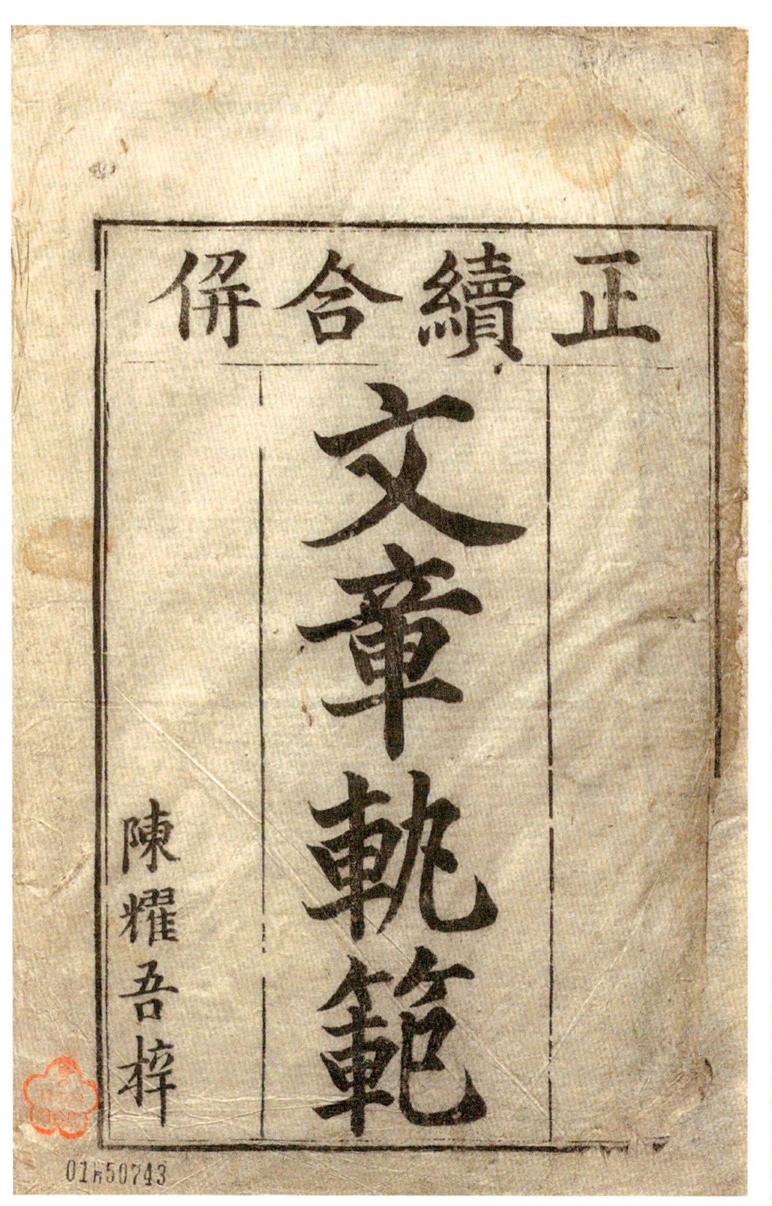
正續合併
文章軌範
陳耀吾梓
01H50743

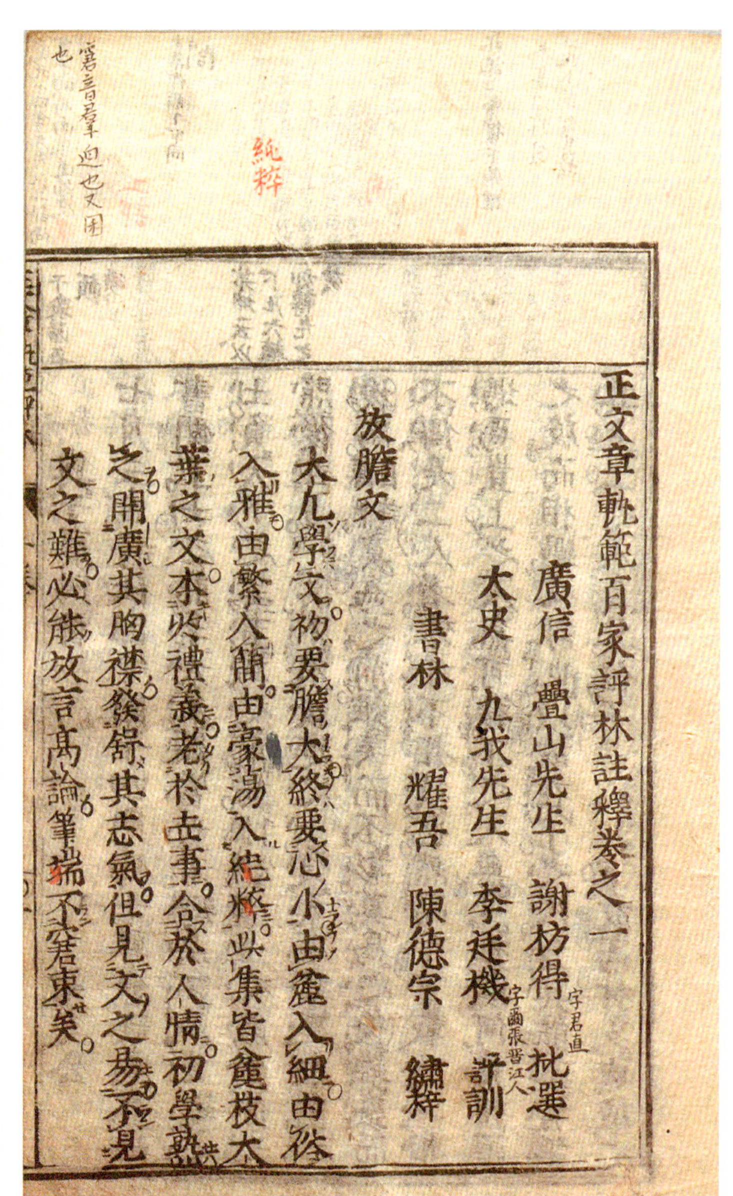

窘音窘 迫也又困也

正文章軌範百家評林註釋巻之一

廣信 疊山先生 謝枋得 字君直 批選

太史 九我先生 李廷機 字爾張晋江人 評訓

書林 耀吾 陳德宗 繡梓

放膽文

大凡學文初要膽大終要心小由麄入細由俗入雅由繁入簡由豪蕩入純粹此集皆麄枝大葉之文本於禮義老於世事合於人情初學熟之開廣其胸襟發舒其志氣但見文之易不見文之難必能放言高論筆端不窘束矣

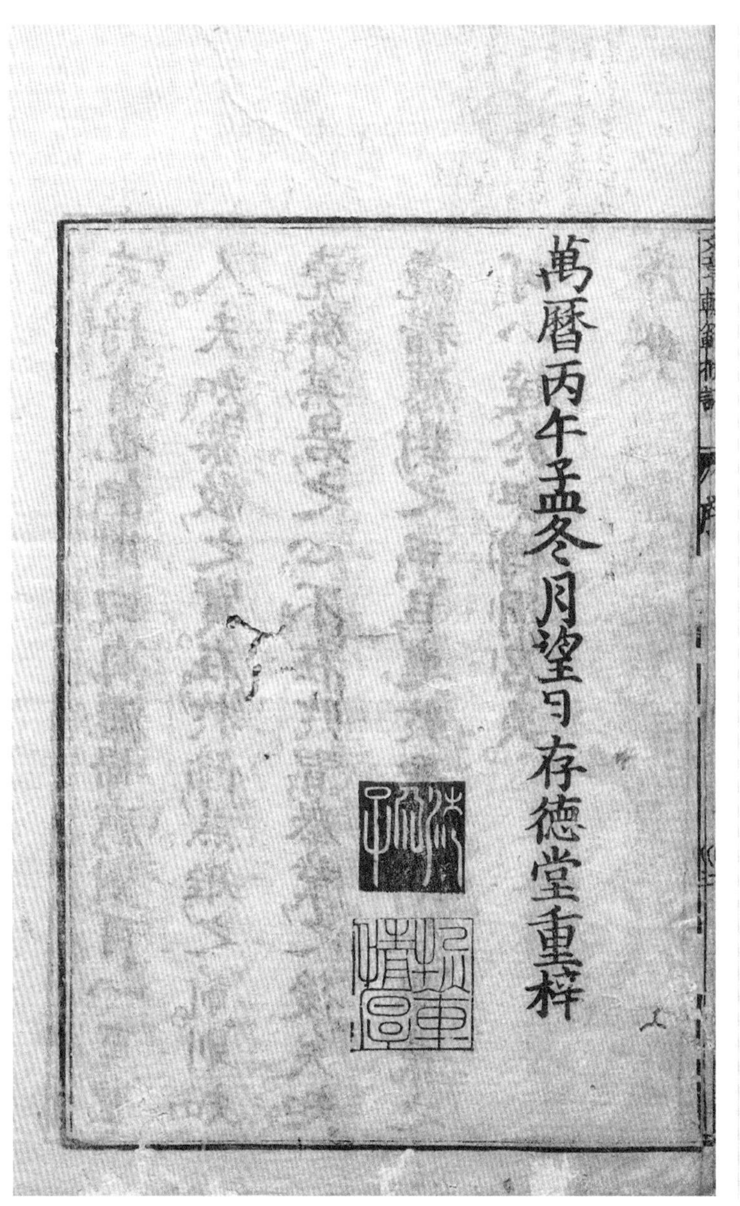
萬曆丙午孟冬月望日存德堂重梓

續文章軌範百家批評註釋卷之一

東廓先生　鄒守益　批選

𣸣園先生　焦竑　評校

九我先生　李廷機　註閱

放膽文

進學解　韓文公

設爲先生之詞

鳳洲曰議論是本業王印

國子先生晨入太學，招諸生立館下，誨之曰：業精于勤，荒於嬉；行成于思，毁于隨。方今聖賢相逢，治具畢張，拔去凶邪，登崇畯良。占小善者率以録，名一藝者無不庸。爬羅剔抉，刮垢磨光。蓋有幸而獲選

廣韻：抉，出也

爬，同。本作疤解。剔，出也。抉，出也。断也。破也。

言人才就

墨以南新本寫焉時寛延己巳六月十八日

京師書林

武村新兵衛

林　久次郎

植村藤右衛門

萬曆新春孟秋月

穀旦熊沖宇發行

正德乙未年

杉生五郎左衛門

土川宇平合彫

續文章軌範評林　六卷

73. 唐诗鼓吹十卷

五册，日本庆应义塾大学图书馆藏

金元好问辑，元郝天挺注，明廖文炳解

日本元禄二年（1689）京都玉树堂唐本屋吉左卫门刻本。

每半叶九行，行二十一字，小字双行同；四周双边，白口，单鱼尾。

据清初建阳书坊明雅堂江碧潭刻本重刻。该书一名《唐诗鼓吹注解》，清钱朝鼒、王俊臣、王清臣、陆贻典等人校注，初刻于清顺治十六年（1659），又有清康熙四十七年（1708）崇玉堂刻本。江氏明雅堂刻本未见著录。明雅堂是明代建阳书坊，万历间刻《新镌详订注释捷录评林》《新刻群英摘锦奇葩简明便览》《新镌赤心子汇编四民利观翰府锦囊》《纪效新书》等。据此可知清初仍在营业。

元遺山先生編撰
唐詩鼓吹
書肆玉樹堂梓

唐詩鼓吹卷第一

元資善大夫中書左丞郝天挺註

古岡後學廖文炳解

虞山後學 錢朝鼒 王俊臣校註

王清臣 陸貽典參解

禪山書坊明雅堂 江碧潭校梓

柳子厚 諱宗元河東人貞元九年進士授校書郎累遷監察御史裏行擢禮部員外郎後貶邵州刺史又徙柳州卒於官有集今行於世

登柳州城樓寄漳汀封連四州 永貞元年子厚與韓泰韓曄劉

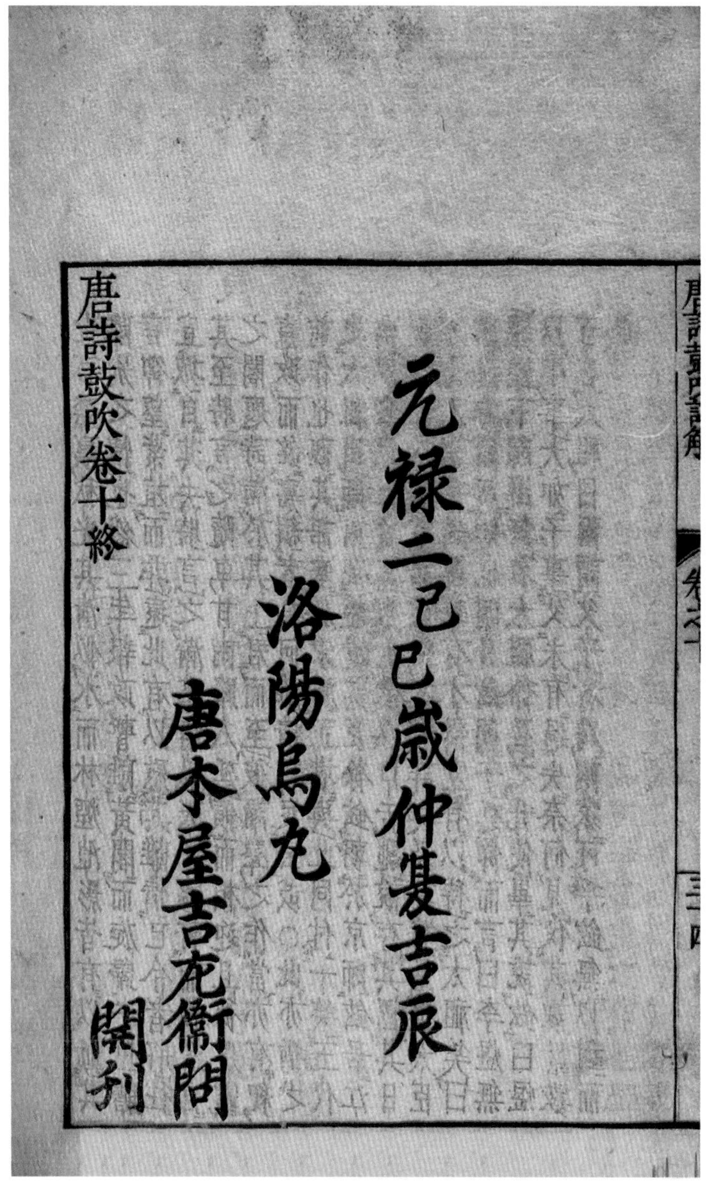
唐詩鼓吹卷十終
元禄二己巳歲仲冬吉辰
洛陽烏丸
唐本屋吉左衛門
開刊

74. 唐诗鼓吹十卷

五册，日本京都大学人文科学研究所藏

金元好问辑，元郝天挺注，明廖文炳解

日本元禄二年（1689）京都玉树堂刻宝永七年（1710）书林古川三郎兵卫印本。

每半叶九行，行二十一字，小字双行同；四周双边，白口，单鱼尾。

该本卷终题“宝永七年庚寅五月吉旦，京极通五条上町藤屋，书林古川三郎兵卫镂梓”，似为新刻，实乃元禄二年玉树堂刻本重印。

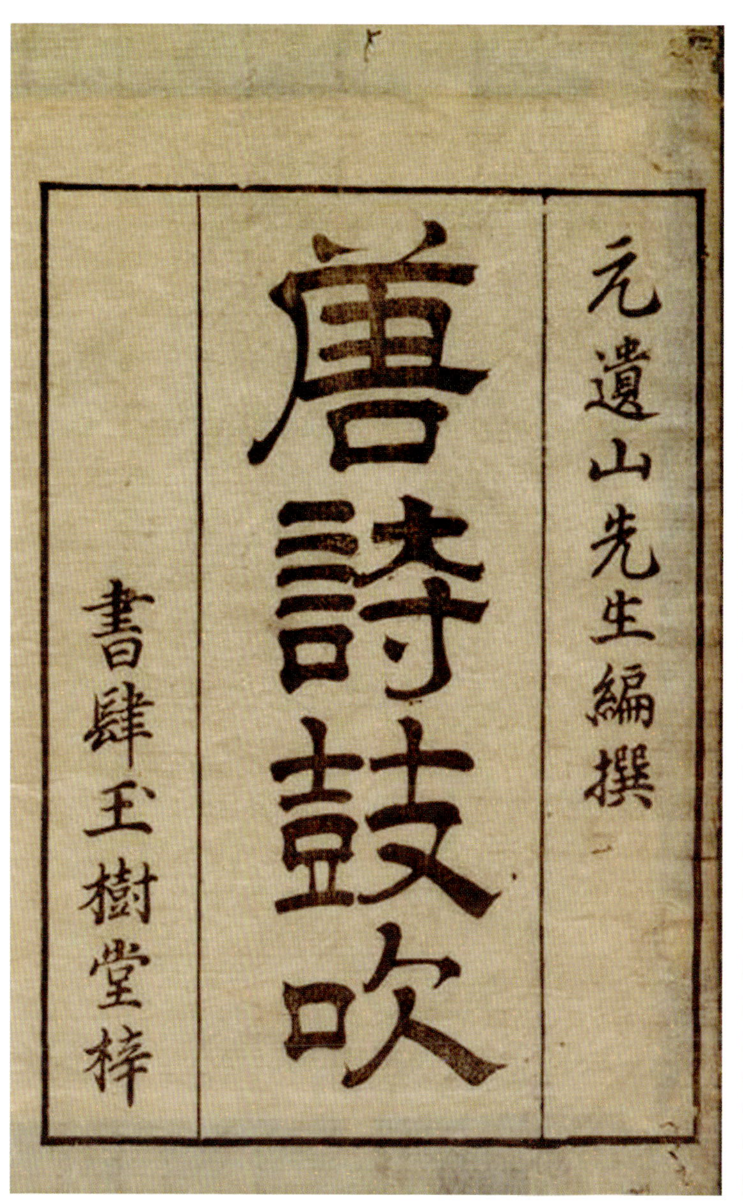

元遺山先生編撰

唐詩鼓吹

書肆王樹堂梓

唐詩鼓吹卷第一

元資善大夫中書左丞郝天挺註

古岡後學廖文炳解

虞山後學 錢朝鼒 王俊臣校註

王清臣 陸貽典參解

禪山書坊明雅堂 江碧潭校梓

柳子厚 諱宗元河東人貞元九年進士授校書郎累遷監察御史裏行禮部員外郎後貶邵州刺史又徙柳州卒於官有集今行於世

登柳州城樓寄漳汀封連四州 永貞元年子厚與韓泰韓曄劉

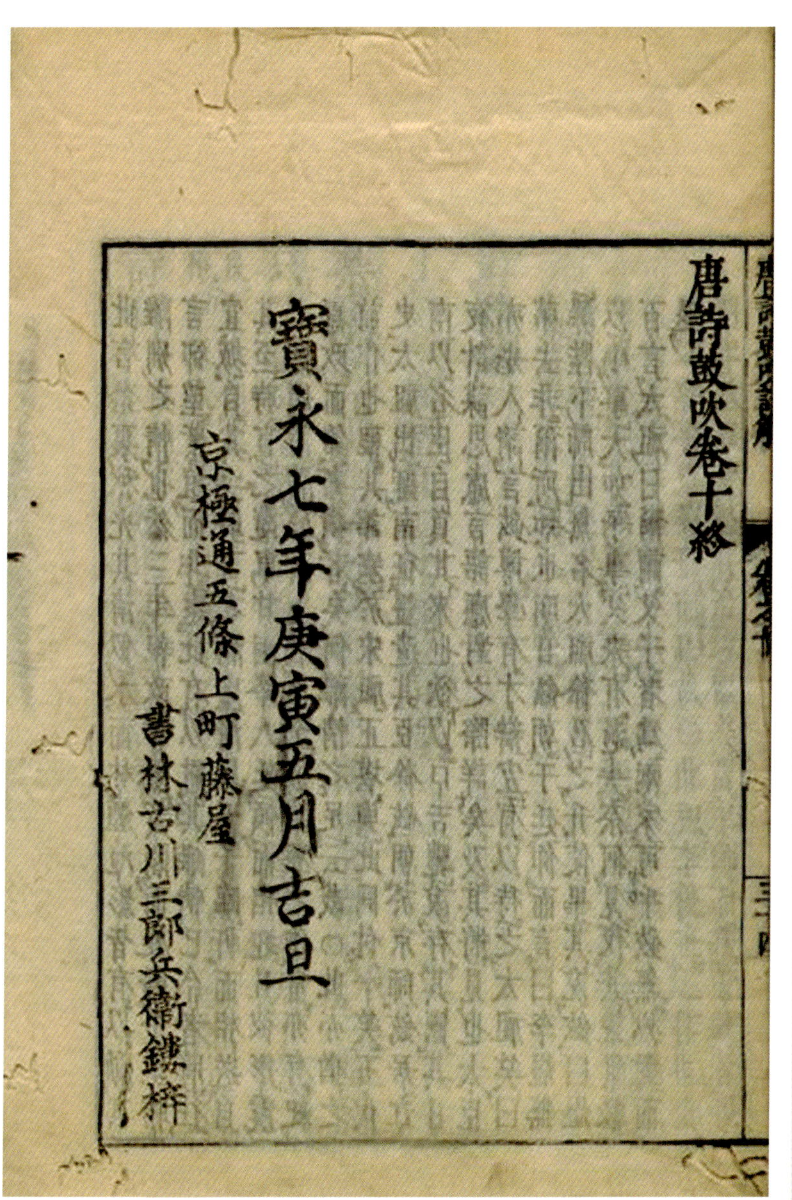

唐詩鼓吹卷十終

寶永七年庚寅五月吉旦

京極通五條上町藤屋

書林古川三郎兵衛鏤梓

75. 唐诗鼓吹十卷

五册，美国哈佛大学哈佛燕京图书馆藏

金元好问辑，元郝天挺注，明廖文炳解

日本元禄二年（1689）京都玉树堂刻宝永七年（1710）之后印本。

每半叶九行，行二十一字，小字双行同；四周双边，白口，单鱼尾。

较之日本元禄二年刻宝永七年印本，该本卷终版权叶“京极通”三字下剜去“五条上町藤屋，书林古川三郎兵卫镂梓”两行，当印于宝永七年之后。

唐詩鼓吹卷第一

元資善大夫中書左丞郝天挺註

古岡後學廖文炳解

虞山後學

錢朝鼒　王俊臣校註

王清臣　陸貽典參解

禪山書坊明雅堂　江碧潭梓

柳子厚諱宗元河東人貞元九年進士授校書郎累遷監察御史裏行擢禮部員外郎後貶邵州刺史又徙柳州卒於官有集今行於世

登柳州城樓寄漳汀封連四州永貞元年子厚與韓泰韓曄劉

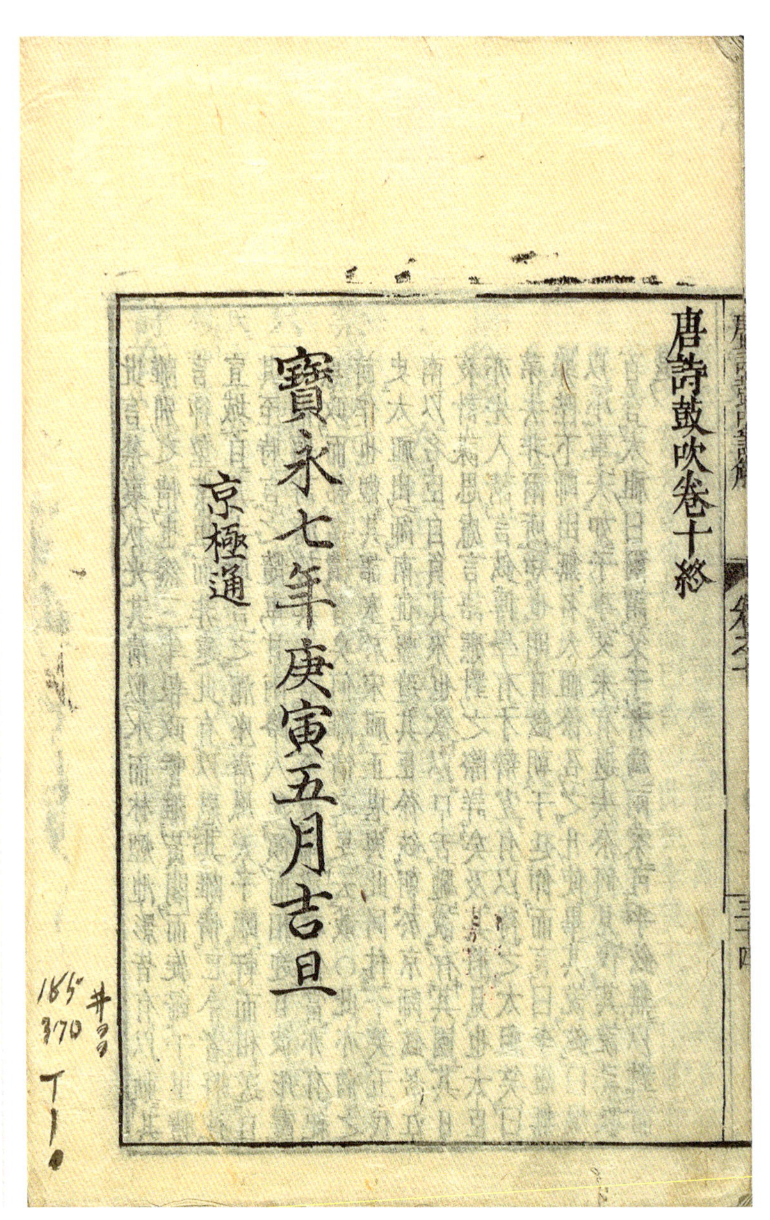

唐詩鼓吹卷十終
寶永七年庚寅五月吉旦
京極通

76. 新刻李袁二先生精选唐诗训解七卷首一卷

四册，陈氏思益斋藏

明李攀龙辑

日本江户初期京都田原仁左卫门刻本。

每半叶九行，行二十字，小字双行同；上栏行三字。四周单边，白口，单鱼尾。

据明万历四十六年（1618）书林余应孔居仁堂刻本重刻。余氏原刻本，辽宁省图书馆、日本京都大学文学部中国语言文学哲学研究室、美国国会图书馆、美国哈佛大学哈佛燕京图书馆等藏。美国国会图书馆、美国哈佛大学哈佛燕京图书馆藏本内封面又题“书林三台馆梓”。每半叶九行，行二十字，小字双行同；上栏行三字。四周单边，白口，单鱼尾。田原仁左卫门于日本宽永十三年（1636）刻《春窗联偶巧对便蒙类编》，见前。是书大约刻于此前后。

秦使之始即志存立功

新刻李袁二先生精選唐詩訓解卷之一

濟南　滄溟　李攀龍　選

公安　石公　袁宏道　校

書林　獻可　余應孔　梓

五言古詩

述懷　樂府作出關　魏徵

中原還逐鹿投筆事戎軒縱橫計不就慷慨志猶存

杖策謁天子驅馬出關門請纓繫南越憑軾下東藩

鬱紆陟高岫出沒望平原古木鳴寒鳥空山啼夜猿

唐詩訓解　卷之一

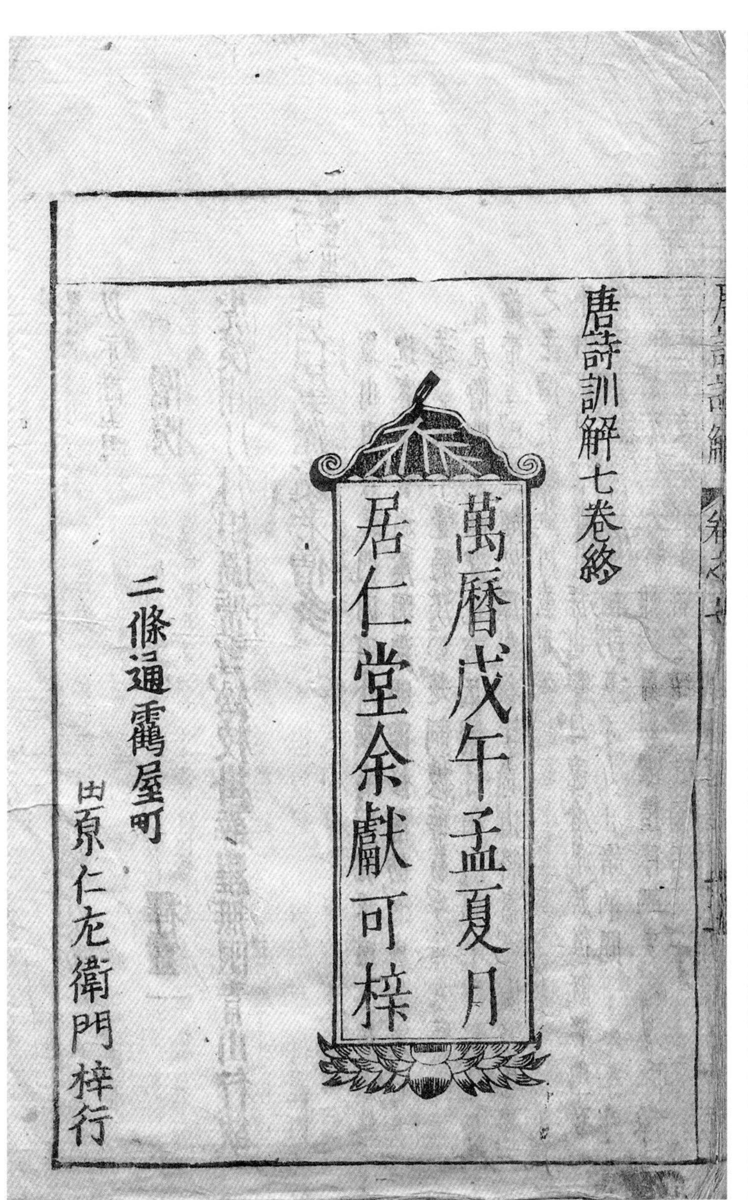

唐詩訓解七卷終

萬曆戊午孟夏月

居仁堂余獻可梓

二條通靏屋町

田原仁左衛門梓行

77. 李杜诗法精选二卷

二册，日本国立公文书馆藏

清游艺辑

日本元禄三年（1690）刻文化三年（1806）星文堂抽印本。

每半叶十行，行十八字，小字双行同；四周单边，白口，无鱼尾。

据日本元禄三年刻本《诗法入门》卷三抽印，并改今题（详见《长泽规矩也著作集》第4册227—228页）。据该书卷端题署，知元禄三年刻本《诗法入门》当据清初建阳书林余明刻本翻刻，惜元禄本未见。此书仍可见其与建本之渊源，故亦存此。另有抽印本《古今名诗选》一卷，见后。

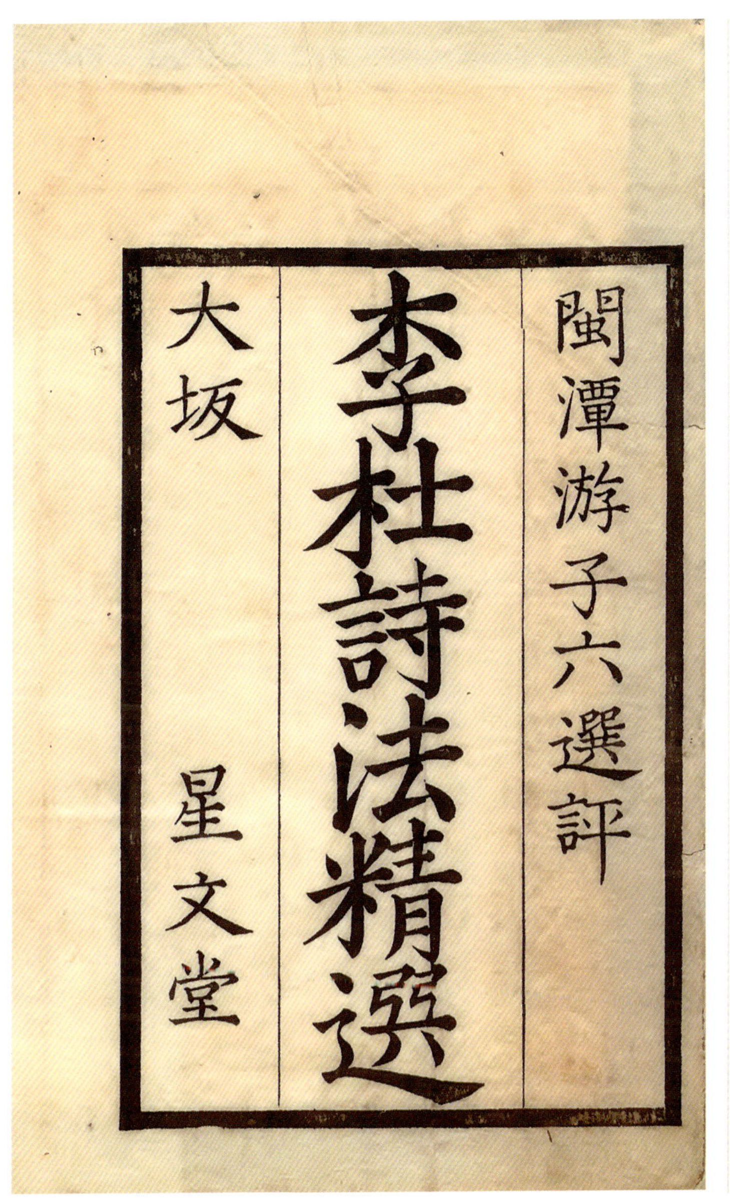
閩潭游子六選評

李杜詩法精選

大坂　星文堂

李杜詩法精選卷之一

閩潭游　藝子六氏輯
書林余　明汝正氏梓

李青蓮詩選

古樂府

遠別離　樂府別九曲之一　李白

遠別離。古有皇英之二女。乃在洞庭之南，瀟湘之浦。海水直下萬里深，誰人不言此離苦。日慘慘兮雲冥冥，猩猩啼烟兮鬼嘯雨。我縱言之將何補。皇穹竊恐不照余之忠誠，雲憑憑兮欲吼

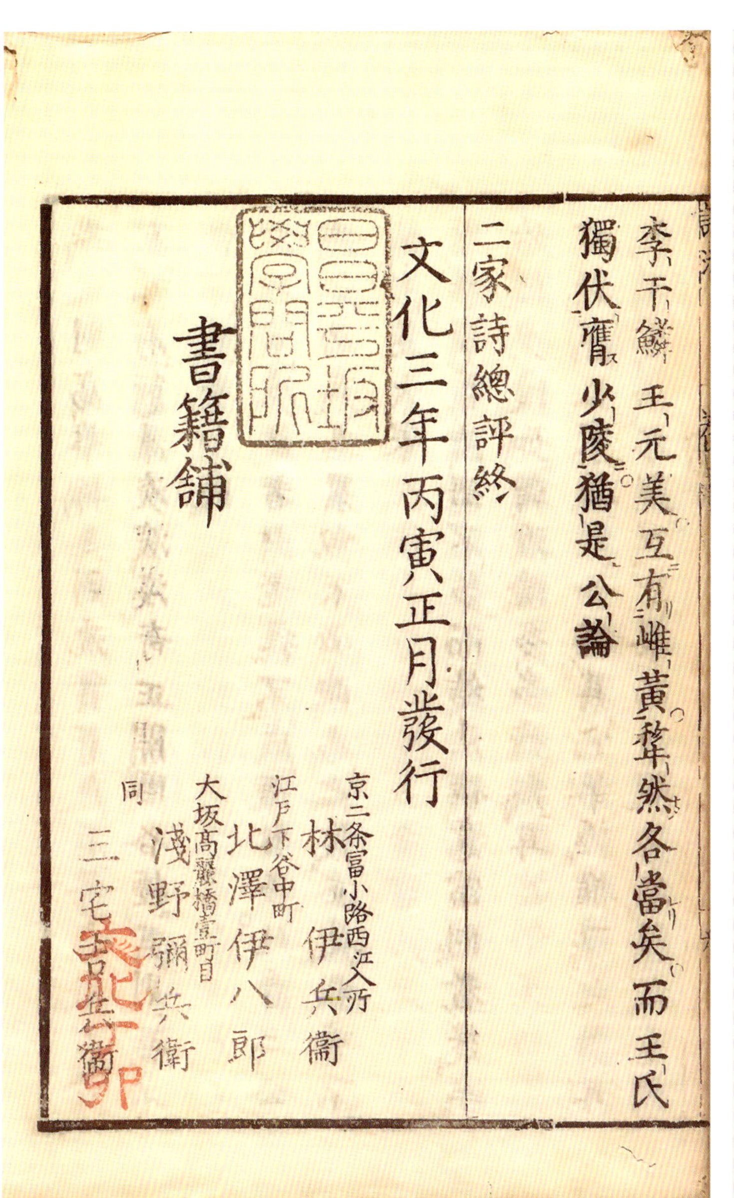

李干鱗王元美互有雌黄，然各當矣。而王氏獨伏膺少陵，猶是公論。

二家詩總評終

日本大坂書肆

文化三年丙寅正月發行

京二条富小路西江入町　林伊兵衛
江戸下谷中町　北澤伊八郎
大坂高麗橋壹町目　淺野彌兵衛
同　三宅玄兵衛

78. 古今名诗选一卷

一册，日本庆应义塾大学图书馆藏

清游艺辑，日本冈崎元轨点

日本元禄三年（1690）刻文化十四年（1817）京都玉枝轩植村藤右卫门抽印本。

每半叶十行，行十八字，小字双行同；四周单边，白口，无鱼尾。

据日本元禄三年刻本《诗法入门》卷四抽印，并改今题（详见《长泽规矩也著作集》第4册227—228页）。

潭水游氏輯
古今名詩選
平安書肆 玉枝軒梓

五言古詩古躰

古今名詩選

潭水游相藝子六氏選

書林余明汝正氏梓

五言古体

古詩十九首 賦中有比也 無名氏

行行重行行與君生別離相去万餘里各在天一涯道路阻且長會面安可知胡馬依北風越鳥巢南枝相去日已遠衣帶日已緩浮雲蔽白日遊子不顧返思君令人老歲月忽已晚棄捐

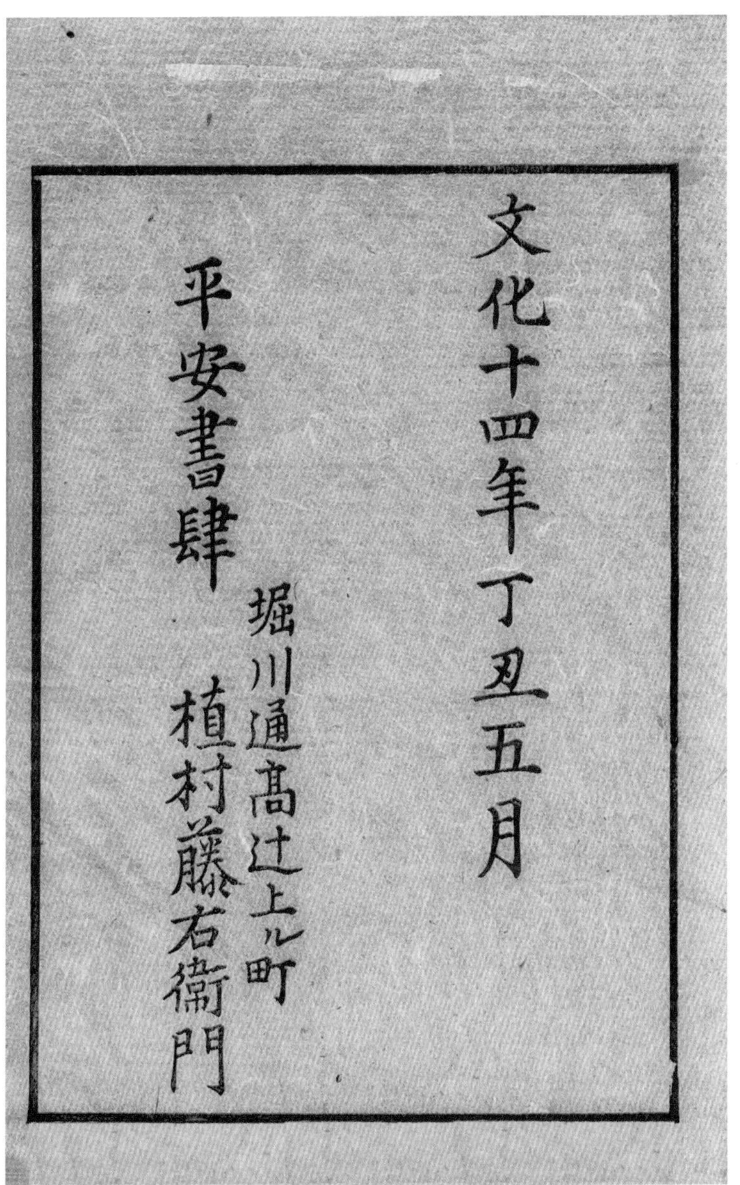

文化十四年丁丑五月

平安書肆

堀川通高辻上ル町

植村藤右衛門

附：抄本

1. 春秋胡氏传纂疏三十卷首一卷

十四册，日本国立公文书馆藏

元汪克宽撰

日本江户时代抄本。

每半叶八行，行二十一字，小字双行同；四周单边，白口，无界行，无鱼尾。

据元至正八年（1348）建安刘叔简日新堂刻本抄存。刘氏日新堂原刻本，中国国家图书馆、天津图书馆、上海图书馆、日本宫内厅书陵部、尊经阁文库等藏。每半叶十一行，行二十一字，小字双行同；四周双边，黑口，双鱼尾。该抄本改十一行为八行，字数不变，缺书前汪泽民《序》及卷七、卷八。

文同異而可求聖筆之真益以諸家之説而裨胡
傳之闕遺附以辯疑權衡而知三傳之得失庶幾
初學者得之不待徧考群書而辭義粲然亦不爲
無助也至正六年倉龍丙戌二月甲寅後學新安
汪克寬謹書于富川任氏書塾

建安劉叔簡
棐于日新堂

春秋胡氏傳纂疏卷第一

胡氏傳　新安汪克寬學

隱公上

公名息姑在位十一年左傳惠公元妃孟子孟子卒繼室以聲子生隱公宋武公生仲子仲子生而有文在其手曰為魯夫人故仲子歸于我生桓公惠公薨隱公立而奉之程子傳夫子之道既不行於天下於是因魯春秋立百王之大法平王東遷在位五十一年卒不能興復先王之業王道絕矣孟子曰王者之迹熄而詩亡詩亡然後春秋作適當隱公之初故始於隱

孟子曰王者之迹熄朱子註謂平王東遷而政教號令不及於天下也而詩

2. 春秋诸传会通二十四卷

八册，日本国立公文书馆藏

元李廉撰

日本宽文七年（1667）高木正则抄本。

每半叶八行，行二十二字，小字双行同；四周单边，白口，无界行，无鱼尾。

据元至正十一年（1351）刻本抄存。中国国家图书馆、故宫博物院图书馆、上海图书馆、北京大学图书馆、日本宫内厅书陵部、静嘉堂文库、龙谷大学附属图书馆等藏原刻本。原刻本自序后有牌记“至正辛卯腊月/崇川书府重刊”二行，书后又有“至正辛卯仲冬/虞氏明复斋刊”“南溪/精舍”牌记二方，故诸家著录或作崇川书府刻本，或作虞氏明复斋刻本。崇川书府、明复斋、南溪精舍，当均系建阳虞氏书坊之堂号。虞氏原刻本每半叶十二行，行二十二字，小字双行同；左右双边，黑口，双黑鱼尾。抄本改十二行为八行。林恕之道跋云：“其后华舶遂不载来，则中华亦稀乎？”可知该书在十七世纪中期流传大概。

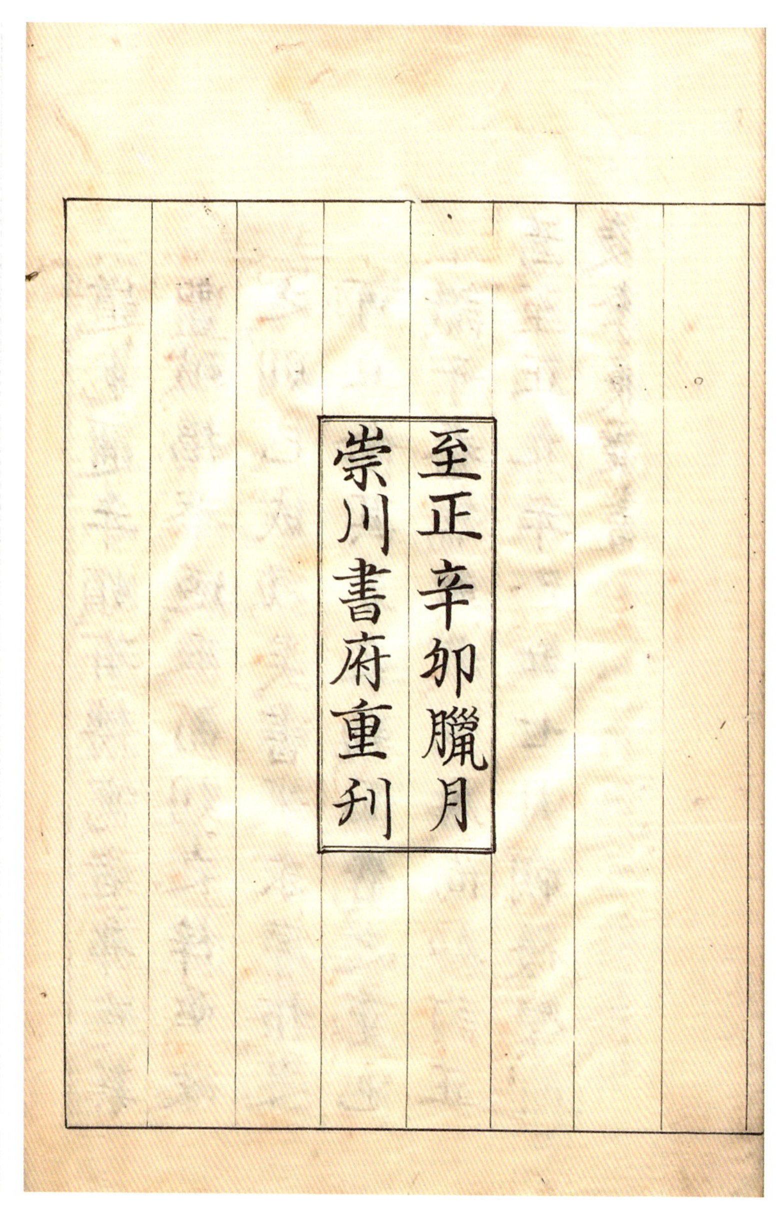
至正辛卯臘月
崇川書府重刊

春秋諸傳會通卷之一

廬陵進士李廉輯

左氏 杜氏曰春秋魯史記之名也記事者以事繫月以月繫月以月繫時以時繫年年有四時故錯舉以為所記之名也韓宣子適魯見易象與魯春秋宣子所見盖周之舊典也仲尼因魯史策書成文其教之所存文之所害則刊而正之以示勸戒其餘則皆即用舊史不改也

公羊 疏按三統曆春為陽中萬物以生秋為陰中萬物以成故名春秋何氏休以為欲使人君動作不失中也舊以為獲麟而作九月書成春作秋成故云春秋非也雖七年傳曰不脩春秋則孔子未脩之時已名春秋矣

穀梁 疏編年有四時春先於夏秋先於冬舉二字以包之

胡氏 古者列國各有史官掌記時事春秋魯史爾仲尼就加筆削乃史外傳心之要典也

正之書考諸三王而不謬建諸天地而不悖質諸鬼神而無疑百世以俟聖人而不惑其於格物脩身齊家治國施諸天下無所求而不得亦無所處而不當何莫㪯乎春秋故君子誠有樂乎此也由仲尼至於孟子百有餘歲若顏曾則見而知之若孟子則聞而知之由孟子而來至于今千有餘歲矣其書未亡其出於人心者猶在蓋有不得已焉耳則亦有不得已焉耳矣

南谿林會

至正辛卯仲冬
虞氏明復齋刊

春秋諸傳會通卷之二十四終

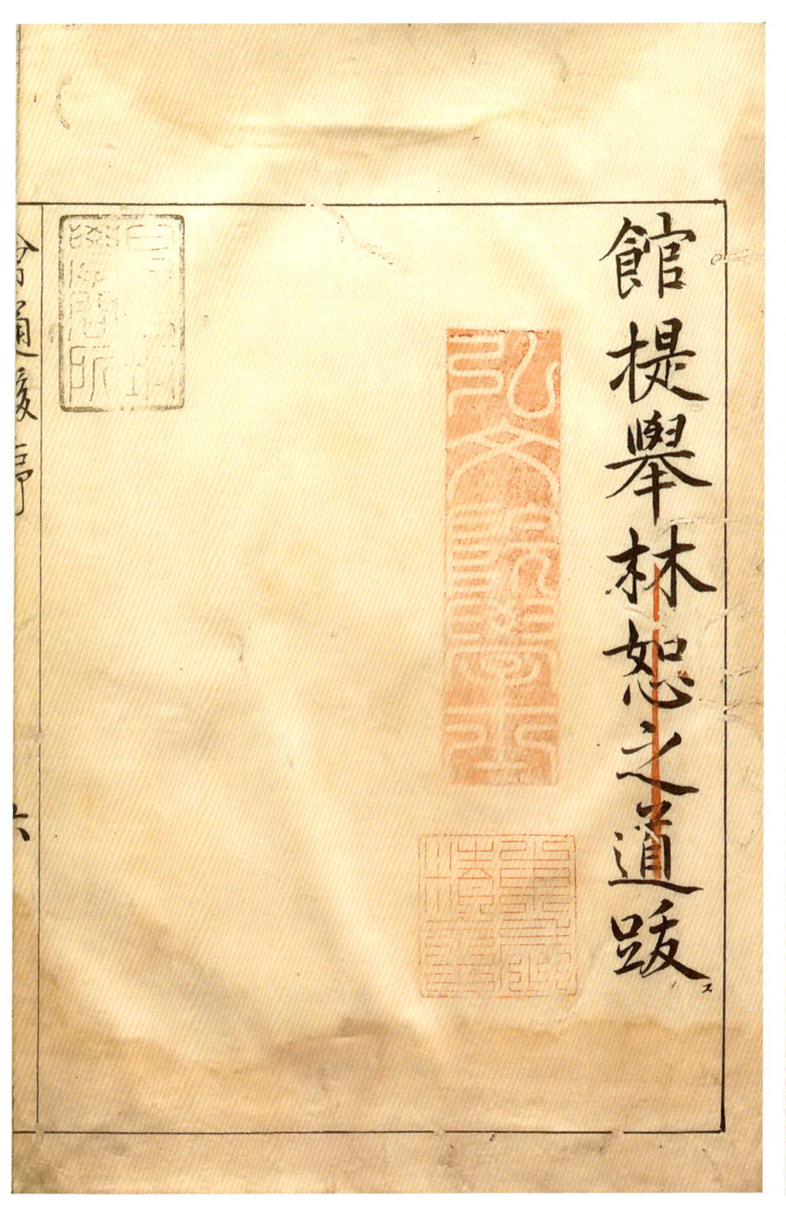
館提舉林恕之道跋

3. 新刊详增补注东莱先生左氏博议二十五卷

二册，日本国立国会图书馆藏

宋吕祖谦撰

日本宽保二年（1742）至三年藤原有贞抄本。

每半叶十二行，行二十六字，小字双行同。

据明正德六年（1511）刘氏安正堂刻本影抄。刘氏安正堂刻本，中国国家图书馆、辽宁省图书馆藏。每半叶十二行，行二十六字，小字双行同；四周双边，黑口，双鱼尾。

東萊博議坊間有久原卷八止共題九十
句繁㝠篇中訛錯字爻差意盖所觀者𪰋塞
濫視予寓南都空爻及第穃今重新足本博
議二十五卷題篇共計百七十餘詳增補註
看閒不足用資求回今以新刊謹依京本逼
傳名世字句真全觀覽明辯意惠朗然幸鑑
皇明正德六年季秋書林劉氏安正堂刊行

目録畢

新刊詳增補註東萊先生左氏博議卷之一

一　鄭莊公共叔段 隱元年鄭武公娶于申曰武姜生莊公及共叔段莊公寤生驚姜氏遂惡之愛共叔段欲立之亟請於武公々弗許及莊公即位為之請制公曰制巖邑也虢叔死焉他邑唯命請京使居之謂之京城太叔祭仲曰都城過百雉國之害也先王之制大都不過參國之一中五之一小九之一今京不度非制也君將不堪不如早為之所無使滋蔓々難圖也蔓草猶不可除況君之寵弟乎公曰多行不義必自斃子姑待之既而大叔命西鄙北鄙二於己公子呂曰國不堪二君將若之何欲與太叔臣請事之若弗與則請除之無生民心公曰無庸將自及太叔又收貳以為己邑至于廩延子封曰可矣厚將得衆公曰不義不暱厚將崩太叔完聚繕甲兵具卒乘將襲鄭夫人將啟之公聞其期曰可矣命子封帥車二百乘以伐京京叛太叔段々入于鄢公伐諸鄢太叔出奔共書曰鄭伯克段于鄢段不弟故不言弟如二君故曰克

鈞者負魚 鈞者喻莊公 魚何負於鈞 魚喻叔段 獵者負獸 獵者喻莊公 獸何負於獵 獵喻叔段 莊公負叔段 莊公陷叔段而殺之猶鈞者獵者也 叔段何負於莊公 叔段元知而為莊公所陷猶魚與獸也○此為引喻立意之格 且為鈞餌以誘魚者鈞也 此說主意發明鈞者負魚 為陷阱以

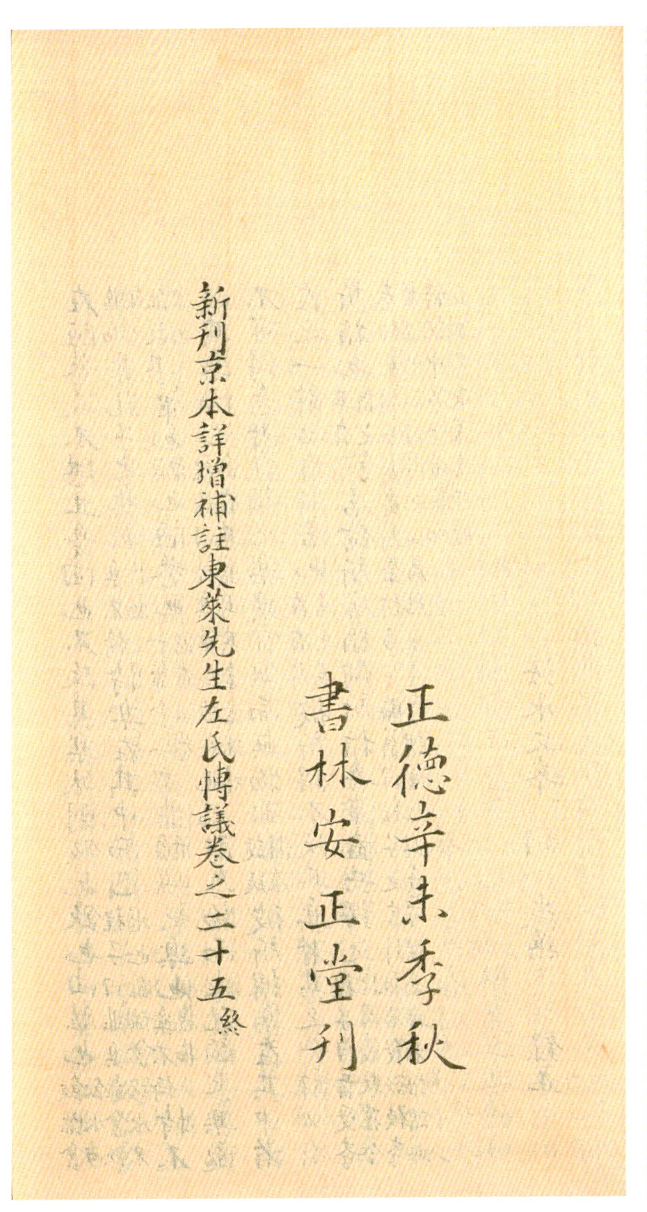

正德辛未季秋

書林安正堂刊

新刊京本詳增補註東萊先生左氏博議卷之二十五終

藤原有貞奉

敎謹寫寬保二年壬戌十一月

十三日染毫三年癸亥十月

九日絶筆

4. 四书章图檃栝总要三卷

三册，日本国立公文书馆藏

元程复心撰

日本文化元年（*1804*）抄本。

每半叶十三行，行二十三字，小字双行同。

据元后至元三年（1337）建安吴氏德新堂刻《四书章图纂释》影抄。书后署“文化元年夏四月，野村温谨校”，当于此前抄成。吴氏德新堂刻《四书章图纂释》二十二卷（《四书章图檃括总要》三卷，《大学句问纂释》一卷，《中庸句问纂释》一卷，《论语注问纂释》十卷，《孟子注问纂释》七卷），日本国立公文书馆藏全帙；日本宫内厅书陵部藏《总要》三卷，又《总要》三卷、《大学》一卷、《中庸》一卷。日本国立公文书馆藏刻本已失内封，日本宫内厅书陵部藏刻本尚存。吴氏原刻本卷前《朝贵题赠序文》后有牌记“富沙碧湾吴氏/德新书堂印行”双行，抄本则无。

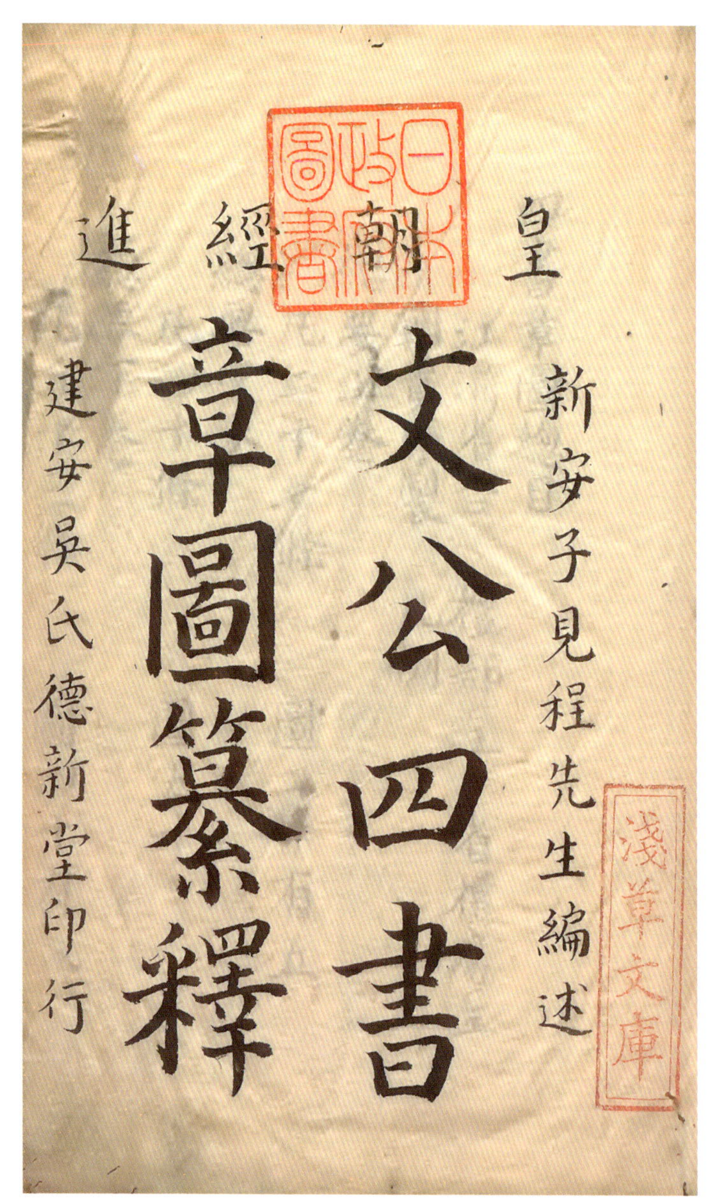

皇朝經進

新安子見程先生編述

文公四書章圖纂釋

建安吳氏德新堂印行

千　傳　惑

四書章圖檃栝總要卷之上

林隱程復心子見　經進

叙立図本始

朱子曰鄒孟氏既沒聖人之道不傳世俗所謂儒者之學内則局於章句文辭之習外則雜於老子釋氏之言而其所以脩己治人者一出於私智人為之鑿葢千有餘年於今矣濂溪先生奮乎百世之下乃始深探聖賢之奥疏觀造化之原而獨心得之立象著書闡發幽秘辭義雖約而天人性命之微脩己治人之要莫不畢举河南兩程先生既親見之而得其傳其学遂行於世士之講於其說者亦始得以脫於俗学之陋異端之惑三先生有功於當世於是為不小矣又曰先生之言其高極乎無極太極之妙而其實不離乎日用之間

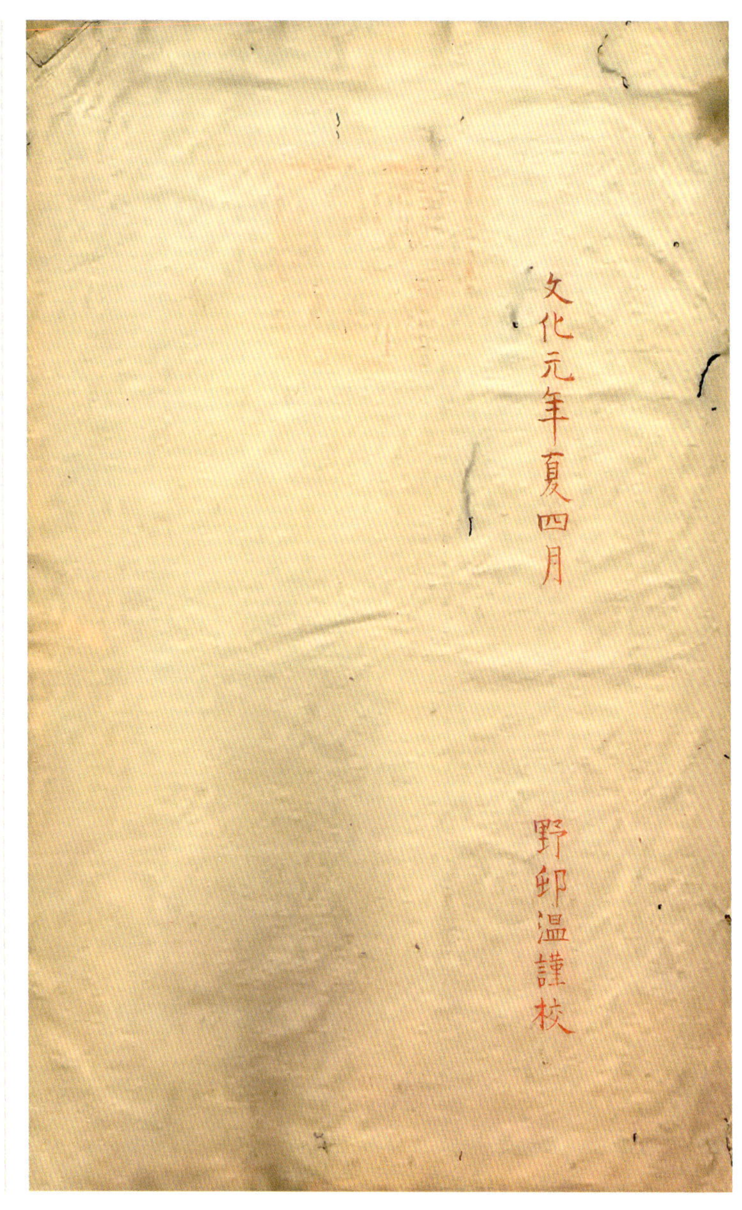
文化元年夏四月
野邨温謹校

5. 浮山此藏轩物理小识十二卷首一卷

五册，日本国立公文书馆藏

明方以智撰

日本宽政七年（1795）林衡抄本。

每半叶九行，行二十二字，小字双行同。

据清初潭阳大集堂刻本抄存。大集堂系建阳熊氏书坊堂号。熊氏大集堂原刻本《物理小识》未见著录。熊氏又刻《天经或问》《天经或问后集》等，中国国家图书馆、上海图书馆藏。

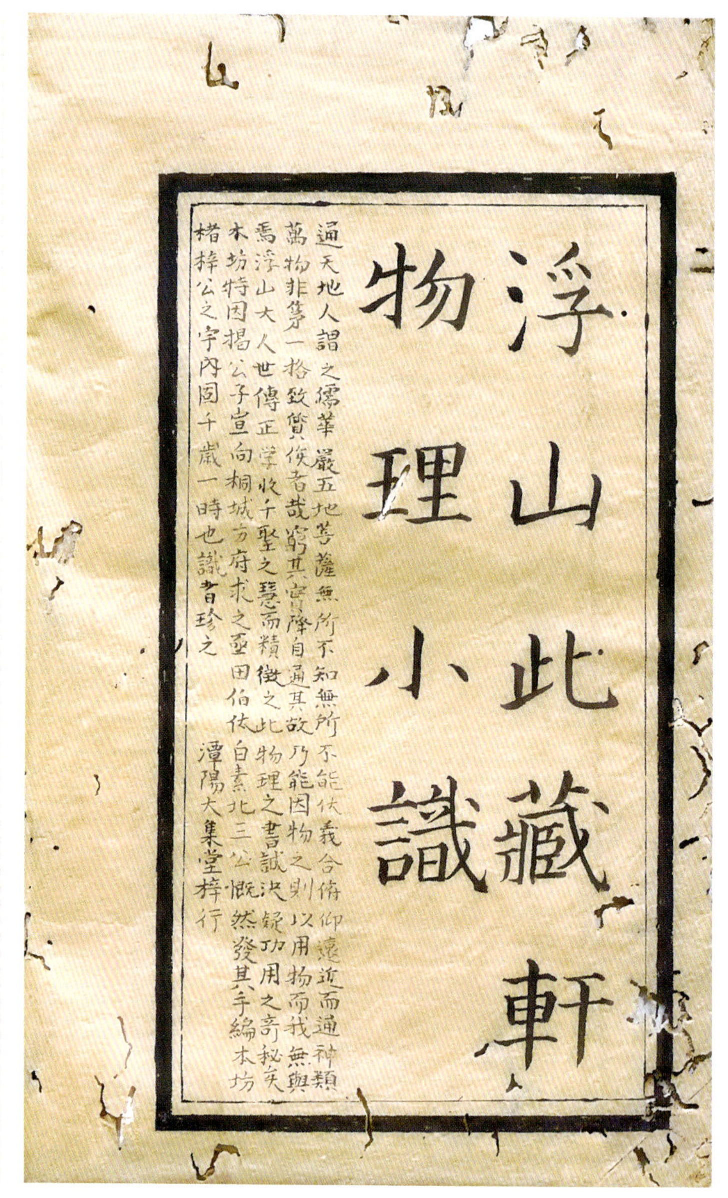

浮山此藏軒

物理小識

通天地人謂之儒華嚴五地菩薩無所不知無所不能伏羲合俯仰遠近而通神類

萬物非筭一格致質從者哉窮其實降自通其故乃能因物之則以用物而我無與

焉浮山大人世傳正学收千聖之慧而精微之此物理之書識決疑功用之奇秘矣

本坊特因揭公子宣向桐城方府求之亟田伯伕白素北三公慨然發其手編本坊

楷梓公之宇内固千歲一時也識者珍之

潭陽大集堂梓行

浮山此藏軒物理小識卷之一

皖桐方氏子 中德 中履 中通 中發 編録

天類

象數理氣徵幾論◯爲物不二之至理隱不可見質皆氣也徵其端幾不離象數彼掃器言道離費窮隱者偏權也日月星辰天縣象數如此官肢經絡天之表人身也如此圖書卦策聖人之冒準約幾如此無非物也無非心也猶二之乎自黃帝明運氣唐虞在璣衡孔子學易以扐閏衍天地之五曆數律度是所首重儒者多半弗問故秩序變

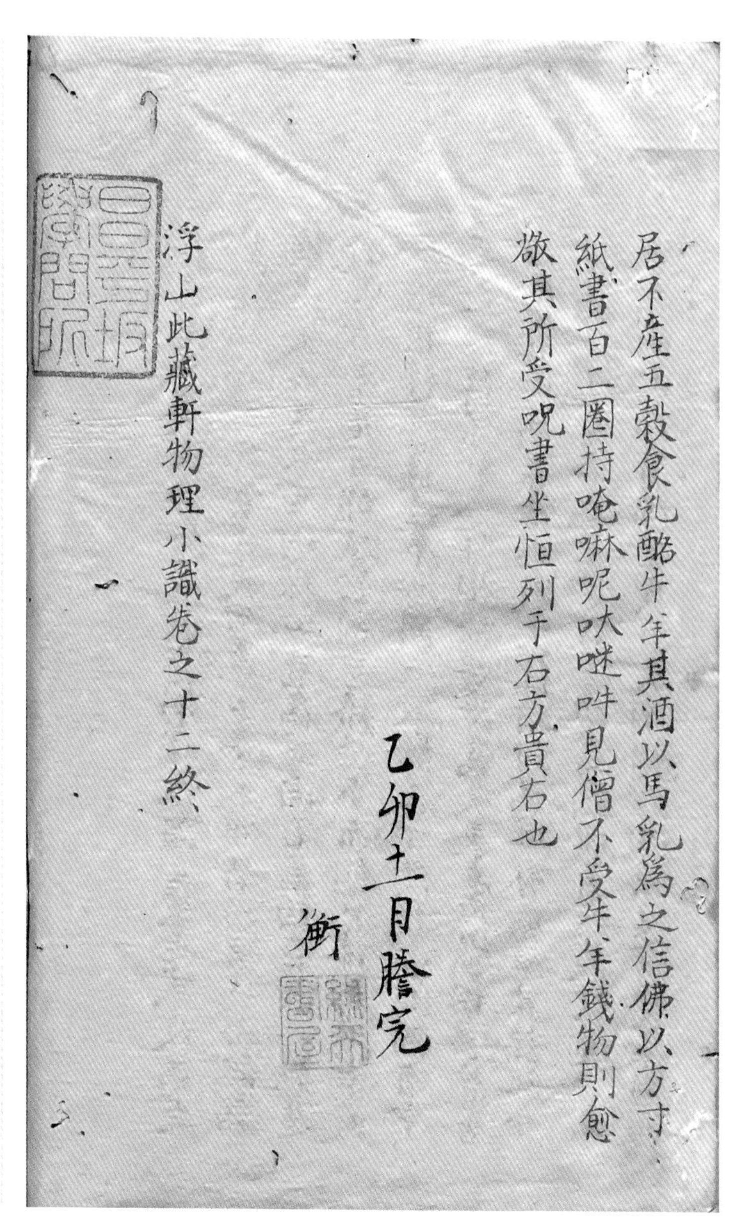

居不產五穀食乳酪牛〻年其酒以馬乳爲之信佛以方寸紙書百二圈持唵嘛呢叺嗟吽見僧不受牛〻年錢物則愈敬其所受呪書坐恒列于右方貴右也

浮山此藏軒物理小識卷之十二終

乙卯十二月謄完

衡

6. 周易参同契注解三卷

二册，日本国立公文书馆藏

汉魏伯阳撰，元上阳子注

日本江户时代抄本。

每半叶十行，行二十字，小字双行同。

据明弘治十四年（1501）刘氏日新书堂刻本抄存。序后有牌记“弘治辛酉岁书林刘氏□新书堂刊”一行，所脱一字当为“日”。日新书堂，一名日新堂，为建阳刘氏书坊堂号，弘治间刻《新增说文韵府群玉》（六年）、《类聚古今韵府续编》（十二年）、《资治通鉴纲目发明》（十四年）、《新刊通鉴一勺史意二卷》（十七年）、《东汉文鉴》（十八年）等。刘氏日新书堂原刻本《周易参同契注解》未见著录。

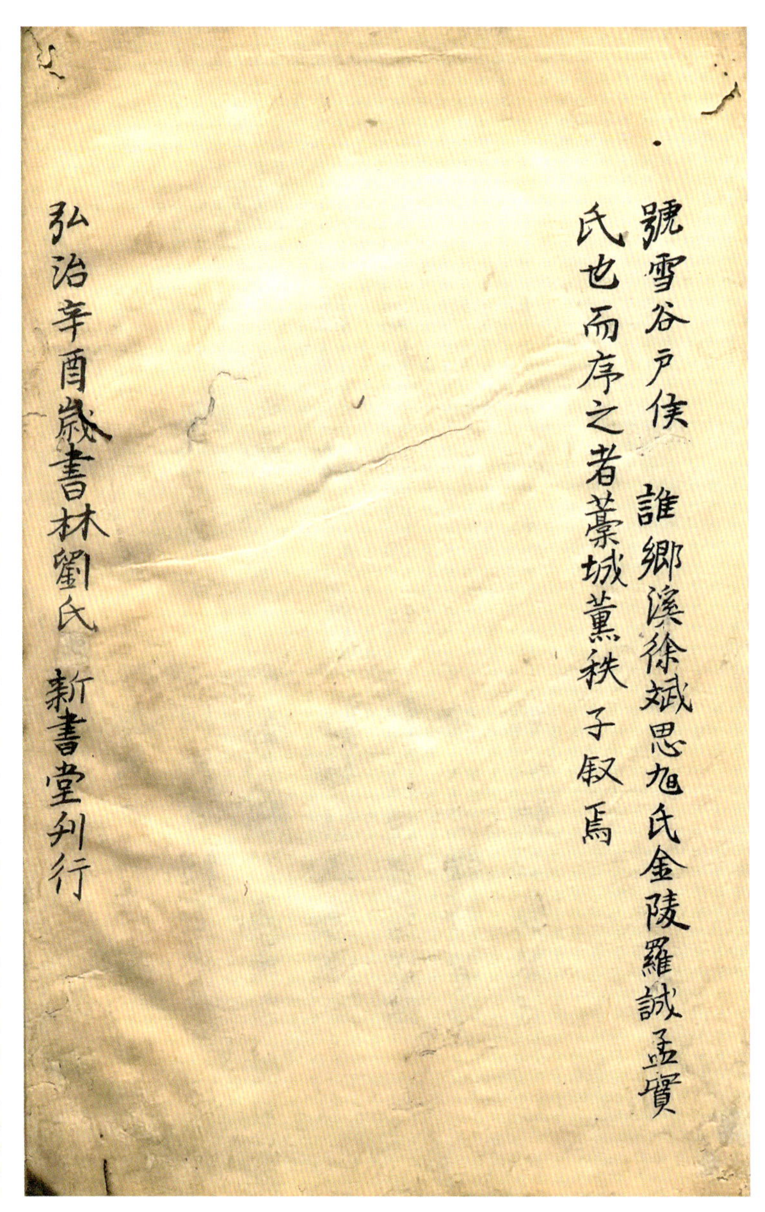

號雪谷戶侯　譙鄉溪徐斌思旭氏金陵羅誠孟賓
氏也而序之者藁城薰秩子叙焉

弘治辛酉歲書林劉氏　新書堂刋行

周易叅同契註解上篇

會稽魏伯陽撰

廬陵上陽子註

大易總敘章第一

乾坤者易之門戶衆卦之父母坎離匡郭運轂正輻牝牡四卦以為橐籥覆冒陰陽之道猶工御者準繩墨執銜轡正規矩隨軌轍處中以制外數在律曆紀月節有五六經緯奉日使兼并為六十剛柔有表裏朔旦屯直事至暮蒙當受晝夜各一卦用之依次序既未至晦爽終則復更始日辰為期度動靜有早晚

7. 鼎刻江湖历览杜骗新书四卷

二册，日本国立公文书馆藏

明张应俞撰

日本江户初期抄本。

每半叶九行，行二十字。

据明万历书林张怀耿刻余献可居仁堂印本抄存。张怀耿生平不详。居仁堂余献可是明末建阳书坊主，曾刻《新刻方会魁周易初谈讲意》《新刻李袁二先生精选唐诗训解》《新锲燕台校正天下通行文林聚宝万卷星罗》等。张怀耿原刻原印本、余氏居仁堂印本均未见。美国哈佛大学哈佛燕京图书馆、日本东京大学东洋文化研究所等藏张怀耿刻陈氏存仁堂印本。每半叶九行，行二十字；四周单边，白口，单鱼尾。陈氏印本已剜去“张怀耿”三字，该抄本尚存，据知余献可居仁堂印本当早于陈氏印本。

杜騙新書

脱剥騙　丢包騙　換銀騙　詐哄騙　僞交騙

牙行騙　引賭騙　露財騙　謀財騙　盗刼騙

強搶騙　船中騙　詩詞騙　假銀騙　衙役騙

婚娶騙　姦情騙　婦人騙　拐帶騙　買緣騙

僧道騙　煉丹騙　法術騙

居仁堂余獻可梓

鼎刻江湖歷覧杜騙新書卷之一

浙江　夔衷　張應俞　著

書林　漢冲　張懷耿　梓

一類脱剥騙

假馬脱緞

江西有陳姓慶名者常販馬往南京承恩寺前三山街賣時有一疋銀合好馬價約值四十金忽有一棍擎好傘穿色衣翩然而来佇立瞻顧不忍舍去遂問曰此馬價賣幾許慶曰四十两棍曰我買但要歸家

梅尤物移人麗色傾城自昔慨之安有入蝹蠖中而皓然不滓者東溪非為術而來直欲尋子而歸其深知妓之迷人與嫖之破家審矣乃入其中而淈泥揚波更甚于子不迷声色不溺情欲者能哉人哉孔曰吾未見好德如好色者也則賢賢易色者信難矣故院中語曰不怕你來了乖只怕你乖不來則惟勿蹈其地者可超然樊籠外矣不然未有不受其蠱迷者

新刻江湖歷覽杜騙新書卷之四　終

羅山氏　考之